财政部规划教材
"十三五"普通高等教育规划教材
全国财经类应用型本科院校通用教材

新编政府会计

——行政事业单位财务会计与预算会计

李春友　主编

中国财经出版传媒集团
中国财政经济出版社

图书在版编目（CIP）数据

新编政府会计：行政事业单位财务会计与预算会计/李春友主编.—北京：中国财政经济出版社，2018.11（2024.2重印）

"十三五"普通高等教育规划教材　全国财经类应用型本科院校通用教材

ISBN 978–7–5095–8622–8

Ⅰ.①新… Ⅱ.①李… Ⅲ.①预算会计–高等学校–教材 Ⅳ.①F810.6

中国版本图书馆 CIP 数据核字（2018）第 246761 号

责任编辑：蔡　宾　　　　　　　责任校对：徐艳丽
封面设计：孙俪铭

中国财政经济出版社 出版
URL：http：//www.cfeph.cn
E–mail：cfeph@cfeph.cn
（版权所有　翻印必究）
社址：北京市海淀区阜成路甲 28 号　邮政编码：100142
营销中心电话：010–88191537　北京财经书店电话：64033436　84041336
北京密兴印刷有限公司印刷　各地新华书店经销
787×1092 毫米　16 开　17 印张　392 000 字
2018 年 11 月第 1 版　2024 年 2 月北京第 6 次印刷
定价：56.00 元
ISBN 978–7–5095–8622–8
（图书出现印装问题，本社负责调换）
本社质量投诉电话：010–88190744
打击盗版举报热线：010–88191661　QQ：2242791300

前言

我国政府会计经历了近 70 年的发展进程。每一阶段的改革与发展,都是对当时的发展水平和时代背景的适应,体现了会计工作与时俱进地对政府工作的保障。为适应新时期政府和公共部门职能的转变升级,特别是适应更加精细、更加科学的政府管理水平对会计信息的要求,近期国家实施了比以往任何一次都更加深入、更加彻底的新一轮政府会计改革。全面推进政府会计改革,对于建立现代财政制度、建设法治政府,提升国家治理体系和治理能力的现代化具有重要意义。截至 2017 年下半年,以《政府会计准则》和《政府会计制度》为代表的政府会计主要新规范体系已基本形成。2018 年 2 月以来还制定出台了新旧制度转换衔接的具体办法和补充规定。从 2019 年起,政府会计将在全国范围内全面实施新的标准体系。

本次政府会计改革反映了当前政府会计发展的内在需要和发展方向。相对于原有制度,本次改革有着重大变化与创新:

1. 创造性地采用"财务会计和预算会计适度分离并相互衔接"的会计核算模式

实现了预算会计和财务会计"双功能":在同一会计核算系统中,通过资产、负债、净资产、收入、费用五个要素进行财务会计核算,通过预算收入、预算支出和预算结余三个要素进行预算会计核算。采用了收付实现制和权责发生制"双基础":财务会计采用权责发生制,预算会计采用收付实现制。提出了"双报告":通过财务会计核算形成财务报告,通过预算会计核算形成决算报告。这种会计核算模式兼顾了现行部门决算报告制度的需要,又能满足部门编制权责发生制财务报告的要求。

2. 实现了原有各类单位会计制度的统一

有机整合了《行政单位会计制度》、《事业单位会计制度》和医院、基层医疗卫生机构、高等学校、中小学校、科学事业单位、彩票机构、地勘单位、测绘单位、林业(苗圃)等行业事业单位会计制度以及基建会计的内容。通过会计制度的统一,大大提高了政府各部门、各单位会计信息的可比性,为合并单位、部门财务报表和逐级汇总编制部门决算奠定了坚实的制度基础。

3. 扩充了财务会计核算范围,强化了财务会计的功能

在资产方面,增加了公共基础设施、政府储备物资、文物文化资产、保障性住房和受托代理资产;增加了"研发支出"科目,以准确反映单位自行开发无形资产的成本。在负债方面,增加了预计负债、受托代理负债等核算内容,以全面反映单位所承担的现时义务。全面引入了权责发生制,增加了应收款项和应付款项的核算内容,对长期股权投资采用权益法核算,确认自行开发形成的无形资产的成本,计提折旧或摊销,引入坏

账准备，确认预计负债、待摊费用和预提费用等。这些有利于全面规范政府单位的会计处理，准确反映政府"家底"信息。形成了由资产负债表、收入费用表、净资产变动表和现金流量表及报表附注组成的财务会计报表体系，全面反映财务状况和运行情况。

4. 改进了预算会计功能，优化了预算会计科目和报表体系

在核算内容上，预算会计仅需核算预算收入、预算支出和预算结余。增设了债务预算收入、债务还本支出、投资支出等。调整完善后的预算会计，能够更好贯彻落实《预算法》的相关规定，更加准确反映部门和单位预算收支情况，更加满足部门、单位预算和决算管理的需要。独立编制预算会计报表，预算会计报表由预算收入表、预算结转结余变动表和财政拨款预算收入支出表组成，形成编制部门决算报表的基础，全面反映单位预算执行信息。

基于上述改革内容对会计工作和人才培养的内在要求，结合会计专业教学的要求，我们组织编写了本书。本书基于全新的政府会计制度，在过去教学经验和实践研究基础上，全面系统地阐述了我国新时代背景下政府会计的基本理论和实务，由此称为《新编政府会计》。本书可作为高等学校财经类专业的本专科教学用书，也可作为会计人员自学新制度，熟悉新业务的工作手册。特别的，可以作为2018～2019年新旧制度转换期间会计人员继续教育的培训教材和工作指南。当然，使用时还必须参照财政部动态发布的各种新的财会文告及其操作性指南。

本书主要具有以下显著特点：

1. 基于改革后的新制度

本书的内容根基于2015年10月财政部颁布的《政府会计准则——基本准则》和11月印发的《政府财务报告编制办法（试行）》，2016年7月财政部颁布的《政府会计准则第1号——存货》《政府会计准则第2号——投资》《政府会计准则第3号——固定资产》和《政府会计准则第4号——无形资产》，2017年4月颁布的《政府会计准则第5号——公共基础设施》，2017年7月颁布的《政府会计准则第6号——政府储备物资》，2017年10月制定颁发的《政府会计制度——行政事业单位会计科目和报表》。

2. 突出了面向应用的务实性

本书基于业务的分类逻辑和业务流程，而不完全拘泥于制度文本和科目列表。这样有利于系统、直观的切入理论学习和实践训练，容易建立实践体验感。本书还配有大量例题，并且在章后设置了"复习思考"和必要的练习，可使读者掌握会计要素确认、计量、记录、计算和报告的全部知识内容，帮助读者强化和提高实际操作能力。

3. 体现了知识体系的系统性

根据政府会计主体资金运动编排本书章节内容，知识点更加系统。在既涉及财务会计又涉及预算会计的部分，首先分别介绍了财务会计的科目和预算会计的科目，然后依次阐述财务会计和预算会计的处理方法。内容全面覆盖、相互区别，一目了然。

4. 加强了学习和教学的便利性

本书提供了大量书面练习，学生在每章学习之后，可自主进行复习思考和操作练习。此外，本书还提供了电子课件和基于移动端的在线练习、测试和互动，大大扩充了学习场景，丰富了教学和学习方式，同时为教师授课和学生学习提供有效的支持。

本书在编写过程中得到了财政部专家和广西财政厅专家的大力支持，中国财政经济

出版社的编辑同志付出了努力,在此一并深表感谢。

对于书中的不当和错误之处,敬请广大读者批评指正。

《新编政府会计》编写组

2018 年 9 月 18 日

目录

第一章 政府会计总论　1

第一节　政府会计的概念与组成　1
第二节　我国政府会计的发展历程与当前改革　7
第三节　政府会计的基本前提和一般原则　10
第四节　政府会计的对象与要素　14
第五节　政府会计规范　18

第二章 资产　26

第一节　流动资产　26
第二节　非流动资产　50
第三节　受托代理资产　90

第三章 负债　102

第一节　流动负债　102
第二节　非流动负债　118
第三节　受托代理负债　122

第四章 收入与预算收入　128

第一节　收入与预算收入概述　128
第二节　拨款收入　129
第三节　业务活动收入　135
第四节　经营收入　137
第五节　其他各类收入　139

第五章 费用与预算支出　150

第一节　费用与预算支出概述　150

目 录

第二节 业务活动费用	151
第三节 单位管理费用	154
第四节 经营费用	157
第五节 其他费用	158

第六章 净资产与预算结余   167

第一节 净资产	167
第二节 预算结余	173

第七章 决算报告及财务报告   192

第一节 政府会计决算报告及财务报告概述	192
第二节 资产负债表	194
第三节 收入费用表	203
第四节 净资产变动表	208
第五节 现金流量表	210
第六节 预算收入支出表	215
第七节 预算结转结余变动表	218
第八节 财政拨款预算收入支出表	222
第九节 附注	224

附录   235

附录一：《政府会计准则——基本准则》	235
附录二：《政府会计准则第1号——存货》	241
附录三：《政府会计准则第2号——投资》	243
附录四：《政府会计准则第3号——固定资产》	246
附录五：《政府会计准则第4号——无形资产》	250
附录六：《政府会计准则第5号——公共基础设施》	254
附录七：《政府会计准则第6号——政府储备物资》	259

第一章

政府会计总论

【学习目标】
1. 理解政府会计的目标、职能、特点与组成
2. 理解政府会计的基本前提和一般原则
3. 熟悉政府会计的要素
4. 熟悉政府会计的会计等式与信息结构
5. 了解我国政府会计的发展历程
6. 了解我国政府会计目前改革的目标、内容与步骤
7. 熟悉我国政府会计准则与制度

第一节 政府会计的概念与组成

一、政府与政府会计

(一) 政府

什么是政府？政府是社会组织的一种。按照目标不同，社会组织可分为企业、政府和民间非营利组织。政府是指国家进行统治和社会管理的机关，是国家表示意志、发布命令和处理事务的机关，实际上是国家代理组织和官吏的总称。政府的概念一般有广义和狭义之分，广义的政府是指行使国家权利的所有机关，包括立法、行政和司法机关；

狭义的政府是指国家权力的执行机关，即国家行政机关。

我国政府由中央政府和地方政府组成。中央政府是国务院及其直属机构，地方政府分为省（自治区、直辖市）、州或县（市、区）和乡镇三级人民政府。我国行政机关可以分为纵向结构和横向结构，俗称为"条条块块"。其中，纵向结构是指各级政府上下之间、各级政府各组成部门上下之间，构成领导与服从的主从关系。横向结构是指同级政府相互之间和每级政府各组成部门之间，构成协调的平行关系。如各省、直辖市、自治区政府之间，部（委）内部各司（局）之间，厅（局）内各处（室）之间，都是一种平行协调的横向结构关系，共同对一个上级负责。

在社会生活中，政府承担着提供公共产品和公共服务、满足社会多种需求的责任。政府充当着国家的代理人，左右着一国经济的发展，影响着人们的生活。"从摇篮到坟墓，我们的生活无不受政府活动的影响。"① 政府是国家的象征和代表，对外是国家的代言人；对内是国家机器的核心，是行使国家权力的机关。随着人类文明程度的不断提升，政府在社会中的作用和影响日益扩大。政府具有经济、管理和政治等多个方面的职能，经济职能是政府的基本职能。如同企业和家庭，政府也是一种经济主体，而政府活动的一个重要方面就是政府的财政活动。财政活动集中反映在税收、政府支出、公债等与预算行为有关的活动中，并且时刻影响着每个企业、家庭和个人。企业在生产经营决策依赖会计信息，同时也生产和提供会计信息。政府及其组成单位在制定和执行税收、政府支出、公债等经济决策时，也依赖于会计提供与此相关的经济信息；同样，政府与纳税人、公民及其上级授权机构之间也存在受托责任关系，应通过财务报告报告其受托责任的履行情况。

（二）政府会计

根据所服务的社会组织，我国的会计也就可分为企业会计、政府会计和民间非营利组织会计。一般而言，企业会计以营利为目的，以资本循环为中心，适用于各类企业。政府会计以经济和社会事业发展为目的，主要以财政资金运动为中心，适用于政府及其所属各类行政事业单位。民间非营利组织会计不以营利为目的，服务其组织目标，以财务收支活动为核心，适用于各种民间非营利组织。

按照国际会计准则委员会的规定，"政府会计是指用于确认、计量、记录和报告政府和政府单位财务收支活动及其受托责任的履行情况的会计体系。"在我国，《政府会计准则——基本准则》（以下简称《基本准则》）并没有对政府会计的概念做出界定。但却规定了中国政府会计由财务会计和预算会计构成。其中，政府财务会计，是指以权责发生制为基础对政府发生的各项经济业务和事项进行会计核算，反映和监督政府财务状况、运行情况、运行成本和现金流量等信息的会计；政府预算会计，是指以收付实现制为基础对政府预算执行过程中发生的全部收入和全部支出进行会计核算，主要反映和监督预算收支执行情况的会计。

由此我们认为，政府会计是以货币为主要计量单位，对政府预算执行过程发生的收支及政府发生的各项经济业务和事项进行核算与监督，以反映预算收支执行情况、政府财务状况、运行情况（含运行成本）和现金流量等信息，有助于会计信息使用者做出

---

① ［美］约瑟夫·E. 施蒂格利兹：《政府经济学》，曾强、何志雄译，春秋出版社，1988年。

决策或者进行监督和管理的会计体系。政府会计作为会计系统的一个分支，也是一种经济管理活动，其主要职能是对政府会计主体的资金活动进行连续、系统、完整的反映和监督。它适用于各级政府以及与该级政府财政部门直接或者间接发生预算拨款关系的国家机关、军队、政党组织、社会团体、事业单位和其他单位。

二、政府会计的目标

政府会计目标是政府会计期望达到的目的或愿景的抽象概括。它回答会计信息的使用者是谁；会计信息使用者的信息需求是什么；会计系统应以何种方式提供信息等。政府会计目标是政府会计理论的基本问题，既是政府会计实务的起点，也是制定政府会计规范的依据。

《基本准则》对我国政府会计目标的表述是：向会计信息使用者提供与政府的财务状况、运行情况（含运行成本，下同）、现金流量及预算执行情况等有关信息，反映政府会计主体公共受托责任履行情况，有助于财务报告使用者做出决策或者进行监督和管理。

（一）谁使用会计信息

《基本准则》等会计规范指出，政府会计信息的使用者包括：各级人民代表大会常务委员会、债权人、各级政府及其有关部门、政府会计主体自身和其他利益相关者。

1. 各级人民代表大会常务委员会

各级人民代表大会及其常务委员会是代表人民行使国家权力的机关，负责重大法规、经济政策、政府预算草案和决算报告的批准与审核，并监督政府对公共资源的管理和使用情况。该类信息使用者需要借助政府会计信息做出一些政治决策（如预算执行合规性的考量），同时也需要利用这些信息科学安排政府预算，合理组织政府资产、负债的核算，有效地管理和使用公共资源，恰当地评估政府绩效。该类会计信息使用者属于既存在政治决策需求又存在经济决策需求的复合信息使用者。

2. 政府债权人

政府经济资源的有限性使得各级政府有时依靠举债为公共事业和基础设施融通资金。为政府提供信贷资金的国内外银行等金融机构、国外政府、国际金融组织等构成了政府的债权人，国债、地方债券持有者以及为政府赊销提供资源的各类经济主体也是政府的债权人。这些债权人需要借助政府会计信息，做出是否将资金投资于政府债券、借款给政府以及是否对政府进行赊销的决策。因此，政府债权人为仅存在经济决策需求的使用者。

3. 各级政府及其有关部门

各级政府一般指我国地方各级人民政府；与各级政府有关的部门，则包括各省市的发展改革、财政、审计、统计、税收、物价、工商行政、公安、法院与检察院等。它们在制定相关政策、做出决策和决定、实施监管行为时，需要政府会计提供真实、完整、准确、及时的信息作为管理、行政和司法等行为的依据。

4. 政府会计主体自身

政府会计主体是指各级政府、各部门、各单位。其中，各部门、各单位是指与本级政府财政部门直接或者间接发生预算拨款关系的国家机关、军队、政党组织、社会团体、事业单位和其他单位。政府会计主体自身属于会计信息的生产者和内部使用者。它们在开展本部门或本单位业务和管理活动的过程中,既通过确认和计量生产各种会计信息,又依据本部门本单位会计信息做出经济决策,以更有效地实施公共管理、提供公共服务。

5. 其他利益相关者

社会公众:从某种意义上讲,社会公众是政府的天然利益相关者。根据信息公开的原则和规范,社会公众对部分政府会计信息拥有知情权。

企业及纳税人:纳税人对于政府所获税款是否按法律或预算要求使用、使用的效率与效果等方面也具有迫切的需求,他们需要政府会计信息中对政府受托责任履行情况的评价。

外国政府和国际机构:可能需要我国政府会计信息作为与我国交往交流的依据。

(二) 提供什么信息

《基本准则》等会计规范指出,政府会计提供的信息主要包括:政府的财务状况、运行情况(含运行成本)、现金流量、财政预算执行情况及与事业成果相关信息。

1. 财务状况

财务状况是指一定时期政府资金筹集与资金运用的状况。政府会计中,财务状况一般是指各级政府某一特定时点的资产、负债和净资产情况,是部门或单位经济活动的结果。

随着政府部门和单位各项活动的开展,资产和负债会发生增减变动,进而也引起净资产变动。通过财务状况信息还可以反映政府部门或单位所掌握的经济资源的规模和结构,以及所承担债务的规模和结构,进而反映其净资产。财务状况信息可以用来评价会计主体的财务风险和抗风险能力,以及资金运营的效率、资源分配与使用的绩效等情况。提供财务状况相关信息是政府财务会计的主要使命,财务状况相关信息主要以资产负债表提供。

2. 运行情况(含运行成本)

政府运行情况信息综合反映的是部门或单位为提供公共产品而获取的收入和发生的费用成本及其财务结果,必要时还需提供现金流入流出情况。部门或单位还需提供预算资金的收入、支出情况及其结果的信息。利用该信息,可以对政府财务业绩和预算执行情况做出评价。

提供运行情况相关信息既是政府财务会计的使命,也是政府预算会计的使命。政府财务会计反映财务运行情况信息的报表有:收入费用表、净资产变动情况表和现金流量表;政府预算会计反映预算运行情况的报表有预算收支表、预算结转结余变动表、财政拨款预算收入支出表提供。

三、政府会计的特点

政府会计作为我国会计系统的一个分支,与其他会计分支相比,有着其独特性。

1. 统一的规范

政府会计是反映和监督预算收支执行情况、政府财务状况、运行情况、运行成本和现金流量等信息的会计。为了在全国范围内汇总反映涉及各个方面的预算收支和政府活动情况，都需要有统一的核算内容，有着全国一致的会计科目，也有着一致的报表种类、结构、格式及填列方法。从某种程度上看，政府会计从基层单位主体开始，财务报告需要层层上报、汇总、合并，存在一个全国性合并主体，这就是中央政府。

2. 公共性收支

"公共性收支"主要强调政府收入和支出区别于企业和民间非营利机构的公共属性。政府的财源来自税收、政府债券、国有资产经营收益、社会捐赠、按成本补偿原则收取的服务费等。而政府支出主要用于提供国防、教育、科技、文化、卫生、社会保障等公共物品或自然垄断产品，并承担一些为保证其政治、道义上的合法、合理性而必须完成的责任义务等。政府经济资源受到有关法律、法规、制度约束，被限定用于特定的活动或目的，确保其财务资源的使用能有效地达到相应的公共目的。

3. 非营利目的

"非营利性"，是指政府建立和运营的最终目标不是营利，而是为社会提供公共产品和公共服务，满足社会及其成员各种社会性的需求。并且，政府提供这些公共产品或公共服务，并不考虑成本能否从其收费中得到补偿，或者费用的支付者是否从中受益。政府投入资源并不要求经济回报，其追求的是公共利益。政府预算会计在核算、反映和监督政府预算收支执行情况时，要核算收入、支出和结转结余情况，重视支出所实现的公共绩效。

4. 双核算基础

按照现行政府会计制度的规定，政府财务会计采用权责发生制，政府预算会计采用收付实现制；财政总预算会计、行政单位会计、事业单位会计一般采用收付实现制，部分经济业务或者事项采用权责发生制。比如，财政总预算会计和行政事业单位会计的国库集中支付的年终结余事项的核算、事业单位会计的经营性收支业务核算可采用权责发生制，其他经济业务的核算均采用收付实现制。

5. 双要素确认

从反映政府会计核算内容具体化的会计要素看，政府会计采用"3+5要素"的会计核算模式，即政府预算会计采用预算收入、预算支出和预算结余三要素，政府财务会计采用资产、负债、净资产、收入和费用五要素。从一些具体业务的核算方法看也有其特殊性，比如广泛采用"双分录"会计核算方法，固定资产和无形资产采用"虚提"折旧和摊销模式，对专项资金实行专款专用，没有利润及利润分配的核算等。

四、政府会计的组成体系

在我国，政府所用的会计曾有多种名称，自古就有"官厅会计"的称谓，民国时期一段时间曾被称为"政府会计"，中华人民共和国成立后改称为"预算会计"。2014年12月，国务院关于批转财政部《权责发生制政府综合财务报告制度改革方案》的通知中，明确提出必须推进政府会计改革，建立全面反映政府资产负债、收入费用、运行成本、现金流量等财务信息的权责发生制政府综合财务报告制度。2015年10月，财政部又发布了《政府会计准则——基本准则》，"政府会计"一词陆续出现在我国官方文件中。

（一）按服务目标划分：财务会计和预算会计

《基本准则》第三条规定，政府会计由预算会计和财务会计构成，同时要求预算会计实行收付实现制，财务会计实行权责发生制。

1. 政府财务会计

《基本准则》指出：财务会计是以权责发生制为基础对政府会计主体发生的各项经济业务或者事项进行会计核算，主要反映和监督政府会计主体财务状况、运行情况和现金流量的会计体系。根据政府委托代理理论，政府是社会公众的受托人，政府与社会公众是委托代理关系，社会公众为政府提供可供使用的资源，政府对公众承担着巨大而广泛的受托责任。财务会计就是通过确认、计量和报告程序，运用设置会计科目、编制会计分录、登记账簿和编制财务报表等方法，向政府管理部门、立法机构、审计部门、社会公众、政府的债权人、投资者、政府的项目合作者、咨询评级机构等，提供政府受托管理国家公共事务和国家资源、国有资产的信息，报告政府公共财务资源管理业绩及履行受托责任的情况，有助于政府做出各类经济决策。

2. 政府预算会计

《基本准则》指出：预算会计是以收付实现制为基础对政府会计主体预算执行过程中发生的全部收入和全部支出进行会计核算，主要反映和监督预算收支执行情况的会计。预算会计是以预算管理为中心的宏观管理信息系统和管理手段，通过设立一套自我平衡的预算科目体系，运用会计的程序和方法，对中央与地方各级政府预算以及政府单位预算及预算收支执行情况进行确认、计量和记录，以加强预算的会计控制，并通过预算与实际执行情况的比较分析，定期向政府管理者、立法机构及其他相关部门报告预算执行情况，借以评价和考核政府执行预算收支的情况。可见，预算会计是与政府预算管理紧密联系，主要为政府预算管理提供收入、支出和结余等方面信息的会计系统。

（二）按适用的主体划分：总预算会计、单位会计和特殊资金主体会计

1. 政府单位主体会计

政府单位是指与本级政府财政部门直接或者间接发生预算拨款关系的行政单位和事业单位。政府单位主体会计包括行政单位会计和事业单位会计，是为行政单位和事业单位实现其职能而服务的。行政单位主体会计是行政单位核算、反映和监督本单位预算执行和财务状况的专业会计。事业单位会计是各级各类事业单位核算、反映和监督本单位预算执行和财务状况的专业会计。根据机构建制和经费领报关系，行政事业单位会计的组织系统可根据部门管理的纵深分为主管会计单位、二级会计单位和基层会计单位三级。

2. 特殊资金主体会计

政府部门在其一般的部门经费之外，受政府或财政部门委托管理的需单独编制财务会计报表或预算会计报表的特殊资金的会计系统，如国库会计和收入征解会计。国库会计是核算、反映和监督预算收入的收纳、划分、报解和库款支拨的专业会计；收入征解会计是核算、反映和监督税收征收机关（税务部门和海关）组织各项税收的实现、征收、上解、入库、减免的专业会计，包括税收会计和关税会计。

3. 财政汇总会计

财政汇总会计是各级政府财政反映、监督本级政府范围内全部资产负债、全部财务

收支、全部预算收支等资金活动的专业会计。财政总会计统驭本级政府所辖所有单位主体会计、特殊资金主体会计和下级政府财政总会计，具有集团会计属性，处于主导地位。而政府单位会计、特殊资金会计和下级政府汇总会计具有基层会计属性，处于从属地位，需向财政总会计报告会计信息。目前主要根据上报的个别会计报表汇总和合并生成财政总会计的报表。条件成熟时可以直接整合其账簿和凭证，实行跨单位、跨部门和跨地区的财政总会计的凭证库和联合账簿。

第二节 我国政府会计的发展历程与当前改革

一、我国政府会计的发展历程

1. 古、近代的"官厅会计"

在我国历史上，政府会计曾被称为"官厅会计"。在绝大多数文献中，"官厅会计"主要是指古代奴隶制与封建制的国家由中央政权和各级地方政权组织进行的以国家的财产物资和经济活动为对象的会计工作。《周礼·天官·大宰》有"官计"之称，"以八法治官府，八曰官计，以弊邦治。"此后，汉、唐、宋均称之为"国计"，至明清仍依此说。中华民国建立后，亦曾短时期沿用了"官厅会计"这一名称。官厅会计适应国家的出现而产生，同时伴随着国家财政经济的发展而完善，并逐步形成独立完整的官厅会计体系。官厅会计与民间会计构成一个国家完整会计体系的重要组成部分。我国古代传统的会计发展，经历了一个从简单到复杂、从原始记录计量到单式簿记再到复式簿记的不断发展、完善的过程。

2. 中华人民共和国成立后的预算会计

新中国成立初期，百废待兴，迫切需要设计和建立适应经济发展和财政预算管理需要的政府会计体系。1950年12月12日，财政部发布《各级人民政府暂行财政总预算会计制度》和《各级人民政府暂行单位预算会计制度》，标志着中国预算会计的诞生。自此以后，我国预算会计核算管理模式基本实行的是制度管理，即由财政部直接制定会计制度，预算会计体系分为财政总预算会计和事业行政单位预算会计两个主要部分。采用收付实现制会计基础，会计要素分为岁入、岁出、资产、负债和净资产，采用"收付记账"为主、借贷记账为辅的记账方法，核算范围、报表口径与国家预算的范围和口径保持一致。1965年取消借贷记账法，全面实行资金收付记账法，会计要素分为资金来源、资金运用和资金结存三大类。

改革开放后，经济体制和财政财务管理体制改革深化，在计划经济统收统支体制下建立起来的预算会计体系急需改革完善。为此，财政部分别在1983年和1988年两次修改预算会计制度。1984年开始执行新的《财政机关总预算会计制度》，提出"财政总会计"，明确财政总会计的主要职能是会计核算、会计监督、参与各级财政总预算的计划和管理，将财政信用资金纳入核算范围。1988年颁布新的《事业行政单位预算会计制度》，对实行全额、差额和自收自支三种不同预算管理方式的事业行政单位分设会计科目，事业行政单位一般实行收付实现制，事业单位成本核算可以采用权责发生制。除统一的《事业行政单位预算会计制度》外，还制定了专门的行业事业单位会计制度，如《医院会计制度》《科研单位会计制度》《高等学校会计制度》等。至此，我国逐步形成了一套较为成型的预算会计制度，它是以财政总预算会计为主导，以单位预算会计为补充，以制度形式确定的有别于企业会计制度的独立会计系统。

进入20世纪90年代以后，随着市场经济体系的逐步建立，预算会计制度改革也进入了一个新阶段。1994年2月，财政部预算会计改革常务工作组成立；1996年2月，财政部印发了《预算会计核算制度改革要点》，规定了预算会计改革的指导思想、改革目标、会计体系、核算方法和改革步骤等重要内容，并提出争取在5年至10年的时间内，逐步建立起科学、完善的预算会计制度体系。1997年起先后颁布了《财政总预算会计制度》《行政单位会计制度》《事业单位会计准则（试行）》和《事业单位会计制度》等一系列预算会计制度，对预算会计进行了根本性的改革。本阶段改革重构了预算会计体系（财政总预算会计、行政单位会计和事业单位会计）；重设预算会计要素和平衡公式：资产＋支出＝负债＋净资产＋收入；统一采用借贷记账法；改进会计基础，事业单位经营性收支业务可采用权责发生制核算，其他一律实行收付实现制；更新了会计报表体系，确定资产负债表、收入支出表及必要的附表、会计报表说明书组成预算会计报表。

自2001年起，为适应各项公共财政制度改革的需要，财政部对预算会计制度进行调整：先后发布《财政国库管理制度改革试点会计核算暂行办法》等制度，以适应国库集中支付的改革；先后颁布《关于政府收支分类改革后行政单位会计核算问题的通知》等制度，为适应收支分类改革而进行调整；《关于国有资本经营预算收支会计核算的通知》，对财政总预算会计制度进行调整；为了适应将预算外资金纳入预算管理等的需要，先后发布《关于预算外资金纳入预算管理后有关账务处理问题的通知》等制度，对财政总预算会计制度进行调整。为了满足政府债务管理和核算的需要，陆续发布了《财政部代理发行地方政府债券财政总预算会计核算办法》《统借自还主权外债会计核算暂行办法》《关于地区间援助资金会计核算的通知》《关于地方政府专项债券会计核算问题的通知》等制度文件，以适应日益增加的政府债务有关事项的核算要求。

二、当前我国政府会计的改革

（一）政府会计改革的背景

过去60多年以预算会计体系的建立、发展和完善，为我国政府会计发展和政府职能的履行提供了坚实的会计工作的保障。但是有关政府财政、行政单位和事业单位的会计核算规范相对分散，从而使预算会计制度、政府会计工作和政府会计信息呈现"碎片化"，难以适应新形势和新情况的需要。主要表现为：一是不能如实反映政府"家底"，不利于政府加强资产负债管理；二是不能客观反映政府运行成本，不利于科学评价政府的运营绩效；三是缺乏统一、规范的政府会计标准体系，不能提供信息准确完整的政府财务报告。由此，需要对预算会计制度进行根本性的改革，构建统一、科学、规范的政府会计制度规范已势在必行。与此同时，为了推进政府会计改革，"政府会计"一词也不断被写入政府官方文件。比如，2006年3月14日第十届全国人民代表大会第四次会议批准的《国民经济和社会发展第十一个五年规划纲要》提出要"推进政府会计改革"，这是"政府会计"一词第一次出现在官方正式文件中，取代了"预算会计"。2011年3月14日第十一届全国人民代表大会第四次会议批准的《国民经济和社会发展第十二个五年规划纲要》要求"进一步推进政府会计改革，逐步建立政府财务报告制度"；2012年9月9日财政部发布的《会计改革与发展"十二五"规划纲要》提出，在"十二五"期间通过全面推进事业单位会计改革、建立健全政府会计准则体系、健全社会保险基金会计标准体系、完善民间非营利组织会计标准等措施，以大力推进政府及非营利组织会计改革；2013年10月29日，由中共中央政治局审议通过的《党政机关厉行节约反对浪费条例》规定，"推进政府会计改革，进一步健全会计制度，准确核算机关运行经费，全面反映行政成本"。由此看出，全面推进政府会计改革，对于建立现代财政制度、建设法治政府，提升国家治理体系和治理能力的现代化具有重要意义。

（二）政府会计改革的总体目标

随着政府会计制度的建立和完善，政府综合财务报告制度的建设与政府会计准则体系的制定也在不断推进之中。2013年11月12日，党的第十八届中央委员会第三次全体会议通过的《中共中央关于全面深化改革若干重大问题的决定》提出，要"建立权责发生制的政府综合财务报告制度"，"建立规范合理的中央和地方政府债务管理及风险预警机制"。2014年8月31日，第十二届全国人民代表大会常务委员会第十次会议表决通过了《全国人大常委会关于修改〈预算法〉的决定》，新《预算法》明确要求编制政府综合财务报告。为落实党的十八届三中全会决定以及新《预算法》，2014年12月12日国务院批转财政部《权责发生制政府综合财务报告制度改革方案》（以下称《改革方案》），确立了政府会计改革的指导思想、总体目标、基本原则、主要任务和实施步骤，充分体现了党中央、国务院对全面推进我国政府会计改革的高度重视。

根据《改革方案》，政府会计改革的总体目标是：通过构建统一、科学、规范的政府会计准则体系，建立健全政府财务报告编制办法，适度分离政府财务会计与预算会计、政府财务报告与决算报告功能，全面、清晰地反映政府财务信息和预算执行信息，为开展政府信用评级、加强资产负债管理、改进政府绩效的监督考核、防范财政风险等提供支持，促进政府财务管理水平提高和财政经济可持续发展，力争在2020年前建立具有中国特色的政府会计准则体系和权责发生制政府综合财务报告制度。

（三）政府会计改革的实施步骤

2015年10月，财政部颁布《政府会计准则——基本准则》，要求自2017年1月1日起施行。按照《基本准则》，政府会计分为财务会计和预算会计两个部分，其中政府财务会计采用权责发生制，政府预算会计采用收付实现制。预算会计仅核算预算收入、预算支出与预算结转结余三个会计要素，与原预算会计要素对象有很大出入。同年11月，财政部印发了《政府财务报告编制办法（试行）》及操作指南，规范了政府财务报告的内涵和范畴、政府财务报告主要内容、政府财务报告编制要求、政府财务报告报送流程、政府财务报告数据质量审查、政府财务报告数据资料管理、有关职责分工。同时规定财政部门负责编制政府综合财务报告，其他部门负责编制本部门财务报告。

2016年7月，根据《基本准则》，财政部制定了《政府会计准则第1号——存货》

《政府会计准则第 2 号——投资》《政府会计准则第 3 号——固定资产》和《政府会计准则第 4 号——无形资产》。2017 年 4 月,制定了《政府会计准则第 5 号——公共基础设施》。2017 年 7 月,制定了《政府会计准则第 6 号——政府储备物资》。自此,已制定了 6 项具体准则,并自 2017 年 1 月 1 日起陆续施行。2017 年 10 月,财政部根据《中华人民共和国会计法》《中华人民共和国预算法》《政府会计准则——基本准则》制定了《政府会计制度——行政事业单位会计科目和报表》,自 2019 年 1 月 1 日起全面施行,并鼓励行政事业单位提前执行。自此,新的改革框架下的政府会计准则体系和制度体系基本成型。

2018 年 2 月,财政部制定了《〈政府会计制度——行政事业单位会计科目和报表〉与〈行政单位会计制度〉有关衔接问题的处理规定》和《〈政府会计制度——行政事业单位会计科目和报表〉与〈事业单位会计制度〉有关衔接问题的处理规定》,为确保新旧制度顺利衔接、平稳过渡,促进新制度的有效贯彻实施,确定了新旧衔接的具体过渡办法。

未来一段时间(2018~2020 年),我国将进一步制定发布政府会计新的具体准则及应用指南,基本建成具有中国特色的政府会计准则体系;完善行政事业单位财务制度;适时修订政府财务报告编制办法和操作指南;全面开展政府财务报告编制工作;研究推行政府成本会计;建立健全政府财务报告分析应用体系;制定发布政府财务报告审计制度和公开制度。

第三节 政府会计的基本前提和一般原则

一、政府会计的基本前提

会计基本前提,又称会计基本假设,是进行会计核算的基本条件。会计基本前提是合理限定会计核算的范围,据以确定会计核算对象、选择会计方法、收集加工处理会计数据,从而保证会计工作的正常进行和会计信息的质量。政府会计的基本前提包括会计主体、持续经营、会计分期和货币计量。

(一)会计主体

会计主体是会计赖以存在的特定实体,它明确了会计核算和报告的信息边界。只有规定了政府会计主体,政府会计核算才有明确的范围,在此基础上会计要素才有空间的归属,才能向有关各方面提供范围明晰的会计信息。《基本准则》规定,政府会计主体包括各级政府、各部门、各单位。其中各部门、各单位是指与本级政府财政部门直接或者间接发生预算拨款关系的国家机关、军队、政党组织、社会团体、事业单位和其他单位,但军队和已纳入企业财务管理体系的单位和执行《民间非营利组织会计制度》的社会团体除外。

基于社会组织的分类,政府会计主体可归纳为各级政府的财政总会计主体、各级各类部门主体和下属单位会计主体，以及独立编制报表的特殊资金会计主体。具体而言，政府会计主体有财政总会计主体、行政单位会计主体、事业单位会计主体、特殊资金会计主体。

（二）持续经营

持续经营是指在正常情况下，政府会计主体的经济业务活动无限期延续下去，在可预见的未来不会终止。会计核算所使用的原则、程序和方法需建立在持续经营的基础之上。因为在正常情况下，只有默认会计主体未来按目前状态持续下去，会计人员才不用考虑可能发生的特定"非持续经营"事件的影响，对资产负债、收入支出等各项要素的确认和计量才可以一致地采用正常的程序和方法进行。如此，所有会计主体才比较一致和客观地反映会计主体的财务状况和运行情况。例如，对某项固定资产按照公认使用年限进行"正常的"折旧，以核算每年的资产损耗费用。即使近期可能处置这项资产或出售相关项目，也暂不考虑提前处置这一"非持续经营"事件可能导致的每年真正的资产损耗费用。

当然，一旦"非持续经营"事件成为现实，或很可能成为现实，此时已不是"正常情况"，会计人员将启动相应程序对其现实影响进行核算。例如，前述例子的固定资产提前处置，即终止折旧这一"正常的"核算，而进入"清算"或"清理"这一特殊的处理程序。

（三）会计分期

会计分期，又称会计期间，是指将政府会计主体持续经营的经济业务活动根据信息使用者的需要，人为地划分为一个个连续的、长短相同的期间，以便分期结算账目、编制会计报表，及时向各方面提供有用的会计信息。会计分期是对持续经营前提的必要补充。由此，政府会计主体应当划分会计期间、分期结算账目和编制财务报表。

会计期间通常为一年，称为会计年度。我国政府会计年度采用日历年度。为了及时提供会计信息，在年度内还可以划分若干较短的期间，如季度和月份。《基本准则》规定，政府会计核算应当划分会计期间，分期结算账目，按规定编制决算报告和财务报告；会计期间至少分为年度和月度。会计年度、月度等会计期间的起讫日期采用公历日期。《财政总预算会计制度》规定，财政总预算会计应当划分会计期间，分期结算账目和编制会计报表；会计期间至少分为年度和月度。会计年度、月度等会计期间的起讫日期采用公历日期；年度终了后，可根据工作特殊需要设置一定期限的上年决算清理期。会计期间至少分为年度和月度。会计年度、月度等会计期间的起讫日期采用公历日期。

（四）货币计量

货币计量是对政府会计计量尺度的规定，指政府会计主体在会计核算过程中以货币作为计量单位，综合反映政府会计主体的经济业务活动情况。货币计量是会计的基本特征。只有以货币计量为前提，政府会计核算所提供的信息才具有可比性，才能满足信息使用者的需要。以货币计量作为前提，还包含假设币值保持不变。因为只有在币值稳定的前提下，对不同会计期间的会计要素的核算才有意义，才可以前后各期加以比较。

政府会计核算应当以人民币为记账本位币。发生外币业务时，应当将有关外币金额折算为人民币金额计量。《基本准则》规定，政府会计核算应当以人民币作为记账本位币。发生外币业务时，应当将有关外币金额折算为人民币金额计量，同时登记外币金额。《财政总预算会计制度》规定，财政总预算会计应当以人民币作为记账本位币。发生外币业务时，应当将有关外币金额折算为人民币金额计量。

二、政府会计核算的一般原则

政府会计核算的一般原则是政府会计核算工作应遵循的基本规范。按照《基本准则》，政府会计核算的一般原则包括真实性原则、相关性原则、可比性原则、及时性原则、可理解性原则、全面性原则、实际成本原则、配比原则、实质重于形式原则、实行双会计核算基础原则等十项。这十项政府会计核算的一般原则大体上可分为两大类：一是对政府会计信息质量要求的原则，主要包括真实性、相关性、可比性、及时性、可理解性、全面性、实质重于形式等原则；二是对会计要素进行确认计量的原则，主要包括实际成本、配比、双会计核算基础等原则。

（一）会计信息质量要求原则

会计信息质量要求是对会计主体财务报告中所提供会计信息质量的基本要求，是使财务报告中所提供会计信息对会计信息使用者决策有用应具备的基本特征。对政府会计信息质量要求的原则，主要包括真实性、相关性、可比性、及时性、可理解性、全面性、实质重于形式等七项。

1. 真实性原则

真实性原则，又称客观性或可靠性原则，是指政府会计主体的会计核算应当以实际发生的经济业务为依据，如实反映各项会计要素的情况和结果，保证会计信息真实可靠。比如，《基本准则》规定，政府会计主体应当以实际发生的经济业务或者事项为依据进行会计核算，如实反映各项会计要素的情况和结果，保证会计信息真实可靠。真实性原则要求政府会计核算必须以经济业务发生时所取得的合法书面凭证为依据，不得弄虚作假、伪造、篡改凭证，凭证内容要真实、数字要准确、项目要完整、手续要齐备、资料要可靠。只有这样才能保证会计信息与会计反映对象的客观事实相一致，才能满足各信息使用者做出正确决策的需要。

2. 相关性原则

相关性原则，又称有用性原则，是指政府会计所提供的信息应与信息使用者的经济决策需要相关。比如，《基本准则》规定，政府会计主体提供的会计信息，应当与反映政府会计主体公共受托责任履行情况以及报告使用者决策或者监督、管理的需要相关，有助于报告使用者对政府会计主体过去、现在或者未来的情况做出评价或者预测。相关性需要政府会计主体在确认、计量和报告会计信息的过程中，充分考虑信息使用者的决策模式和信息需要，从而有助于信息使用者做出正确的决策。

3. 可比性原则

可比性原则，是指政府会计提供的会计信息应当具有可比性，包括同一政府会计主体不同时期以及不同政府会计主体发生的相同或者相似的经济业务或者事项应当采用一致的会计政策。比如，《基本准则》规定，政府会计主体提供的会计信息应当具有可比性。同一政府会计主体不同时期发生的相同或者相似的经济业务或者事项，应当采用一致的会计政策，不得随意变更；确需变更的，应当将变更的内容、理由及其影响在附注中予以说明；不同政府会计主体发生的相同或者相似的经济业务或者事项，应当采用一致的会计政策，确保政府会计信息口径一致，相互可比。可比性可保证政府会计主体根据国家的统一规定进行核算，使各政府会计主体的会计信息建立在相互可比的基础上，以便于会计信息的比较、分析和汇总，从而为信息使用者进行决策和国家进行宏观调控与管理提供必要的依据；同时有利于比较分析同一政府会计主体不同会计期间的会计信息，从而对预算执行和财务状况做出正确判断，以提高各方面预测和决策的准确性。

4. 及时性原则

及时性原则，是指政府会计核算应当及时进行。该原则要求政府会计信息应当及时处理，及时提供，不得提前或延后。比如，《基本准则》规定，政府会计主体对已经发生的经济业务或者事项，应当及时进行会计核算，不得提前或者延后。会计信息具有一定的时效性，所以，在会计核算中，政府会计主体应及时收集会计信息、及时处理会计信息、及时传递报告会计信息，从而帮助信息使用者及时做出经济决策，确保会计信息的价值。

5. 可理解性原则

可理解性原则，是指政府会计记录和会计报表应当清晰明了，便于理解和运用。比如，《基本准则》规定，政府会计主体提供的会计信息应当清晰明了，便于报告使用者理解和使用。可理解性要求会计核算各个环节和步骤清晰明了，通俗易懂，以利于会计信息使用者理解会计报表和利用会计信息，同时也有利于审计人员进行审计。

6. 全面性原则

全面性原则，是指政府会计报表应全面反映经济业务活动情况及结果。比如，《基本准则》规定，政府会计主体应当将发生的各项经济业务或者事项统一纳入会计核算，确保会计信息能够全面反映政府会计主体预算执行情况和财务状况、运行情况、现金流量等。全面性要求会计报表所反映的信息做到内容完整、全面。

7. 实质重于形式原则

实质重于形式原则，是指政府会计核算和会计信息要真实反映政府会计主体经济业务或事项的实际情况，要按照经济业务或事项的经济实质进行会计核算，而不应当仅仅以它们的法律形式作为会计核算的依据。按实质或经济事实来核算和反映而不看其表现形式，当经济事实与法律形式不一致时，按事实来记录和反映。比如，《基本准则》规定，政府会计主体应当按照经济业务或者事项的经济实质进行会计核算，不限于以经济业务或者事项的法律形式为依据。

（二）对政府会计要素确认和计量要求的原则

1. 实行"双会计核算基础"原则

《基本准则》规定，财务会计采用权责发生制，预算会计采用收付实现制，国务院另有规定的，依照其规定。收付实现制，又称现金制或现收现付制，是指以现金的实际收付为标志来确定本期收入和支出的会计核算基础。凡在当期实际收到的现金收入和支出，均应作为当期的收入和支出。权责发生制，又称应计制或应收应付制，是指以取得收取款项的权利或支付款项的义务为标志来确定本期收入和费用的会计核算基础。凡是当期已经实现的收入和已经发生的或应当负担的费用，不论款项是否收付，都应当作为当期的收入和费用；凡是不属于当期的收入和费用，即使款项已在当期收付，也不应当作为当期的收入和费用。

2. 实际成本原则

实际成本原则,又称历史成本原则,是指政府会计主体的各项财产物资应当按照取得或购建时的实际成本计价。比如,《基本准则》规定,政府会计主体在对资产进行计量时,一般应当采用历史成本。坚持实际成本原则,有利于保证政府会计信息在同类单位不同时期具有可比性。

3. 配比原则

配比原则,是指有经营活动的事业单位,其经营支出和经营收入应当配比。配比原则是在权责发生制的基础上根据事业单位经营支出和经营收入的因果关系,将一个会计期间内的经营支出与经营收入在同一个会计期间内进行确认、计量和记录,而不能提前或拖延。坚持配比原则,有利于正确计算和考核事业单位的经营结余。

第四节 政府会计的对象与要素

一、政府会计的对象

会计对象,又称会计客体,是指会计所核算、反映和监督的内容,具体是指社会再生产过程中能以货币表现的资金运动。政府会计对象是政府会计所核算、反映和监督的内容。政府预算会计和政府财务会计各自关注的对象范围是不相同的。

(一) 预算会计的对象

预算会计的对象是各级政府及所属单位的预算资金运动,包括预算资金的取得和预算资金的使用两个阶段。预算会计对象限于预算资金本身的收支活动,而其形成的资产负债并不是预算会计对象,而是财务会计的对象。

1. 财政预算收支

各级财政预算会计由同级财政部门办理。各级政府财政部门负责组织国家财政收支、办理国家预决算。在国家预算执行过程中,各级财政部门按照核定的预算通过收取税收、非税收入等形式取得财政收入,而通过财政直接支付和财政授权支付等方式向预算单位拨付财政资金发生财政支出,财政收入超过财政支出的部分形成财政结转结余。

2. 单位预算收支

行政单位作为进行国家行政管理、组织经济建设和文化建设、维护社会公共秩序的单位,肩负着行政单位预算执行和完成行政任务的职责。在单位预算执行中,行政单位按照核定的单位预算和分月(季度)用款计划通过财政直接支付和财政授权支付等方式从同级财政部门获取拨款,形成其收入;同时,按照预算规定的用途和开支标准支付基本支出和项目支出,形成其支出;收入超过支出的部分形成其结转结余。

事业单位作为国家为了社会公益目的,由国家机关或者其他组织利用国有资产举办的社会服务组织,肩负着事业单位预算执行和完成国家规定的各项事业计划的职责。在单位预算执行中,事业单位按照核定的单位预算和分月(季度)用款计划通过财政直接支付和财政授权支付等方式从同级财政部门获取拨款或者按国家规定取得业务收入，形成其收入；同时，按照预算规定的用途和开支标准，支付基本支出和项目支出以及经营业务支出，形成其支出；收入超过支出的部分形成其结转结余。

（二）财务会计的对象

政府财务会计的对象是各级政府及所属单位的全部资金运动，包括收入取得、费用发生、资产形成、资产使用与耗损、负债的产生与偿还等等各种资金活动。政府财务会计对象包含预算会计对象。

1. 行政部门资金运动

政府部门和行政单位作为公共管理部门或其组成单位，肩负着完成公共管理任务的职责，按照核定的单位预算和分月（季度）用款计划从同级财政部门及其他渠道获取资金，形成其收入或负债或净资产；同时按照规定用途支出以履行行政职责，或通过形成一定资产以提供公共服务。

2. 事业单位资金运动

事业单位作为公益目的的国有社会法人，肩负完成国家各项事业计划的职责。事业单位在预算拨款或其他资源支持下，自主建设发展专项事业的条件设施和服务能力，履行教育、医疗卫生、科研、文化等各项专门职责。其资金运动基本过程与行政单位基本相同，但资金来源和运用的范围相对行政单位更加广泛。事业单位资金运动根据其行业不同各具特色，有的事业单位有经营活动，部分科研单位还有生产性活动，他们的资产负债、收入费用等资金内容更加丰富，资金运动过程链更长、资金运动内容更复杂。

二、政府会计要素

政府会计要素是政府会计对象的构成要素，是对政府会计对象的基本分类，是政府会计核算内容的具体化，是构筑会计报表的基本组件，也是账户所要反映和监督内容的高度归并和概括。由于对会计要素的进一步划分就是会计科目，所以确定会计要素有助于设置会计科目；由于会计要素之间的相互关系就是会计报表的平衡关系，所以明确会计要素及其相互关系有助于设计会计报表的框架结构和格式。

（一）政府预算会计要素

《基本准则》第十八条指出，政府预算会计要素包括预算收入、预算支出与预算结余。

1. 预算收入

预算收入是指政府会计主体在预算年度内依法取得的并纳入预算管理的现金流入。预算收入一般在实际收到时予以确认，以实际收到的金额计量。

2. 预算支出

预算支出是指政府会计主体在预算年度内依法发生并纳入预算管理的现金流出。预算支出一般在实际支付时予以确认，以实际支付的金额计量。

3. 预算结余

预算结余是指政府会计主体预算年度内预算收入扣除预算支出后的资金余额，以及历年滚存的资金余额。预算结余包括一般结余和专项结余。其中，一般结余是指非专门项目资金预算收支相抵后的差额，可以转入普通的滚存结余，用于安排下期预算任何方面的支出;专项结余是指专门项目的预算资金在预算期期末收支相抵后的差额,在项目未完成前,它一般只能用于以后预算期间既定项目的支出。

(二) 政府财务会计要素

《基本准则》第二十六条指出,政府财务会计要素包括资产、负债、净资产、收入和费用。

1. 资产

资产是指政府会计主体过去的经济业务或者事项形成的,由政府会计主体控制的,预期能够产生服务潜力或者带来经济利益流入的经济资源。其中,服务潜力是指政府会计主体利用资产提供公共产品和服务以履行政府职能的潜在能力;经济利益流入表现为现金及现金等价物的流入,或者现金及现金等价物流出的减少。

政府会计主体的资产按照流动性分为流动资产和非流动资产。其中,流动资产是指预计在1年内(含1年)耗用或者可以变现的资产,包括货币资金、短期投资、应收及预付款项、存货等;非流动资产是指流动资产以外的资产,包括固定资产、在建工程、无形资产、长期投资、公共基础设施、政府储备资产、文物文化资产、保障性住房和自然资源资产等。政府会计主体在对资产进行计量时,一般应当采用历史成本。采用重置成本、现值、公允价值计量的,应当保证所确定的资产金额能够持续、可靠地计量。

2. 负债

负债是指政府会计主体过去的经济业务或者事项形成的,预期会导致经济资源流出政府会计主体的现时义务。现时义务是指政府会计主体在现行条件下已承担的义务。未来发生的经济业务或者事项形成的义务不属于现时义务,不应当确认为负债。

政府会计主体的负债按照流动性分为流动负债和非流动负债。其中,流动负债是指预计在1年内(含1年)偿还的负债,包括应付及预收款项、应付职工薪酬、应缴款项等;非流动负债是指流动负债以外的负债,包括长期应付款、应付政府债券和政府依法担保形成的债务等。政府会计主体在对负债进行计量时,一般应当采用历史成本。采用现值、公允价值计量的,应当保证所确定的负债金额能够持续、可靠地计量。

3. 净资产

净资产是指政府会计主体资产扣除负债后的净额。它所说明的是政府资产总额在偿还其现存一切义务后的剩余部分,用公式可表示为:资产-负债=净资产。可见,净资产金额取决于资产和负债的计量,因此,净资产可能为正值也可能为负值,负值一般不会出现。政府会计主体净资产因依法、无偿取得税收收入或偿还债务而增加,因提供公共产品(或公共服务)发生费用或举借债务而减少。

政府会计主体净资产与企业所有者权益虽然都是资产抵减负债后的结果,但两者有所不同。所有者权益的显著特征就是它因所有者以资产作为投资而增加,又因向其分配股利而减少,同时所有者也可分享投资带来的收益,同时也要承担无利可图的风险。与此相比,政府会计主体没有获利的动机,它们既不接受出资人的资产投资,也不向其分配资产(即利润或股利)。对于政府会计主体净资产,出资者无权据此得到经济利益,也不存在对净资产所享有的权益。

4. 收入

收入是指报告期内导致政府会计主体净资产增加的、含有服务潜力或者经济利益的经济资源的流入。

收入是政府所获得的经济资源流入。经济资源流入政府的渠道或形式具有多样性。但就政府整体而言，因经济资源流入而形成的政府收入主要包括交换性交易收入和非交换性交易收入。其中，交换性交易收入是指主体通过交换直接给付另一主体几乎相同的价值（主要以现金、货物、服务或使用资产的形式）而获得资产、服务或消除债务所取得的收入。交换性交易收入以外的收入为非交换性交易收入。

政府收入主要包括：税收，行使政府权力的收费，罚款，贷款利息收入，让渡资产使用权使用费的（租金）收入，出售资产的利得，获得的其他会计主体的转移支付，接受的无限定条件的捐赠，其他收入等。

5. 费用

费用是指报告期内导致政府会计主体净资产减少的、含有服务潜力或者经济利益的经济资源的流出。

政府发生费用一般表现为经济资源的流出、消耗或者负债的增加。费用的主要内容包括：工资福利，对个人和家庭的补助，采购商品和服务支出，对企业的补贴，对其他政府会计主体的转移支付，借款利息，资产的报废和损失，对国外的赠予，其他支出等。

三、政府会计的会计等式

会计等式，也称会计平衡公式，是对各会计要素的内在经济关系利用数学公式所做的概括表达，是反映各会计要素数量关系的等式。会计等式贯穿于政府会计核算的全过程，是设置账户、进行复式记账、试算平衡和编制会计报表的理论依据。基于《基本准则》和政府会计制度，政府会计要素分为财务会计等式和预算会计等式。

（一）财务会计等式

1. 资产负债表等式：资产 = 负债 + 净资产

净资产是资产减去负债后的差额，或者表达为资产必然等于负债加净资产。这说明一个政府会计主体所拥有的资产与负债和净资产实际上是同一资金的两个不同方面，即：有一定数额的资产，就有一定数额的负债和净资产；反之，有一定数额的负债和净资产，就有一定数额的资产。资产与负债和净资产的这种相互依存的关系，决定了在数量上资产总额与负债和净资产的总额必定相等。

2. 收入费用表等式：收入 - 费用 = 盈余

政府会计主体为实现其职能、开展业务活动，必然会依法取得一定数额的收入，也必然发生一定数额的费用或支出，收支相抵后的差额为盈余（负数为亏损）。由此决定了一个政府会计主体的收入和支出的差额必然与其盈余或亏损数额相等。

由于盈余是政府会计净资产的一个组成部分，我们可以将上述两个公式组合如下：

资产 = 负债 + 不含未结转收支的净资产 + 收入 - 费用

当存在未结转收入和费用账面数时，此等式对于编制即时资产负债表非常有用。

（二）预算会计等式：预算收入 - 预算支出 = 预算结余

是各级政府会计主体进行预算会计核算，编制预算会计报表的依据。

第五节

政府会计规范

政府会计制度规范体系是由若干对政府会计核算有影响的相互联系的法规构成的一个整体,主要包括会计法律、会计行政规章制度。截至2018年初,从已经颁布的有关政府会计制度规范来看,我国现行的政府会计制度规范体系如下。

一、会计立法

作为政府会计规范构成部分的财务会计法律是规范政府财务活动和会计关系的法律总称,由国家最高权力机关——全国人民代表大会及其常务委员会制定,主要包括《中华人民共和国预算法》(以下简称《预算法》)和《中华人民共和国会计法》(以下简称《会计法》)。

(一)《中华人民共和国预算法》

《中华人民共和国预算法》(以下简称《预算法》),是有关国家预算收入和预算支出,以及进行预算管理的法律规范的总称。它是财政领域的基本法律制度,也是制定政府会计标准体系的依据,在整个法律体系中处于仅次于宪法的核心地位,在一些国家甚至被称为"第二宪法"。我国《预算法》公布于1994年,自1995年1月1日起施行。2014年进行了修改,自2015年1月1日起施行。该法修改后由总则、预算管理职权、预算收支范围、预算编制、预算审查和批准、预算执行、预算调整、决算、监督、法律责任、附则十一章组成。

(二)《中华人民共和国会计法》

《中华人民共和国会计法》(以下简称《会计法》)是我国会计工作的基本法规,是我国会计法规的母法,是指导会计工作的最高准则。《会计法》自1985年5月起施行,分别于1993年、2008年进行了修订,修订后的《会计法》共七章五十二条,包括总则、会计核算、公司与企业会计核算的特别规定、会计监督、会计机构和会计人员、法律责任及附则。《会计法》是会计法律制度中层次最高的法律规范,是制定《政府会计准则》的基本准则、各项具体准则和应用指南,以及制定《政府会计制度》、行政事业单位财务制度等的主要依据。

二、政府会计准则

我国的政府会计准则体系由政府会计基本准则、具体准则及其应用指南组成。

(一)《政府会计准则——基本准则》

《基本准则》作为政府会计的"概念框架",其功能是统驭政府会计具体准则和政府会计制度的制定,为政府会计实务问题提供处理原则,为编制政府财务报告提供基础标准。《基本准则》发布于2015年,自2017年1月1日起施行。该准则共六章六十二条,各章内容包括:

第一章为总则，规定了立法目的和制定依据、适用范围、政府会计体系与核算基础、基本准则定位、报告目标和使用者、会计基本假设和记账方法等。

第二章为政府会计信息质量要求，明确了政府会计信息应当满足七个方面的质量要求，即可靠性、全面性、相关性、及时性、可比性、可理解性和实质重于形式。

第三章为政府预算会计要素，规定了预算收入、预算支出和预算结余三个预算会计要素的定义、确认、计量标准和列示要求。

第四章为政府财务会计要素，规定了资产、负债、净资产、收入和费用五个财务会计要素的定义、确认标准、计量属性和列示要求。

第五章为政府决算报告和财务报告，规定了决算报告、财务报告和财务报表的定义、主要内容与构成。

第六章为附则，规定了相关基本概念的定义，明确了施行日期。

（二）政府会计准则的具体准则

具体准则是在基本准则的指导下，对政府各项资产、负债、净资产、收入、费用、预算收入、预算支出、预算结余及相关交易或事项的确认、计量和报告进行规范的会计准则。财政部为了适应权责发生制政府综合财务报告制度改革的需要，自2016年7月开始陆续制定了各项具体准则，目前已出台六项准则。

1. 2016年7月制定了第一批四项具体准则，自2017年1月1日起陆续施行。

《政府会计准则第1号——存货》

《政府会计准则第2号——投资》

《政府会计准则第3号——固定资产》

《政府会计准则第4号——无形资产》

2. 2017年4月，制定了《政府会计准则第5号——公共基础设施》，自2018年1月1日起陆续施行。

3. 2017年7月，制定了《政府会计准则第6号——政府储备物资》，自2018年1月1日起陆续施行。

未来还将根据需要陆续制定新的具体准则和具体准则的应用指南。

三、政府会计制度

2017年10月24日，财政部印发了《政府会计制度——行政事业单位会计科目和报表》，要求自2019年1月1日起全面施行，鼓励行政事业单位提前执行。

（一）《政府会计制度》出台的背景

我国政府会计原核算标准体系基本上形成于20世纪末，涵盖财政总预算会计、行政单位会计与事业单位会计，包括《财政总预算会计制度》《行政单位会计制度》《事业单位会计准则》《事业单位会计制度》，以及医院、基层医疗卫生机构、高等学校、中小学校、科学事业单位、彩票机构等行业事业单位会计制度和国有建设单位会计制度等有关制度等。党的十八届三中全会提出了"建立权责发生制政府综合财务报告制度"的重大改革举措。由于现行政府会计标准体系一般采用收付实现制，主要以提供反映预算收支执行情况的决算报告为目的，无法准确、完整反映政府资产负债"家底"，以及政府的运行成本等情况，难以满足编制权责发生制政府综合财务报告的信息需求。另外，因现行政府会计领域多项制度并存、体系繁杂、内容交叉、核算口径不一，造成不同部门、单位的会计信息可比性不高，通过汇总、调整编制的政府财务报告信息质量较低。因此，在新的形势下，必须对现行政府会计标准体系进行改革。

2015年以来，相继出台了《政府会计准则——基本准则》和存货、投资、固定资产、无形资产、公共基础设施、政府储备物资等6项政府会计具体准则，以及固定资产准则应用指南，政府会计准则体系建设取得积极进展。为了加快建立健全政府会计核算标准体系，经反复研究和论证，决定以统一现行各类行政事业单位会计标准、夯实部门和单位编制权责发生制财务报告和全面反映运行成本并同时反映预算执行情况的核算基础为目标，制定适用于各级各类行政事业单位的统一的会计制度。

(二)《政府会计制度》的基本内容

《政府会计制度》由正文和附录组成。正文包括六部分内容：

第一部分为总说明，主要规范《制度》的制定依据、适用范围、会计核算模式和会计要素、会计科目设置要求、报表编制要求、会计信息化工作要求和施行日期等内容。

第二部分为会计科目名称和编号，主要列出了财务会计和预算会计两类科目表，共计103个一级会计科目，其中，财务会计下资产、负债、净资产、收入和费用五个要素共77个一级科目，预算会计下预算收入、预算支出和预算结余三个要素共26个一级科目。

第三部分为会计科目使用说明，主要对103个一级会计科目的核算内容、明细核算要求、主要账务处理等进行详细规定。本部分内容是《制度》的核心内容。

第四部分为报表格式，主要规定财务报表和预算会计报表的格式，其中，财务报表包括资产负债表、收入费用表、净资产变动表、现金流量表及报表附注，预算会计报表包括预算收入支出表、预算结转结余变动表和财政拨款预算收入支出表。

第五部分为报表编制说明，主要规定了第四部分列出的7张报表的编制说明，以及报表附注应披露的内容。

附录为主要业务和事项账务处理举例。本部分采用列表方式，以《制度》第三部分规定的会计科目使用说明为依据，按照会计科目顺序对单位通用业务或共性业务和事项的账务处理进行举例说明。

(三)《政府会计制度》的变化与创新

《政府会计制度》继承了多年来我国行政事业单位会计改革的有益经验，反映了当前政府会计改革发展的内在需要和发展方向，相对于现行制度有以下重大变化与创新：

1. 重构了政府会计核算模式

在系统总结分析传统单系统预算会计体系的利弊基础上，《政府会计制度》按照《改革方案》和《基本准则》的要求，构建了"财务会计和预算会计适度分离并相互衔接"的会计核算模式。所谓"适度分离"，是指适度分离政府预算会计和财务会计功能、决算报告和财务报告功能，全面反映政府会计主体的预算执行信息和财务信息。主要体现在以下几个方面：一是"双功能"，在同一会计核算系统中实现财务会计和预算会计双重功能，通过资产、负债、净资产、收入、费用五个要素进行财务会计核算，通过预算收入、预算支出和预算结余三个要素进行预算会计核算。二是"双基础"，财务会计采用权责发生制，预算会计采用收付实现制，国务院另有规定的，依照其规定。三是"双报告"，通过财务会计核算形成财务报告，通过预算会计核算形成决算报告。所谓"相互衔接"，是指在同一会计核算系统中政府预算会计要素和相关财务会计要素相互协调，决算报告和财务报告相互补充，共同反映政府会计主体的预算执行信息和财务信息。主要体现在：一是对纳入部门预算管理的现金收支进行"平行记账"。对于纳入部门预算管理的现金收支业务，在进行财务会计核算的同时也应当进行预算会计核算。对于其他业务，仅需要进行财务会计核算。二是财务报表与预算会计报表之间存在勾稽关系。通过编制"本期预算结余与本期盈余差异调节表"并在附注中进行披露，反映单位财务会计和预算会计因核算基础和核算范围不同所产生的本年盈余数（即本期收入与费用之间的差额）与本年预算结余数（本年预算收入与预算支出的差额）之间的差异，从而揭示财务会计和预算会计的内在联系。这种会计核算模式兼顾了现行部门决算报告制度的需要，又能满足部门编制权责发生制财务报告的要求，对于规范政府会计行为，夯实政府会计主体预算和财务管理基础，强化政府绩效管理具有深远的影响。

2. 统一了现行各项单位会计制度

《政府会计制度》有机整合了《行政单位会计制度》《事业单位会计制度》和医院、基层医疗卫生机构、高等学校、中小学校、科学事业单位、彩票机构、地勘单位、测绘单位、林业（苗圃）等行业事业单位会计制度的内容。在科目设置、科目和报表项目说明中，一般情况下，不再区分行政和事业单位，也不再区分行业事业单位；在核算内容方面，基本保留了现行各项制度中的通用业务和事项，同时根据改革需要增加各级各类行政事业单位的共性业务和事项；在会计政策方面，对同类业务尽可能做出同样的处理规定。通过会计制度的统一，大大提高了政府各部门、各单位会计信息的可比性，为合并单位、部门财务报表和逐级汇总编制部门决算奠定了坚实的制度基础。

3. 强化了财务会计功能

《政府会计制度》在财务会计核算中全面引入了权责发生制，在会计科目设置和账务处理说明中着力强化财务会计功能，如增加了收入和费用两个财务会计要素的核算内容，并原则上要求按照权责发生制进行核算；增加了应收款项和应付款项的核算内容，对长期股权投资采用权益法核算，确认自行开发形成的无形资产的成本，要求对固定资产、公共基础设施、保障性住房和无形资产计提折旧或摊销，引入坏账准备等减值概念，确认预计负债、待摊费用和预提费用等。在政府会计核算中强化财务会计功能，对于科学编制权责发生制政府财务报告、准确反映单位财务状况和运行成本等情况具有重要的意义。

4. 扩大了政府资产负债核算范围

《政府会计制度》在现行制度基础上，扩大了资产负债的核算范围。除按照权责发生制核算原则增加有关往来账款的核算内容，在资产方面，增加了公共基础设施、政府储备物资、文物文化资产、保障性住房和受托代理资产的核算内容，以全面核算单位控制的各类资产；增加了"研发支出"科目，以准确反映单位自行开发无形资产的成本。在负债方面，增加了预计负债、受托代理负债等核算内容，以全面反映单位所承担的现时义务。此外，为了准确反映单位资产扣除负债之后的净资产状况，《政府会计制度》立足单位会计核算需要、借鉴国际公共部门会计准则相关规定，将净资产按照主要来源分类为累计盈余和专用基金,并根据净资产其他来源设置了权益法调整、无偿调拨净资产等会计科目。资产负债核算范围的扩大,有利于全面规范政府单位各项经济业务和事项的会计处理,准确反映政府"家底"信息,为相关决策提供更加有用的信息。

5. 改进了预算会计功能

根据《改革方案》要求,《政府会计制度》对预算会计科目及其核算内容进行了调整和优化,以进一步完善预算会计功能。在核算内容上,预算会计仅需核算预算收入、预算支出和预算结余。在核算基础上,预算会计除按《预算法》要求的权责发生制事项外,均采用收付实现制核算,有利于避免现在制度下存在的虚列预算收支的问题。在核算范围上,为了体现新《预算法》的精神和部门综合预算的要求,《政府会计制度》将依法纳入部门预算管理的现金收支均纳入预算会计核算范围,如增设了债务预算收入、债务还本支出、投资支出等。调整完善后的预算会计,能够更好贯彻落实《预算法》的相关规定,更加准确反映部门和单位预算收支情况,更加满足部门、单位预算和决算管理的需要。

6. 整合了基建会计核算

按照现行制度规定,单位对于基本建设投资的会计核算除遵循相关会计制度规定外,还应当按照国家有关基本建设会计核算的规定单独建账、单独核算,但同时应将基建账相关数据按期并入单位"大账"。《政府会计制度》依据《基本建设财务规则》和相关预算管理规定,在充分吸收《国有建设单位会计制度》合理内容的基础上对单位建设项目会计核算进行了规定。单位对基本建设投资按照本制度规定统一进行会计核算,不再单独建账,大大简化了单位基本建设业务的会计核算,有利于提高单位会计信息的完整性。

7. 完善了报表体系和结构

《政府会计制度》将报表分为预算会计报表和财务报表两大类。预算会计报表由预算收入表、预算结转结余变动表和财政拨款预算收入支出表组成,是编制部门决算报表的基础。财务报表由会计报表和附注构成,会计报表由资产负债表、收入费用表、净资产变动表和现金流量表组成,其中,单位可自行选择编制现金流量表。此外,《政府会计制度》针对新的核算内容和要求对报表结构进行了调整和优化,对报表附注应当披露的内容进行了细化,对会计报表重要项目说明提供了可参考的披露格式、要求按经济分类披露费用信息、要求披露本年预算结余和本年盈余的差异调节过程等。调整完善后的报表体系,对于全面反映单位财务信息和预算执行信息,提高部门、单位会计信息的透明度和决策有用性具有重要的意义。

8. 增强了制度的可操作性

《政府会计制度》在附录中采用列表方式,以《制度》中规定的会计科目使用说明为依据,按照会计科目顺序对单位通用业务或共性业务和事项的账务处理进行了举例说明。在举例说明时,对同一项业务或事项,在表格中列出财务会计分录的同时,平行列出相对应的预算会计分录(如果有)。通过对经济业务和事项举例说明,能够充分反映《政府会计制度》所要求的财务会计和预算会计"平行记账"的核算要求,便于会计人员学习和理解政府会计八要素的记账规则,也有利于单位会计核算信息系统的开发或升级改造。

章节练习

一、单项选择题

1. 《政府会计制度——行政事业单位会计科目和报表》自（　　）起全面施行。
   A. 2016 年 1 月 1 日　　　　　　　　B. 2017 年 1 月 1 日
   C. 2018 年 1 月 1 日　　　　　　　　D. 2019 年 1 月 1 日

2. 下列不属于政府会计主体的是（　　）。
   A. 国家机关　　　　　　　　　　　　B. 政党组织
   C. 社会团体　　　　　　　　　　　　D. 民间非营利组织

3. 政府财务报告使用者不包括（　　）。
   A. 各级人民代表大会常务委员会　　　B. 社会公众
   C. 债权人　　　　　　　　　　　　　D. 各级政府及其有关部门

4. 决算报告的目标是向决算报告使用者提供与（　　）有关的信息。
   A. 政府预算执行情况　　　　　　　　B. 政府的财务状况
   C. 政府的运行情况　　　　　　　　　D. 政府的现金流量

5. 以下不属于政府预算会计要素的是（　　）。
   A. 预算支出　　　　　　　　　　　　B. 预算结余
   C. 净资产　　　　　　　　　　　　　D. 预算收入

6. （　　），资产按照现在购买相同或者相似资产所需支付的现金金额计量。
   A. 在重置成本计量下　　　　　　　　B. 在现值计量下
   C. 在公允价值计量下　　　　　　　　D. 在历史成本计量下

7. 负债的计量属性不包括（　　）。
   A. 历史成本　　　　　　　　　　　　B. 现值
   C. 公允价值　　　　　　　　　　　　D. 名义金额

8. 收入会导致政府会计主体（　　）。
   A. 资产增加或者负债减少　　　　　　B. 净资产减少
   C. 资产减少或者负债增加　　　　　　D. 经济资源很可能流出

9. 财务报表是对政府会计主体财务状况、运行情况和现金流量等信息的结构性表述，包括（　　）。
   A. 政府综合财务报告　　　　　　　　B. 政府决算报告
   C. 政府部门财务报告　　　　　　　　D. 会计报表和附注

10. 政府会计报表不包括（　　）。
    A. 资产负债表　　　　　　　　　　　B. 财政拨款收入支出表
    C. 收入费用表　　　　　　　　　　　D. 现金流量表

二、多项选择题

1. 政府会计由（　　）构成。
   A. 预算会计　　　　　　　　　　　　B. 行政单位会计

C. 财务会计　　　　　　　　　　　D. 事业单位会计

2. 政府决算报告使用者包括（　　）。

A. 各级政府及其有关部门　　　　　B. 社会公众

C. 政府会计主体自身　　　　　　　D. 各级人民代表大会

3. 符合（　　）定义及其确认条件的项目应当列入政府决算报表。

A. 预算收入　　　　　　　　　　　B. 预算支出

C. 预算结余　　　　　　　　　　　D. 事业结余

4. 政府财务会计要素包括（　　）。

A. 资产　　　　　　　　　　　　　B. 净资产

C. 负债　　　　　　　　　　　　　D. 收入和支出

5. 采用（　　）计量的资产，应当保证所确定的资产金额能够持续、可靠计量。

A. 历史成本　　　　　　　　　　　B. 现值

C. 重置成本　　　　　　　　　　　D. 公允价值

6. 以下表述正确的有（　　）。

A. 预算会计施行收付实现制　　　　B. 预算会计施行权责发生制

C. 财务会计施行收付实现制　　　　D. 财务会计施行权责发生制

7. 符合（　　）定义和确认条件的项目，应当列入收入费用表。

A. 预算收入　　　　　　　　　　　B. 收入

C. 预算支出　　　　　　　　　　　D. 费用

8. 政府财务报告包括（　　）。

A. 政府预算报告　　　　　　　　　B. 政府决算报告

C. 政府综合财务报告　　　　　　　D. 政府部门财务报告

9. 政府决算报告的编制主要以（　　）。

A. 收付实现制为基础　　　　　　　B. 财务会计核算生成的数据为准

C. 权责发生制为基础　　　　　　　D. 预算会计核算生成的数据为准

10. 政府会计信息质量要求包含（　　）。

A. 可靠性　　　　　　　　　　　　B. 相关性

C. 全面性　　　　　　　　　　　　D. 及时性

三、判断题

1. 基本准则统驭具体准则和会计制度制定。基本准则主要对政府会计目标、会计主体、会计信息质量要求、会计核算基础，以及会计要素定义、确认和计量原则、列报要求等做出规定。（　　）

2. 财务报告的目标是向财务报告使用者提供与政府预算执行情况有关的信息，综合反映政府会计主体预算收支的年度执行结果。（　　）

3. 政府会计核算应当以政府会计主体持续运行为前提。（　　）

4. 不同政府会计主体发生的相同或者相似的经济业务或者事项，应当采用一致的会计政策。（　　）

5. 政府会计不存在国际趋同，但是可以借鉴经验。（　　）

6. 预算收入一般在实际收到时予以确认，以实际收到的金额计量。（　　）

7. 结转资金是指年度预算执行终了，预算收入实际完成数扣除预算支出和结转资金后剩余的资金。（　　）

8. 资产的计量属性主要包括历史成本和名义金额。（　　）

9. 政府综合财务报告是指由政府各部门、各单位按规定编制的财务报告。（　　）

10. 政府财务报告的编制主要以权责发生制为基础，以财务会计核算生成的数据为准。（　　）

四、思考与讨论题

1. 通过政府会计报表，可以获取哪些方面的重要信息？举例说明政府会计信息对不同使用者决策或其他行为的作用。

2. 政府会计由几部分构成？政府会计各分支之间的关系如何？

3. 与企业会计相比，政府会计有哪些特征？

4. 简述我国2015年以来的政府会计改革的背景、目标、内容与进程。

5. 我国最新的政府会计法规体系如何？试述政府会计基本准则、具体准则、政府会计制度制定的内容及其各自之间的关系。

6. 简述收付实现制和权责发生制的定义及其在政府会计领域的适用范围。

第二章

资　产

【学习目标】

1. 熟悉行政事业单位的资产的含义及分类
2. 熟悉流动资产、非流动资产及受托代理资产的含义及内容
3. 理解各类流动资产、非流动资产的核算
4. 了解受托代理资产的核算

资产是政府财务会计的要素之一，是指政府会计主体过去的经济业务或者事项形成的，由政府会计主体控制的，预期能够产生服务潜力或者带来经济利益流入的经济资源。行政事业单位对符合资产定义及确认条件的经济资源，应当在取得对其相关的权利时进行确认。行政事业单位的资产按照流动性，分为流动资产和非流动资产。行政事业单位资产的计量属性主要包括历史成本、重置成本、现值、公允价值和名义金额。行政事业单位在对资产进行计量时，一般应当采用历史成本。采用重置成本、现值、公允价值计量的，应当保证所确定的资产金额能够持续、可靠计量。除国家另有规定外，行政事业单位不得自行调整其账面价值。

第一节　流动资产

流动资产是指预计在1年内（含1年）耗用或者可以变现的资产，包括库存现金、

银行存款、零余额账户用款额度、其他货币资金、短期投资、财政应返还额度、应收及预付款项、存货、待摊费用等。本节中，主要阐述的是政府财务会计资产要素下流动资产的内容及核算，但为了使单位会计核算具备财务会计与预算会计双重功能，实现财务会计与预算会计适度分离并相互衔接，全面、清晰反映单位财务信息和预算执行信息，对于涉及纳入部门预算管理的货币资金及财政应返还额度的相关业务，在阐述财务会计体系下核算情况的同时，也将介绍预算会计体系下的核算情况，以便更好理解两种体系的账务处理问题。

一、货币资金

行政事业单位的货币资金包括库存现金、银行存款、零余额账户用款额度和其他货币资金。行政事业单位对于纳入部门预算管理的现金收支业务，在采用财务会计核算的同时应当进行预算会计核算。在财务会计核算体系下，行政事业单位分别设置"库存现金""银行存款""零余额账户用款额度"和"其他货币资金"总账科目核算货币资金的收支业务。在预算会计核算体系下，行政事业单位设置"资金结存"总账科目核算纳入部门预算管理的货币资金的收支业务，下设"货币资金""零余额账户用款额度"等明细科目。

（一）库存现金

1. 库存现金的内容

库存现金是指行政事业单位为保证日常开支需要而留存在单位的现金。行政事业单位应当严格按照国家有关现金管理的各项规定收支现金，并按照行政事业单位会计制度规定核算现金的各项收支业务。

2. 库存现金的核算

在财务会计核算体系下，行政事业单位应设置"库存现金"总账科目，核算库存现金的收支及结存情况。同时，应当设置"受托代理资产"明细科目，核算单位受托代理、代管的现金。在预算会计核算体系下，行政事业单位设置"资金结存——货币资金"科目核算库存现金的收支及结存情况。

（1）现金的日常收支业务。在财务会计核算体系下，库存现金的主要账务处理如下：

①行政事业单位从银行等金融机构提取现金，按照实际提取的金额，借记"库存现金"科目，贷记"银行存款"科目；将现金存入银行等金融机构，按照实际存入金额，借记"银行存款"科目，贷记"库存现金"科目。根据规定从单位零余额账户提取现金，按照实际提取的金额，借记"库存现金"科目，贷记"零余额账户用款额度"科目；将现金退回单位零余额账户，按照实际退回的金额，借记"零余额账户用款额度"科目，贷记"库存现金"科目。

②因内部职工出差等原因借出的现金，按照实际借出的现金金额，借记"其他应收款"科目，贷记"库存现金"科目。出差人员报销差旅费时，按照实际报销的金额，借记"业务活动费用""单位管理费用"等科目，按照实际借出的现金金额，贷记"其他应收款"科目，按照其差额，借记或贷记"库存现金"科目。

③因提供服务、物品或者其他事项收到现金，按照实际收到的金额，借记"库存现

金"科目，贷记"事业收入""应收账款"等相关科目。涉及增值税业务的，相关账务处理参见第二章"应交增值税"科目。因购买服务、物品或者其他事项支付现金，按照实际支付的金额，借记"业务活动费用""单位管理费用""库存物品"等相关科目，贷记"库存现金"科目。涉及增值税业务的，相关账务处理参见第二章"应交增值税"科目。以库存现金对外捐赠，按照实际捐出的金额，借记"其他费用"科目，贷记"库存现金"科目。

④收到受托代理、代管的现金，按照实际收到的金额，借记"库存现金"科目（受托代理资产），贷记"受托代理负债"科目；支付受托代理、代管的现金，按照实际支付的金额，借记"受托代理负债"科目，贷记"库存现金"科目（受托代理资产）。"库存现金"科目期末借方余额，反映行政事业单位实际持有的库存现金。

在预算会计核算体系下，资金结存——货币资金的主要账务处理如下：

①以国库集中支付以外的其他支付方式取得预算收入时，按照实际收到的金额，借记"资金结存——货币资金"科目，贷记"财政拨款预算收入""事业预算收入""经营预算收入"等科目。

②国库集中支付以外的其他支付方式下，发生相关支出时，按照实际支付的金额，借记"事业支出""经营支出"等科目，贷记"资金结存——货币资金"科目。

[**例2-1**] 某事业单位从单位零余额账户提取现金6 000元，以备日常零星开支使用。

财务会计分录如下：

借：库存现金　　　　　　　　　　　　　　　　　　　6 000
　　贷：零余额账户用款额度　　　　　　　　　　　　　6 000

预算会计分录如下：

借：资金结存——货币资金　　　　　　　　　　　　　6 000
　　贷：资金结存——零余额账户用款额度　　　　　　　6 000

[**例2-2**] 某事业单位对外捐赠一笔现金，实际金额为5 000元。

财务会计分录如下：

借：其他费用　　　　　　　　　　　　　　　　　　　5 000
　　贷：库存现金　　　　　　　　　　　　　　　　　　5 000

预算会计分录如下：

借：其他支出——其他资金支出　　　　　　　　　　　5 000
　　贷：资金结存——货币资金　　　　　　　　　　　　5 000

（2）现金的盘查。行政事业单位应当设置"库存现金日记账"，由出纳人员根据收付款凭证，按照业务发生顺序逐笔登记。每日终了，应当计算当日的现金收入合计数、现金支出合计数和结余数，并将结余数与实际库存数相核对，做到账款相符。行政事业单位有外币现金的，应当分别按照人民币、外币种类设置"库存现金日记账"进行明细核算。

针对现金盘查结果的账务处理如下：

在财务会计核算体系下，每日账款核对中发现有待查明原因的现金短缺或溢余的，应当通过"待处理财产损溢"科目核算。属于现金溢余，应当按照实际溢余的金额，借记"库存现金"科目,贷记"待处理财产损溢"科目;属于现金短缺,应当按照实际短缺的金额,借记"待处理财产损溢"科目,贷记"库存现金"科目。

如为现金短缺,属于应由责任人赔偿或向有关人员追回的,借记"其他应收款"科目,贷记"库存现金"科目;属于无法查明原因的,报经批准核销时,借记"资产处置费用"科目,贷记"库存现金"科目。

如为现金溢余,属于应支付给有关人员或单位的,借记"库存现金"科目,贷记"其他应付款"科目;属于无法查明原因的,报经批准后,借记"库存现金"科目,贷记"其他收入"科目。

在预算会计核算体系下,每日现金账款核对中如发现现金溢余,按照溢余的现金金额,借记"资金结存——货币资金"科目,贷记"其他预算收入"科目。经核实,属于应支付给有关个人和单位的部分,按照实际支付的金额,借记"其他预算收入"科目,贷记"资金结存——货币资金"科目。

每日现金账款核对中如发现现金短缺,按照短缺的现金金额,借记"其他支出"科目,贷记"资金结存——货币资金"科目。经核实,属于应当由有关人员赔偿的,按照收到的赔偿金额,借记"资金结存——货币资金"科目,贷记"其他支出"科目。

[例2-3] 某事业单位进行现金盘查,库存现金账面余额为6 800元,现金盘查实有数为6 700元,现金短缺100元,原因待查。

财务会计分录如下:

借:待处理财产损溢——现金短缺　　　　　　　　　　　100
　　贷:库存现金　　　　　　　　　　　　　　　　　　　　　　100

预算会计分录如下:

借:其他支出——其他资金支出　　　　　　　　　　　　100
　　贷:资金结存——货币资金　　　　　　　　　　　　　　　　100

[例2-4] 续上题,上述短缺的现金100元无法查明原因,经批准后进行核销。

财务会计分录如下:

借:资产处置费用　　　　　　　　　　　　　　　　　　100
　　贷:待处理财产损溢——现金短缺　　　　　　　　　　　　100

(二)银行存款

1. 银行存款的内容

银行存款是指行政事业单位存入银行或者其他金融机构的各种存款。单位应当严格按照国家有关支付结算办法的规定办理银行存款收支业务,并按照本制度规定核算银行存款的各项收支业务。随着财政国库集中收付制度的深入推行,行政事业单位财政性资金的收款及付款业务基本都是通过财政国库单一账户体系办理,行政事业单位银行存款的业务逐渐减少。

2. 银行存款的核算

在财务会计核算体系下,行政事业单位应设置"银行存款"总账科目,核算银行存款的收支及结存情况。同时,应当设置"受托代理资产"明细科目,核算单位受托代理、代管的银行存款。在预算会计核算体系下,行政事业单位设置"资金结存——货币资金"科目核算银行存款的收支及结存情况。

第二章 资　产

在财务会计核算体系下，银行存款的主要账务处理如下：

（1）行政事业单位将款项存入银行或者其他金融机构，按照实际存入的金额，借记"银行存款"科目，贷记"库存现金""应收账款""事业收入""经营收入""其他收入"等相关科目。收到银行存款利息，按照实际收到的金额，借记"银行存款"科目，贷记"利息收入"科目。

（2）从银行等金融机构提取现金，按照实际提取的金额，借记"库存现金"科目，贷记"银行存款"科目。

（3）以银行存款支付相关费用，按照实际支付的金额，借记"业务活动费用""单位管理费用""其他费用"等相关科目，贷记"银行存款"科目。涉及增值税业务的，相关账务处理参见第二章"应交增值税"科目。以银行存款对外捐赠，按照实际捐出的金额，借记"其他费用"科目，贷记"银行存款"科目。

（4）收到受托代理、代管的银行存款，按照实际收到的金额，借记"银行存款"科目（受托代理资产），贷记"受托代理负债"科目；支付受托代理、代管的银行存款，按照实际支付的金额，借记"受托代理负债"科目，贷记"银行存款"科目（受托代理资产）。

（5）行政事业单位发生外币业务的，应当按照业务发生当日的即期汇率，将外币金额折算为人民币金额记账，并登记外币金额和汇率。期末，各种外币账户的期末余额，应当按照期末的即期汇率折算为人民币，作为外币账户期末人民币余额。调整后的各种外币账户人民币余额与原账面余额的差额，作为汇兑损益计入当期费用。

①以外币购买物资、设备等，按照购入当日的即期汇率将支付的外币或应支付的外币折算为人民币金额，借记"库存物品"等科目，贷记"银行存款"科目、"应付账款"等科目的外币账户。涉及增值税业务的，相关账务处理参见第二章"应交增值税"科目。

②销售物品、提供服务以外币收取相关款项等，按照收入确认当日的即期汇率将收取的外币或应收取的外币折算为人民币金额，借记"银行存款"科目、"应收账款"等科目的外币账户，贷记"事业收入"等相关科目。

③期末，根据各外币银行存款账户按照期末汇率调整后的人民币余额与原账面人民币余额的差额，作为汇兑损益，借记或贷记"银行存款"科目，贷记或借记"业务活动费用""单位管理费用"等科目。"银行存款"科目期末借方余额，反映单位实际存放在银行或其他金融机构的款项。

在预算会计核算体系下，资金结存——货币资金的主要账务处理如下：

（1）以国库集中支付以外的其他支付方式取得预算收入时，按照实际收到的金额，借记"资金结存——货币资金"科目，贷记"财政拨款预算收入""事业预算收入""经营预算收入"等科目。

（2）国库集中支付以外的其他支付方式下，发生相关支出时，按照实际支付的金额，借记"事业支出""经营支出"等科目，贷记"资金结存——货币资金"科目。

［例2-5］某事业单位通过开户银行转账支付本月单位办公楼电费4 000元。

财务会计分录如下：

借：业务活动费用　　　　　　　　　　　　　　　　　　　4 000

贷：银行存款　　　　　　　　　　　　　　　　　　　　4 000
　预算会计分录如下：
　　借：事业支出——其他资金支出　　　　　　　　　　　　4 000
　　　贷：资金结存——货币资金　　　　　　　　　　　　　4 000
　[例2-6] 某事业单位收到开户银行转来的入账通知书，本月银行存款利息为520元。
　财务会计分录如下：
　　借：银行存款　　　　　　　　　　　　　　　　　　　　520
　　　贷：利息收入　　　　　　　　　　　　　　　　　　　520
　预算会计分录如下：
　　借：资金结存——货币资金　　　　　　　　　　　　　　520
　　　贷：其他预算收入　　　　　　　　　　　　　　　　　520
　　行政事业单位应当按照开户银行或其他金融机构、存款种类及币种等，分别设置"银行存款日记账"，由出纳人员根据收付款凭证，按照业务的发生顺序逐笔登记，每日终了应结出余额。"银行存款日记账"应定期与"银行对账单"核对，至少每月核对一次。月度终了，单位银行存款日记账账面余额与银行对账单余额之间如有差额，应当逐笔查明原因并进行处理，按月编制"银行存款余额调节表"，调节相符。

（三）零余额账户用款额度

1. 零余额账户用款额度的内容

　　零余额账户用款额度是指实行国库集中支付的单位根据财政部门批复的用款计划收到和支用的零余额账户用款额度。国库集中收付制度下，行政事业单位经财政部门审核批准后，在国库集中支付代理银行开设零余额账户，用于财政授权支付的结算。财政部门根据预算安排和资金使用计划，定期向行政事业单位下达财政授权支付额度。行政事业单位可在下达的额度内，自行签发授权支付指令，通知代理银行办理资金支付业务。每日终了，该账户与财政国库存款账户进行资金清算后，余额为零。

2. 零余额账户用款额度的核算

　　在财务会计核算体系下，行政事业单位应设置"零余额账户用款额度"总账科目，核算零余额账户用款额度业务。在预算会计核算体系下，行政事业单位设置"资金结存——零余额账户用款额度"科目核算零余额账户的收支及结存情况。

　　在财务会计核算体系下，零余额账户用款额度的主要账务处理如下：

　　（1）收到额度。行政事业单位收到"财政授权支付到账通知书"时，根据通知书所列金额，借记"零余额账户用款额度"科目，贷记"财政拨款收入"科目。

　　（2）支用额度。

　　①使用零余额账户支付日常活动费用时，按照支付的金额，借记"业务活动费用""单位管理费用"等科目，贷记"零余额账户用款额度"科目。

　　②购买库存物品或购建固定资产，按照实际发生的成本，借记"库存物品""固定资产""在建工程"等科目，按照实际支付或应付的金额，贷记"零余额账户用款额度"科目、"应付账款"等科目。涉及增值税业务的，相关账务处理参见第二章"应交增值税"科目。

③从零余额账户提取现金时,按照实际提取的金额,借记"库存现金"科目,贷记"零余额账户用款额度"科目。

(3) 因购货退回等发生财政授权支付额度退回的,按照退回的金额,借记"零余额账户用款额度"科目,贷记"库存物品"等科目。

(4) 年末,根据代理银行提供的对账单作注销额度的相关账务处理,借记"财政应返还额度——财政授权支付"科目,贷记"零余额账户用款额度"科目。年末,单位本年度财政授权支付预算指标数大于零余额账户用款额度下达数的,根据未下达的用款额度,借记"财政应返还额度——财政授权支付"科目,贷记"财政拨款收入"科目。

下年初,单位根据代理银行提供的上年度注销额度恢复到账通知书作恢复额度的相关账务处理,借记"零余额账户用款额度"科目,贷记"财政应返还额度——财政授权支付"科目。单位收到财政部门批复的上年未下达零余额账户用款额度,借记"零余额账户用款额度"科目,贷记"财政应返还额度——财政授权支付"科目。

"零余额账户用款额度"科目期末借方余额,反映单位尚未支用的零余额账户用款额度。年末注销单位零余额账户用款额度后,"零余额账户用款额度"科目应无余额。

在预算会计核算体系下,资金结存——零余额账户用款额度的主要账务处理如下:

(1) 单位根据代理银行转来的财政授权支付额度到账通知书,按照通知书中的授权支付额度,借记"资金结存——零余额账户用款额度"科目,贷记"财政拨款预算收入"科目。

(2) 发生相关支出时,按照实际支付的金额,借记"行政支出""事业支出"等科目,贷记"资金结存——零余额账户用款额度"科目。

从零余额账户提取现金时,借记"资金结存——货币资金"科目,贷记"资金结存——零余额账户用款额度"科目。退回现金时,做相反会计分录。

(3) 年末,单位依据代理银行提供的对账单作注销额度的相关账务处理,借记"资金结存——财政应返还额度"科目,贷记"资金结存——零余额账户用款额度"科目;本年度财政授权支付预算指标数大于零余额账户用款额度下达数的,根据未下达的用款额度,借记"资金结存——财政应返还额度"科目,贷记"财政拨款预算收入"科目。

(4) 下年初,单位依据代理银行提供的额度恢复到账通知书作恢复额度的相关账务处理,借记"资金结存——零余额账户用款额度"科目,贷记"资金结存——财政应返还额度"科目。单位收到财政部门批复的上年末未下达零余额账户用款额度的,借记"资金结存——零余额账户用款额度"科目,贷记"资金结存——财政应返还额度"科目。

[例2-7] 某事业单位收到代理银行转来的"财政授权支付到账通知书",本月用于基本支出的财政授权支付用款额度150 000元已经到账,下达到单位在代理银行开设的零余额账户。

财务会计分录如下:

借:零余额账户用款额度   150 000
  贷:财政拨款收入   150 000

预算会计分录如下:

借:资金结存——零余额账户用款额度   150 000

贷：财政拨款预算收入　　　　　　　　　　　　　　　　　　150 000

[例2-8] 某事业单位开出授权支付凭证，通知代理银行向单位的车辆定点保养单位支付因开展专业活动发生的公务车运行维护费6 300元。所用资金为公共财政预算基本经费拨款。

财务会计分录如下：
借：业务活动费用　　　　　　　　　　　　　　　　　　　　6 300
　　贷：零余额账户用款额度　　　　　　　　　　　　　　　　6 300
预算会计分录如下：
借：事业支出——财政拨款支出　　　　　　　　　　　　　　6 300
　　贷：资金结存——零余额账户用款额度　　　　　　　　　　6 300

[例2-9] 年末，某事业单位根据代理银行提供的对账单，注销尚未使用的零余额账户用款额度3 000元。

财务会计分录如下：
借：财政应返还额度——财政授权支付　　　　　　　　　　　3 000
　　贷：零余额账户用款额度　　　　　　　　　　　　　　　　3 000
预算会计分录如下：
借：资金结存——财政应返还额度　　　　　　　　　　　　　3 000
　　贷：资金结存——零余额账户用款额度　　　　　　　　　　3 000

[例2-10] 次年初，某事业单位根据代理银行提供的额度恢复到账通知书，恢复零余额账户用款额度3 000元。

财务会计分录如下：
借：零余额账户用款额度　　　　　　　　　　　　　　　　　3 000
　　贷：财政应返还额度——财政授权支付　　　　　　　　　　3 000
预算会计分录如下：
借：资金结存——零余额账户用款额度　　　　　　　　　　　3 000
　　贷：资金结存——财政应返还额度　　　　　　　　　　　　3 000

（四）其他货币资金

1. 其他货币资金的内容

其他货币资金是指行政事业单位的外埠存款、银行本票存款、银行汇票存款、信用卡存款等各种其他货币资金。行政事业单位应当加强对其他货币资金的管理，及时办理结算，对于逾期尚未办理结算的银行汇票、银行本票等，应当按照规定及时转回，并按规定进行相应账务处理。

2. 其他货币资金的核算

在财务会计核算体系下，行政事业单位应设置"其他货币资金"总账科目核算其他货币资金的业务，同时，应设置"外埠存款""银行本票存款""银行汇票存款""信用卡存款"等明细科目，进行明细核算。在预算会计核算体系下，行政事业单位设置"资金结存——货币资金"科目核算其他货币资金的收支及结存情况。

在财务会计核算体系下，其他货币资金的主要账务处理如下：

（1）行政事业单位按照有关规定需要在异地开立银行账户，将款项委托本地银行汇往异地开立账户时，借记"其他货币资金"科目，贷记"银行存款"科目。收到采购员交来供应单位发票账单等报销凭证时，借记"库存物品"等科目，贷记"其他货币资金"科目。将多余的外埠存款转回本地银行时，根据银行的收账通知，借记"银行存款"科目，贷记"其他货币资金"科目。

(2) 将款项交存银行取得银行本票、银行汇票，按照取得的银行本票、银行汇票金额，借记"其他货币资金"科目，贷记"银行存款"科目。使用银行本票、银行汇票购买库存物品等资产时，按照实际支付金额，借记"库存物品"等科目，贷记"其他货币资金"科目。如有余款或因本票、汇票超过付款期等原因而退回款项，按照退款金额，借记"银行存款"科目，贷记"其他货币资金"科目。

(3) 将款项交存银行取得信用卡，按照交存金额，借记"其他货币资金"科目，贷记"银行存款"科目。用信用卡购物或支付有关费用，按照实际支付金额，借记"单位管理费用""库存物品"等科目，贷记"其他货币资金"科目。单位信用卡在使用过程中，需向其账户续存资金的，按照续存金额，借记"其他货币资金"科目，贷记"银行存款"科目。"其他货币资金"科目期末借方余额，反映单位实际持有的其他货币资金。

在预算会计核算体系下，资金结存——货币资金的主要账务处理如下：

(1) 以国库集中支付以外的其他支付方式取得预算收入时，按照实际收到的金额，借记"资金结存——货币资金"科目，贷记"财政拨款预算收入""事业预算收入""经营预算收入"等科目。

(2) 国库集中支付以外的其他支付方式下，发生相关支出时，按照实际支付的金额，借记"事业支出""经营支出"等科目，贷记"资金结存——货币资金"科目。

[例 2-11] 某事业单位将款项 5 000 元交存代理银行办理银行汇票手续，并取得了银行汇票。

财务会计分录如下：

借：其他货币资金——银行汇票存款　　　　　　　　　　　　　　5 000
　　贷：银行存款　　　　　　　　　　　　　　　　　　　　　　　5 000

[例 2-12] 某事业单位购买材料一批，使用银行汇票支付价款 5 000 元，材料已经验收入库。

财务会计分录如下：

借：库存物品　　　　　　　　　　　　　　　　　　　　　　　　5 000
　　贷：其他货币资金——银行汇票存款　　　　　　　　　　　　　5 000

预算会计分录如下：

借：事业支出——其他资金支出　　　　　　　　　　　　　　　　5 000
　　贷：资金结存——货币资金　　　　　　　　　　　　　　　　　5 000

二、短期投资

(一) 短期投资的内容

短期投资是指单位按照规定取得的，持有时间不超过 1 年（含 1 年）的投资。目前，只有事业单位存在短期投资业务。事业单位应当严格遵守国家法律、行政法规及财政部门、主管部门关于对外投资的有关规定。事业单位的短期投资主要是国债投资,事业单位可以按规定购入国家发行的公债。

(二) 短期投资的核算

事业单位应设置"短期投资"总账科目,核算短期投资业务,同时,应当按照投资的种类等进行明细核算。

(1) 事业单位取得短期投资时,按照确定的投资成本,借记"短期投资"科目,贷记"银行存款"等科目。事业单位收到取得投资时实际支付价款中包含的已到付息期但尚未领取的利息,按照实际收到的金额,借记"银行存款"科目,贷记"短期投资"科目。

(2) 收到短期投资持有期间的利息,按照实际收到的金额,借记"银行存款"科目,贷记"投资收益"科目。

(3) 出售短期投资或到期收回短期投资本息,按照实际收到的金额,借记"银行存款"科目,按照出售或收回短期投资的账面余额,贷记"短期投资"科目,按照其差额,借记或贷记"投资收益"科目。涉及增值税业务的,相关账务处理参见第二章"应交增值税"科目。

(4) "短期投资"科目期末借方余额,反映事业单位持有短期投资的成本。

[例 2-13] 某事业单位利用闲散资金购买一批国债作为短期投资,实际投资成本为 14 300 元,款项以银行存款支付。

财务会计分录如下:

借:短期投资   14 300
  贷:银行存款   14 300

预算会计分录如下:

借:投资支出   14 300
  贷:资金结存——货币资金   14 300

[例 2-14] 某事业单位出售一项短期投资,实际收到款项 15 000 元,款项已存入银行,实际投资成本为 14 300 元。

财务会计分录如下:

借:银行存款   15 000
  贷:短期投资   14 300
    投资收益   700

预算会计分录如下:

借:资金结存——货币资金   15 000
  贷:投资支出   14 300
    投资预算收益   700

三、财政应返还额度

(一) 财政应返还额度的内容

财政应返还额度是指实行国库集中支付的单位应收财政返还的资金额度,包括可以使用的以前年度财政直接支付资金额度和财政应返还的财政授权支付资金额度。实行国库集中收付制度后，行政事业单位的财政经费由财政部门通过国库单一账户统一拨付。行政事业单位的年度预算指标包括财政直接支付额度和财政授权制度额度。财政直接支付额度由财政部门完成支付；财政授权支付额度下达到代理银行，由行政事业单位完成支付。年度终了，行政事业单位需要对年度未实现的用款额度进行注销，但行政事业单位可以要求财政返还注销的额度，因此，形成财政应返还额度，以待在次年年初得以恢复。

行政事业单位的财政应返还额度包括财政应返还的直接支付额度与财政应返还的授权支付额度。

1. 财政应返还的直接支付额度

财政应返还的直接支付额度是财政直接支付额度本年预算指标与当年财政实际支付数的差额。

2. 财政应返还的授权支付额度

财政应返还的授权支付额度是指财政授权支付额度本年预算指标与当年行政事业单位实际支付数的差额，包括以下两个部分：

（1）未下达的授权额度，是指本年预算已经安排，但财政部门当年没有下达到行政事业单位代理银行的授权额度，即授权额度的本年预算指标与当年下达数直接的差额。

（2）未使用的授权额度，是指财政部门已经将授权额度下达到代理银行，但行政事业单位当年尚未完成实际支付的数额，即授权额度的本年下达数与当年实际使用数之间的差额。

（二）财政应返还额度的核算

在财务会计核算体系下，行政事业单位应设置"财政应返还额度"总账科目，核算财政应返还额度业务，同时，设置"财政直接支付""财政授权支付"两个明细科目进行明细核算。"财政应返还额度"科目期末借方余额，反映单位应收财政返还的资金额度。在预算会计核算体系下，行政事业单位设置"资金结存——财政应返还额度"科目核算财政应返还额度的收支及结存情况。

1. 财政直接支付

在财务会计核算体系下，年末，行政事业单位根据本年度财政直接支付预算指标数大于当年财政直接支付实际发生数的差额，借记"财政应返还额度"科目（财政直接支付），贷记"财政拨款收入"科目。

单位使用以前年度财政直接支付额度支付款项时，借记"业务活动费用""单位管理费用"等科目，贷记"财政应返还额度"科目（财政直接支付）。

在预算会计核算体系下，年末，根据本年度财政直接支付预算指标数与当年财政直接支付实际支出数的差额，借记"资金结存——财政应返还额度"科目，贷记"财政拨款预算收入"科目。

2. 财政授权支付

在财务会计核算体系下，年末，根据代理银行提供的对账单作注销额度的相关账务处理，借记"财政应返还额度"科目（财政授权支付），贷记"零余额账户用款额度"科目。

年末，单位本年度财政授权支付预算指标数大于零余额账户用款额度下达数的，根据未下达的用款额度，借记"财政应返还额度"科目（财政授权支付），贷记"财政拨款收入"科目。

下年初，单位根据代理银行提供的上年度注销额度恢复到账通知书做恢复额度的相关账务处理，借记"零余额账户用款额度"科目，贷记"财政应返还额度"科目（财政授权支付）。单位收到财政部门批复的上年未下达零余额账户用款额度，借记"零余额账户用款额度"科目，贷记"财政应返还额度"科目（财政授权支付）。

在预算会计核算体系下，年末，单位依据代理银行提供的对账单作注销额度的相关账务处理，借记"资金结存——财政应返还额度"科目，贷记"资金结存——零余额账户用款额度"科目；本年度财政授权支付预算指标数大于零余额账户用款额度下达数的，根据未下达的用款额度，借记"资金结存——财政应返还额度"科目，贷记"财政拨款预算收入"科目。

下年初，单位依据代理银行提供的额度恢复到账通知书作恢复额度的相关账务处理，借记"资金结存——零余额账户用款额度"科目，贷记"资金结存——财政应返还额度"科目。单位收到财政部门批复的上年末未下达零余额账户用款额度的，借记"资金结存——零余额账户用款额度"科目，贷记"资金结存——财政应返还额度"科目。

[例 2 – 15] 某事业单位本年度公共财政预算基本经费拨款的财政直接支付额度预算指标为 4 000 000 元，当年财政已经实际完成支付 3 980 000 元，年末需要注销未实现的财政直接支付额度。

财务会计分录如下：
借：财政应返还额度——财政直接支付　　　　　　　　　20 000
　　贷：财政拨款收入　　　　　　　　　　　　　　　　　　20 000
预算会计分录如下：
借：资金结存——财政应返还额度　　　　　　　　　　　20 000
　　贷：财政拨款预算收入　　　　　　　　　　　　　　　　20 000

[例 2 – 16] 某事业单位本年度公共财政预算基本经费拨款的财政授权支付额度预算指标为 1 300 000 元，根据代理银行提供的对账单，本年度已经下达的财政授权支付额度为 1 260 000 元，事业单位已经实际使用了授权额度 1 240 000，年末需要注销未实现的授权额度 60 000 元。其中，未下达的授权额度为 40 000 元，未使用的授权额度为 20 000 元。

财务会计分录如下：
借：财政应返还额度——财政授权支付　　　　　　　　　60 000
　　贷：财政拨款收入　　　　　　　　　　　　　　　　　　40 000
　　　　零余额账户用款额度　　　　　　　　　　　　　　　20 000
预算会计分录如下：
借：资金结存——财政应返还额度　　　　　　　　　　　60 000
　　贷：财政拨款预算收入　　　　　　　　　　　　　　　　40 000
　　　　资金结存——零余额账户用款额度　　　　　　　　　20 000

第二章　资　　产

[例 2-17] 根据国库支付执行机构委托代理银行转来的"财政直接支付入账通知书"及原始凭证，财政部门使用恢复的上年度的用款额度，采用财政直接支付方式，为事业单位支付了一笔因公出国费用 50 000 元。

财务会计分录如下：
　借：业务活动费用　　　　　　　　　　　　　　　　　　50 000
　　　贷：财政应返还额度——财政直接支付　　　　　　　　　　50 000
预算会计分录如下：
　借：事业支出——财政拨款支出　　　　　　　　　　　　50 000
　　　贷：资金结存——财政应返还额度　　　　　　　　　　　　50 000

[例 2-18] 某事业单位使用上年度的财政授权支付额度，通过授权支付方式支付一笔专业活动的培训费用 40 000 元，款项已经通过单位零余额账户支付。

财务会计分录如下：
　借：业务活动费用　　　　　　　　　　　　　　　　　　40 000
　　　贷：零余额账户用款额度　　　　　　　　　　　　　　　　40 000
预算会计分录如下：
　借：事业支出——财政拨款支出　　　　　　　　　　　　40 000
　　　贷：资金结存——零余额账户用款额度　　　　　　　　　　40 000

四、应收及预付款项

（一）应收及预付款项的内容

应收及预付款项是指行政单位或事业单位与其他单位及个人之间由于出租资产、出售物资、销售产品、提供劳务或其他结算关系形成的待结算债权，包括应收票据、应收账款、预付账款和其他应收款。应收票据是指单位因开展经营活动销售产品、提供有偿服务等而收到的商业汇票，包括银行承兑汇票和商业承兑汇票。应收账款是指单位提供服务、销售产品等应收取的款项，以及单位因出租资产、出售物资等应收取的款项。预付账款是指单位按照购货、服务合同或协议规定预付给供应单位（或个人）的款项，以及按照合同规定向承包工程的施工企业预付的备料款和工程款。其他应收款是指单位除财政应返还额度、应收票据、应收账款、预付账款、应收股利、应收利息以外的其他各项应收及暂付款项。如职工预借的差旅费、已经偿还银行尚未报销的本单位公务卡欠款、拨付给内部有关部门的备用金、应向职工收取的各种垫付款项、支付的可以收回的订金或押金、应收的上级补助和附属单位上缴款项等。目前，只有事业单位存在应收票据业务，行政单位不涉及这个业务。

（二）应收及预付款项的核算

1. 应收票据的核算

事业单位应设置"应收票据"总账科目，核算单位的应收票据业务，同时，应当按照开出、承兑商业汇票的单位等进行明细核算。

（1）事业单位因销售产品、提供服务等收到商业汇票，按照商业汇票的票面金额，借记"应收票据"科目，按照确认的收入金额，贷记"经营收入"等科目。涉及增值税业务的，相关账务处理参见第二章"应交增值税"科目。

（2）持未到期的商业汇票向银行贴现，按照实际收到的金额（即扣除贴现息后的净额），借记"银行存款"科目，按照贴现息金额，借记"经营费用"等科目，按照商业汇票的票面金额，贷记"应收票据"科目（无追索权）或"短期借款"科目（有追索权）。附追索权的商业汇票到期未发生追索事项的，按照商业汇票的票面金额，借记"短期借款"科目，贷记"应收票据"科目。

（3）将持有的商业汇票背书转让以取得所需物资时，按照取得物资的成本，借记"库存物品"等科目，按照商业汇票的票面金额，贷记"应收票据"科目，如有差额，借记或贷记"银行存款"等科目。涉及增值税业务的，相关账务处理参见第二章"应交增值税"科目。

（4）商业汇票到期，应当分以下情况处理。

①收回票款时，按照实际收到的商业汇票票面金额，借记"银行存款"科目，贷记"应收票据"科目。

②商业汇票到期，因付款人无力支付票款，收到银行退回的商业承兑汇票、委托收款凭证、未付票款通知书或拒付款证明等，按照商业汇票的票面金额，借记"应收账款"科目，贷记"应收票据"科目。"应收票据"科目期末借方余额，反映事业单位持有的商业汇票票面金额。

[例 2-19] 某事业单位开展经营业务，销售商品一批，价值为 10 000 元，收到不带息商业汇票一张，期限 6 个月，假设不考虑增值税。

财务会计分录如下：

借：应收票据　　　　　　　　　　　　　　　　　　　　10 000
　　贷：经营收入　　　　　　　　　　　　　　　　　　　　10 000

[例 2-20] 续上题。某事业单位的上述不带息商业汇票办理贴现，支付贴现利息 400 元，贴现金额为 9 600 元。

财务会计分录如下：

借：银行存款　　　　　　　　　　　　　　　　　　　　9 600
　　经营费用　　　　　　　　　　　　　　　　　　　　　400
　　贷：应收票据　　　　　　　　　　　　　　　　　　　10 000

预算会计分录如下：

借：资金结存——货币资金　　　　　　　　　　　　　　9 600
　　贷：经营预算收入　　　　　　　　　　　　　　　　　9 600

事业单位应当设置"应收票据备查簿"，逐笔登记每一应收票据的种类、号数、出票日期、到期日、票面金额、交易合同号和付款人、承兑人、背书人姓名或单位名称、背书转让日、贴现日期、贴现率和贴现净额、收款日期、收回金额和退票情况等。应收票据到期结清票款或退票后，应当在备查簿内逐笔注销。

2. 应收账款的核算

行政事业单位应设置"应收账款"总账科目，核算单位的应收账款业务，同时，应当按照债务单位（或个人）进行明细核算。

（1）应收账款收回后不需上缴财政。单位发生应收账款时，按照应收未收金额，借记"应收账款"科目，贷记"事业收入""经营收入""租金收入""其他收入"等科目。涉及增值税业务的,相关账务处理参见第二章"应交增值税"科目。收回应收账款时,按照实际收到的金额,借记"银行存款"等科目,贷记"应收账款"科目。

(2) 应收账款收回后需上缴财政。

①单位出租资产发生应收未收租金款项时,按照应收未收金额,借记"应收账款"科目,贷记"应缴财政款"科目。收回应收账款时,按照实际收到的金额,借记"银行存款"等科目,贷记"应收账款"科目。

②单位出售物资发生应收未收款项时,按照应收未收金额,借记"应收账款"科目,贷记"应缴财政款"科目。收回应收账款时,按照实际收到的金额,借记"银行存款"等科目,贷记"应收账款"科目。涉及增值税业务的,相关账务处理参见第二章"应交增值税"科目。

"应收账款"科目期末借方余额,反映单位尚未收回的应收账款。

[例 2-21] 某事业单位经批准将一闲置的房屋对外出租,由甲先生闲散承租,根据租赁合同租金为每年 60 000 元,按季度支付。房屋已经交付承租人使用,但本季度租金 15 000 元尚未收到。该款项收回后需要上缴财政。

财务会计分录如下:

借:应收账款——甲先生　　　　　　　　　　　　　　　15 000
　　贷:应缴财政款　　　　　　　　　　　　　　　　　　　15 000

[例 2-22] 续上题,收到承租人甲先生交来的本季度租金 15 000 元,存入单位的银行账户。

财务会计分录如下:

借:银行存款　　　　　　　　　　　　　　　　　　　　15 000
　　贷:应收账款——甲先生　　　　　　　　　　　　　　　15 000

3. 预付账款的核算

行政事业单位应设置"预付账款"总账科目,核算单位的预付账款业务,同时,应当按照供应单位(或个人)及具体项目进行明细核算。对于基本建设项目发生的预付账款,还应当在"预付账款"科目所属基建项目明细科目下设置"预付备料款""预付工程款""其他预付款"等明细科目,进行明细核算。

(1) 行政事业单位根据购货、服务合同或协议规定预付款项时,按照预付金额,借记"预付账款"科目,贷记"财政拨款收入""零余额账户用款额度""银行存款"等科目。

(2) 收到所购资产或服务时,按照购入资产或服务的成本,借记"库存物品""固定资产""无形资产""业务活动费用"等相关科目,按照相关预付账款的账面余额,贷记"预付账款"科目,按照实际补付的金额,贷记"财政拨款收入""零余额账户用款额度""银行存款"等科目。涉及增值税业务的,相关账务处理参见第二章"应交增值税"科目。

(3) 根据工程进度结算工程价款及备料款时,按照结算金额,借记"在建工程"科目,按照相关预付账款的账面余额,贷记"预付账款"科目,按照实际补付的金额,贷记"财政拨款收入""零余额账户用款额度""银行存款"等科目。

(4) 发生预付账款退回的,按照实际退回金额,借记"财政拨款收入"[本年直接支付]、"财政应返还额度"[以前年度直接支付]、"零余额账户用款额度""银行存款"等科目,贷记"预付账款"科目。

"预付账款"科目期末借方余额,反映单位实际预付但尚未结算的款项。

[例2-23] 某事业单位因开展专业活动向某企业预订物品一批,发生预付款项6 000元,款项通过单位零余额账户支付。

财务会计分录如下:

借:预付账款——某企业 6 000
    贷:零余额账户用款额度 6 000

预算会计分录如下:

借:事业支出——其他资金支出 6 000
    贷:资金结存——零余额账户用款额度 6 000

[例2-24] 续上题,某事业单位收到上述物品,验收入库,并以单位零余额账户支付余款5 000元。

财务会计分录如下:

借:库存物品 11 000
    贷:预付账款 6 000
       零余额账户用款额度 5 000

预算会计分录如下:

借:事业支出——其他资金支出 5 000
    贷:资金结存——零余额账户用款额度 5 000

4. 其他应收款的核算

行政事业单位应设置"其他应收款"总账科目,核算单位的其他应收款业务,同时,应当按照其他应收款的类别以及债务单位(或个人)进行明细核算。"其他应收款"科目期末借方余额,反映单位尚未收回的其他应收款。

(1) 发生其他各种应收及暂付款项时,按照实际发生金额,借记"其他应收款"科目,贷记"零余额账户用款额度""银行存款""库存现金""上级补助收入""附属单位上缴收入"等科目。涉及增值税业务的,相关账务处理参见第二章"应交增值税"科目。

(2) 收回其他各种应收及暂付款项时,按照收回的金额,借记"库存现金""银行存款"等科目,贷记"其他应收款"科目。

(3) 单位内部实行备用金制度的,有关部门使用备用金以后应当及时到财务部门报销并补足备用金。财务部门核定并发放备用金时,按照实际发放金额,借记"其他应收款"科目,贷记"库存现金"等科目。根据报销金额用现金补足备用金定额时,借记"业务活动费用""单位管理费用"等科目,贷记"库存现金"等科目,报销数和拨补数都不再通过"其他应收款"科目核算。

(4) 偿还尚未报销的本单位公务卡欠款时,按照偿还的款项,借记"其他应收款"科目,贷记"零余额账户用款额度""银行存款"等科目;持卡人报销时,按照报销金额,借记"业务活动费用""单位管理费用"等科目,贷记"其他应收款"科目。

(5) 将预付账款账面余额转入其他应收款时,借记"其他应收款"科目,贷记

"预付账款"科目。具体说明参见"预付账款"科目。

[例 2-25] 某事业单位工作人员李某因专业活动公务外出预借差旅费 5 000 元，通过现金支付。

财务会计分录如下：
借：其他应收款——李某　　　　　　　　　　　　　　　5 000
　　贷：库存现金　　　　　　　　　　　　　　　　　　　　5 000

[例 2-26] 续上题，李某出差归来报销差旅费，根据审核后的差旅费票据，报销金额为 5 600 元，报销差额 600 元以现金补付。

财务会计分录如下：
借：业务活动费用　　　　　　　　　　　　　　　　　　5 600
　　贷：其他应收款——李某　　　　　　　　　　　　　　　5 000
　　　　库存现金　　　　　　　　　　　　　　　　　　　　600

预算会计分录如下：
借：事业支出——其他资金支出　　　　　　　　　　　　5 600
　　贷：资金结存——货币资金　　　　　　　　　　　　　5 600

5. 坏账的核算

单位应当于每年年末，对应收账款、预付账款及其他应收款进行全面检查，针对不同的清查结果按规定做相应的处理。

对于预付账款，如果有确凿证据表明预付账款不再符合预付款项性质，或者因供应单位破产、撤销等原因可能无法收到所购货物、服务的，应当先将其转入其他应收款，再按照规定进行处理。将预付账款账面余额转入其他应收款时，借记"其他应收款"科目，贷记"预付账款"科目。

对于应收账款和其他应收款，应区分不同情况进行处理。

（1）收回后不需上缴财政的应收账款和事业单位的其他应收款。事业单位对收回后不需上缴财政的应收账款和其他应收款，如发生不能收回的迹象，对预计可能产生的坏账损失计提坏账准备、确认坏账损失。设置"坏账准备"总账科目进行核算，同时，应当分应收账款和其他应收款进行明细核算。"坏账准备"科目期末贷方余额，反映事业单位提取的坏账准备金额。

事业单位可以采用应收款项余额百分比法、账龄分析法、个别认定法等方法计提坏账准备。坏账准备计提方法一经确定，不得随意变更。如需变更，应当按照规定报经批准，并在财务报表附注中予以说明。

当期应补提或冲减的坏账准备金额的计算公式如下：当期应补提或冲减的坏账准备 = 按照期末应收账款和其他应收款计算应计提的坏账准备金额 - "坏账准备"科目期末贷方余额（或 + "坏账准备"科目期末借方余额）

提取坏账准备时，借记"其他费用"科目，贷记"坏账准备"科目；冲减坏账准备时，借记"坏账准备"科目，贷记"其他费用"科目。

对于账龄超过规定年限并确认无法收回的应收账款、其他应收款，应当按照有关规定报经批准后，按照无法收回的金额，借记"坏账准备"科目，贷记"应收账款""其他应收款"科目。核销的应收账款和其他应收款应在备查簿中保留登记。

已核销的应收账款、其他应收款在以后期间又收回的,按照实际收回金额,借记"应收账款""其他应收款"科目,贷记"坏账准备"科目;同时,借记"银行存款"等科目,贷记"应收账款""其他应收款"科目。

(2)收回后应当上缴财政的应收账款和行政单位的其他应收款。对于行政事业单位收回后应当上缴财政的应收账款和行政单位的其他应收款,若超过规定年限、确认无法收回的,应按照规定报经批准后予以核销。按照核销金额,借记"应缴财政款"(应收账款)、"资产处置费用"(其他应收款)科目,贷记"应收账款""其他应收款"科目。核销的应收账款、其他应收款应当在备查簿中保留登记。

已核销的应收账款、其他应收款在以后期间又收回的,按照实际收回金额,借记"银行存款"等科目,贷记"应缴财政款"(应收账款)、"其他收入"(其他应收款)科目。

[例 2 – 27] 某事业单位对收回后应当上缴财政的应收账款的账龄进行分析,发现账龄超过规定年限的应收账款余额为 32 000 元,经调查,因对方公司破产已经无法收回。

财务会计分录如下:

借:应缴财政款　　　　　　　　　　　　　　　　　　　　　　32 000
　　贷:应收账款　　　　　　　　　　　　　　　　　　　　　　　　32 000

五、存货

(一)存货的内容

存货是指行政事业单位在开展业务活动及其他活动中为耗用或出售而储存的资产,如材料、产品、包装物和低值易耗品等,以及未达到固定资产标准的用具、装具、动植物等。政府储备物资、收储土地不属于存货的内容。

(二)存货的核算

1. 存货的取得

行政事业单位取得存货的主要方式包括购入、自制、委托加工、接受捐赠、无偿调入、置换取得等。取得存货时,应当按照成本进行初始计量。

(1)购入的存货。行政事业单位购入的存货,其成本包括购买价款、相关税费、运输费、装卸费、保险费以及使得存货达到目前场所和状态所发生的归属于存货成本的其他支出。

行政事业单位购入存货时,根据需要设置"在途物品"总账科目核算货款已付或已开出商业汇票但尚未验收入库的在途物品的采购成本,按照供应单位和物品种类进行明细核算。"在途物品"期末借方余额,反映单位在途物品的采购成本。

①行政事业单位购入材料等物品尚未验收入库,按照确定的物品采购成本的金额,借记"在途物品"科目,按照实际支付的金额,贷记"财政拨款收入""零余额账户用款额度""银行存款"等科目。

②外购的存货到达验收入库后,应设置"库存物品"总账科目进行核算。"库存物品"科目核算单位在开展业务活动及其他活动中为耗用或出售而储存的各种材料、产品、包装物、低值易耗品,以及达不到固定资产标准的用具、装具、动植物等的成本。

已完成的测绘、地质勘查、设计成果等的成本,也通过"库存物品"科目进行核算。

单位随买随用的零星办公用品、单位控制的政府储备物资,单位受托存储保管的物资和受托转赠的物资及单位为在建工程购买和使用的材料物资,都不通过"库存物品"科目核算。

"库存物品"科目应当按照库存物品的种类、规格、保管地点等进行明细核算。单位储存的低值易耗品、包装物较多的,可以在"库存物品"科目(低值易耗品、包装物)下按照"在库""在用"和"摊销"等进行明细核算。"库存物品"科目期末借方余额,反映单位库存物品的实际成本。

外购的库存物品验收入库,按照确定的成本,借记"库存物品"科目,贷记"财政拨款收入""零余额账户用款额度""银行存款""应付账款""在途物品"等科目。

[例 2-28] 某事业单位因开展专业活动购入 A 材料一批,价值共计 36 500 元,款项已经通过单位的零余额账户支付,但是材料尚未运达事业单位。

财务会计分录如下:
借:在途物品——A 材料　　　　　　　　　　　　　　　　　　36 500
　　贷:零余额账户用款额度　　　　　　　　　　　　　　　　36 500

预算会计分录如下:
借:事业支出——其他资金支出　　　　　　　　　　　　　　　36 500
　　贷:资金结存——零余额账户用款额度　　　　　　　　　　36 500

[例 2-29] 续上题,该事业单位购入 A 材料已经运达单位,并且验收入库。

财务会计分录如下:
借:库存物品——A 材料　　　　　　　　　　　　　　　　　　36 500
　　贷:在途物品——A 材料　　　　　　　　　　　　　　　　36 500

(2)自制或委托加工的存货。为了核算自制或委托加工的存货的实际成本,还应该设置"加工物品"总账科目。同时,应在"加工物品"科目下设置"自制物品""委托加工物品"两个一级明细科目,并按照物品类别、品种、项目等设置明细账,进行明细核算。"加工物品"科目"自制物品"一级明细科目下应当设置"直接材料""直接人工""其他直接费用"等二级明细科目归集自制物品发生的直接材料、直接人工(专门从事物品制造人员的人工费)等直接费用;对于自制物品发生的间接费用,应当在"加工物品"科目"自制物品"一级明细科目下单独设置"间接费用"二级明细科目予以归集,期末,再按照一定的分配标准和方法,分配计入有关物品的成本。"加工物品"科目期末借方余额,反映单位自制或委托外单位加工但尚未完工的各种物品的实际成本。

①自制的存货。行政事业单位自制的存货,其成本包括耗用的直接材料费用、发生的直接人工费用和按照一定方法分配的与存货加工有关的间接费用。

a. 为自制物品领用材料等,按照材料成本,借记"加工物品——自制物品——直接材料"科目,贷记"库存物品"科目。

b. 专门从事物品制造的人员发生的直接人工费用,按照实际发生的金额,借记"加工物品——自制物品——直接人工"科目,贷记"应付职工薪酬"科目。

c. 为自制物品发生的其他直接费用,按照实际发生的金额,借记"加工物品——

自制物品——其他直接费用"科目,贷记"零余额账户用款额度""银行存款"等科目。

d. 为自制物品发生的间接费用,按照实际发生的金额,借记"加工物品——自制物品——间接费用"科目,贷记"零余额账户用款额度""银行存款""应付职工薪酬""固定资产累计折旧""无形资产累计摊销"等科目。间接费用一般按照生产人员工资、生产人员工时、机器工时、耗用材料的数量或成本、直接费用(直接材料和直接人工)或产品产量等进行分配。单位可根据具体情况自行选择间接费用的分配方法。分配方法一经确定,不得随意变更。

e. 自制的库存物品加工完成并验收入库,按照所发生的实际成本(包括耗用的直接材料费用、直接人工费用、其他直接费用和分配的间接费用),借记"库存物品"科目,贷记"加工物品——自制物品"科目。

②委托加工物品。委托加工的存货,其成本包括委托加工前存货成本、委托加工的成本(如委托加工费以及按规定应计入委托加工存货成本的相关税费等)以及使存货达到目前场所和状态所发生的归属于存货成本的其他支出。

下列各项应当在发生时确认为当期费用,不计入存货成本:

a. 非正常消耗的直接材料、直接人工和间接费用。

b. 仓储费用(不包括在加工过程中为达到下一个加工阶段所必需的费用)。

c. 不能归属于使存货达到目前场所和状态所发生的其他支出。

发给外单位加工的材料等,按照其实际成本,借记"加工物品——委托加工物品"科目,贷记"库存物品"科目。

支付加工费、运输费等费用,按照实际支付的金额,借记"加工物品——委托加工物品"科目,贷记"零余额账户用款额度""银行存款"等

委托加工完成的材料等验收入库,按照加工前发出材料的成本和加工、运输成本等,借记"库存物品"等科目,贷记"加工物品——委托加工物品"科目。

[例 2-30] 某事业单位委托甲公司把单位的 A 材料加工成 B 材料。发出 A 材料的实际成本为 30 000 元,支付加工费及运输费合计 16 000 元,通过单位的零余额账户进行支付。

财务会计分录如下:

借:加工物品——委托加工物品　　　　　　　　　　　　30 000
　　贷:库存物品——A 材料　　　　　　　　　　　　　　　　30 000
借:加工物品——委托加工物品　　　　　　　　　　　　16 000
　　贷:零余额账户用款额度　　　　　　　　　　　　　　　　16 000

预算会计分录如下:

借:事业支出——其他资金支出　　　　　　　　　　　　16 000
　　贷:资金结存——零余额账户用款额度　　　　　　　　　　16 000

[例 2-31] 续上题,该事业单位收回加工完成的 B 材料并验收入库。

财务会计分录如下:

借:库存物品——B 材料　　　　　　　　　　　　　　　46 000
　　贷:加工物品——委托加工物品　　　　　　　　　　　　　46 000

(3) 接受捐赠或无偿调入的存货。行政事业单位接受捐赠的存货，其成本按照有关凭据注明的金额加上相关税费、运输费等确定；没有相关凭据可供取得，但按规定经过资产评估的，其成本按照评估价值加上相关税费、运输费等确定；没有相关凭据可供取得、也未经资产评估的，其成本比照同类或类似资产的市场价格加上相关税费、运输费等确定；没有相关凭据且未经资产评估、同类或类似资产的市场价格也无法可靠取得的，按照名义金额入账，相关税费、运输费等计入当期费用。无偿调入的存货，其成本按照调出方账面价值加上相关税费、运输费等确定。

行政事业单位接受捐赠或无偿调入的库存物品验收入库，按照确定的成本，借记"库存物品"科目，按照发生的相关税费、运输费等，贷记"银行存款"等科目，按照其差额，贷记"捐赠收入"科目（接受捐赠）或"无偿调拨净资产"科目（无偿调入）。

接受捐赠的库存物品按照名义金额入账的，按照名义金额，借记"库存物品"科目，贷记"捐赠收入"科目；同时，按照发生的相关税费、运输费等，借记"其他费用"科目，贷记"银行存款"等科目。

[例 2-32] 某事业单位接受社会某企业捐赠的一批 M 材料，所附发票表明该批材料的价值为 9 000 元。材料由捐赠企业送达事业单位，接受捐赠过程没有发生相关费用。

财务会计分录如下：

借：库存物品——M 材料　　　　　　　　　　　　　　　　　9 000
　　贷：捐赠收入　　　　　　　　　　　　　　　　　　　　　　　9 000

(4) 置换取得的存货。行政事业单位通过置换取得的存货，其成本按照换出资产的评估价值，加上支付的补价或减去收到的补价，加上为换入存货发生的其他相关支出确定。

置换换入的库存物品验收入库，按照确定的成本，借记"库存物品"科目，按照换出资产的账面余额，贷记相关资产科目（换出资产为固定资产、无形资产的，还应当借记"固定资产累计折旧""无形资产累计摊销"科目），按照置换过程中发生的其他相关支出，贷记"银行存款"等科目，按照借贷方差额，借记"资产处置费用"科目或贷记"其他收入"科目。涉及补价的，分别以下情况处理：

①支付补价的，按照确定的成本，借记"库存物品"科目，按照换出资产的账面余额，贷记相关资产科目（换出资产为固定资产、无形资产的，还应当借记"固定资产累计折旧""无形资产累计摊销"科目），按照支付的补价和置换过程中发生的其他相关支出，贷记"银行存款"等科目，按照借贷方差额，借记"资产处置费用"科目或贷记"其他收入"科目。

②收到补价的，按照确定的成本，借记"库存物品"科目，按照收到的补价，借记"银行存款"等科目，按照换出资产的账面余额，贷记相关资产科目（换出资产为固定资产、无形资产的，还应当借记"固定资产累计折旧""无形资产累计摊销"科目），按照置换过程中发生的其他相关支出，贷记"银行存款"等科目，按照补价扣减其他相关支出后的净收入，贷记"应缴财政款"科目，按照借贷方差额，借记"资产处置费用"科目或贷记"其他收入"科目。

[例 2-33] 某事业单位与某单位进行材料置换，以本单位的甲材料置换另一单位的乙材料。换出的甲材料的账面价值为 8 000 元，评估价格为 8 500 元。根据协议，本单位需要支付补价 900 元，通过单位的零余额账户支付，无运费等其他费用发生。换入的乙材料的账务处理如下：

财务会计分录如下：
借：库存物品——乙材料　　　　　　　　　　　　　　　9 400
　　贷：库存物品——甲材料　　　　　　　　　　　　　　8 000
　　　　零余额账户用款额度　　　　　　　　　　　　　　　900
　　　　其他收入　　　　　　　　　　　　　　　　　　　　500
预算会计分录如下：
借：其他支出——其他资金支出　　　　　　　　　　　　　900
　　贷：资金结存——零余额账户用款额度　　　　　　　　　900

2. 存货的发出

行政事业单位存货发出的方式包括业务活动领用、对外出售、对外捐赠、无偿调出和置换换出等。行政事业单位发出存货时，应当根据实际情况采用先进先出法、加权平均法或者个别计价法确定发出存货的实际成本。计价方法一经确定，不得随意变更。

对于性质和用途相似的存货，应当采用相同的成本计价方法确定发出存货的成本。对于不能替代使用的存货、为特定项目专门购入或加工的存货，通常采用个别计价法确定发出存货的成本。对于已发出的存货，应当将其成本结转为当期费用或者计入相关资产成本。行政事业单位应当采用一次转销法或者五五摊销法对低值易耗品、包装物进行摊销，将其成本计入当期费用或相关资产成本。

（1）业务活动领用的存货。行政事业单位开展业务活动等领用、按照规定自主出售发出或加工发出库存物品，按照领用、出售等发出物品的实际成本，借记"业务活动费用""单位管理费用""经营费用""加工物品"等科目，贷记"库存物品"科目。

采用一次转销法摊销低值易耗品、包装物的，在首次领用时将其账面余额一次性摊销计入有关成本费用，借记有关科目，贷记"库存物品"科目。

采用五五摊销法摊销低值易耗品、包装物的，首次领用时，将其账面余额的 50% 摊销计入有关成本费用，借记有关科目，贷记"库存物品"科目；使用完时，将剩余的账面余额转销计入有关成本费用，借记有关科目，贷记"库存物品"科目。

[例 2-34] 某事业单位因开展日常业务活动领用 G 材料一批，该材料的实际成本为 4 500 元。

财务会计分录如下：
借：业务活动费用　　　　　　　　　　　　　　　　　　4 500
　　贷：库存物品　　　　　　　　　　　　　　　　　　　4 500

（2）对外出售的存货。经批准对外出售的库存物品（不含可自主出售的库存物品）发出时，按照库存物品的账面余额，借记"资产处置费用"科目，贷记"库存物品"科目；同时，按照收到的价款，借记"银行存款"等科目，按照处置过程中发生的相关费用，贷记"银行存款"等科目，按照其差额，贷记"应缴财政款"科目。

（3）对外捐赠、无偿调出或置换换出的存货。经批准对外捐赠的库存物品发出时，按照库存物品的账面余额和对外捐赠过程中发生的归属于捐出方的相关费用合计数,借记"资产处置费用"科目,按照库存物品账面余额,贷记"库存物品"科目,按照对外捐赠过程中发生的归属于捐出方的相关费用,贷记"银行存款"等科目。

经批准无偿调出的库存物品发出时,按照库存物品的账面余额,借记"无偿调拨净资产"科目,贷记"库存物品"科目;同时,按照无偿调出过程中发生的归属于调出方的相关费用,借记"资产处置费用"科目,贷记"银行存款"等科目。

经批准置换换出的库存物品,参照"库存物品"科目有关置换换入库存物品的规定进行账务处理。

[例 2-35] 某事业单位经批准将不需用的 M 材料对外出售,其账面价值为 6 800 元,按评估价格确定的销售价格为 5 000 元,发生相关费用 200 元,款项已存入单位的银行账户,假设销售材料取得的款项需上缴财政。

财务会计分录如下:

借:资产处置费用　　　　　　　　　　　　　　　　6 800
　　银行存款　　　　　　　　　　　　　　　　　　4 800
　　贷:库存物品　　　　　　　　　　　　　　　　6 800
　　　　应缴财政款　　　　　　　　　　　　　　　4 800

3. 存货的清查盘点

行政事业单位应当定期对库存物品进行清查盘点,每年至少盘点一次。对于发生的库存物品盘盈、盘亏或者报废、毁损,应当先计入"待处理财产损溢"科目,按照规定报经批准后及时进行后续账务处理。

(1) 盘盈的库存物品,其成本按照有关凭据注明的金额确定;没有相关凭据、但按照规定经过资产评估的,其成本按照评估价值确定;没有相关凭据、也未经过评估的,其成本按照重置成本确定。如无法采用上述方法确定盘盈的库存物品成本的,按照名义金额入账。盘盈的库存物品,按照确定的入账成本,借记"库存物品"科目,贷记"待处理财产损溢"科目。按照规定报经批准后处理时,借记"待处理财产损溢"科目,贷记"单位管理费用"[事业单位]或"业务活动费用"[行政单位]科目。

(2) 盘亏或者毁损、报废的库存物品,按照待处理库存物品的账面余额,借记"待处理财产损溢"科目,贷记"库存物品"科目。

属于增值税一般纳税人的单位,若因非正常原因导致的库存物品盘亏或毁损,还应当将与该库存物品相关的增值税进项税额转出,按照其增值税进项税额,借记"待处理财产损溢"科目,贷记"应交增值税——应交税金(进项税额转出)"科目。

报经批准处理时,借记"资产处置费用"科目,贷记"待处理财产损溢"(待处理财产价值)科目。

处理毁损、报废存货过程中取得的残值或残值变价收入、保险理赔和过失人赔偿等,借记"库存现金""银行存款""库存物品""其他应收款"等科目,贷记"待处理财产损溢"(处理净收入)科目;处理毁损、报废过程中发生的相关费用,借记"待处理财产损溢"(处理净收入)科目,贷记"库存现金""银行存款"等科目。处理收支结清,如果处理收入大于相关费用的,按照处理收入减去相关费用后的净收入,借记"待处理财产损溢"(处理净收入)科目,贷记"应缴财政款"等科目;如果处理收入小于相关费用的,按照相关费用减去处理收入后的净支出,借记"资产处置费用"科目,贷记"待处理财产损溢"(处理净收入)科目。

[例2-36] 年末,某事业单位进行存货的清查盘点,发现A材料盘盈8件,按同类材料的成本计算价值共计690元。

财务会计分录如下:

借:库存物品　　　　　　　　　　　　　　　　　　　690
　　贷:待处理财产损溢　　　　　　　　　　　　　　　　690

[例2-37] 续上题,上述盘盈的存货报经批准后进行处理。

财务会计分录如下:

借:待处理财产损溢　　　　　　　　　　　　　　　　690
　　贷:单位管理费用　　　　　　　　　　　　　　　　690

六、待摊费用

(一)待摊费用的内容

待摊费用是指行政事业单位已经支付,但应当由本期和以后各期分别负担的分摊期在1年以内(含1年)的各项费用,如预付航空保险费、预付租金等。摊销期限在1年以上的租入固定资产改良支出和其他费用,应当通过"长期待摊费用"科目核算,不通过"待摊费用"科目核算。待摊费用应当在其受益期限内分期平均摊销,如预付航空保险费应在保险期的有效期内、预付租金应在租赁期内分期平均摊销,计入当期费用。

(二)待摊费用的核算

行政事业单位应当设置"待摊费用"总账科目,同时,按照待摊费用种类进行明细核算。

(1) 发生待摊费用时,按照实际预付的金额,借记"待摊费用"科目,贷记"财政拨款收入""零余额账户用款额度""银行存款"等科目。

(2) 按照受益期限分期平均摊销时,按照摊销金额,借记"业务活动费用""单位管理费用""经营费用"等科目,贷记"待摊费用"科目。

(3) 如果某项待摊费用已经不能使单位受益,应当将其摊余金额一次全部转入当期费用。按照摊销金额,借记"业务活动费用""单位管理费用""经营费用"等科目,贷记"待摊费用"科目。

(4) "待摊费用"科目期末借方余额,反映单位各种已支付但尚未摊销的分摊期在1年以内(含1年)的费用。

[例2-38] 2×19年1月1日,某事业单位为开展专业活动,租入办公设备一批,每月租金6 000元,每季初支付租金。已经通过单位的零余额账户支付了第一季度的租金。

支付租金时

财务会计分录如下:

借:待摊费用——预付租金　　　　　　　　　　　　18 000
　　贷:零余额账户用款额度　　　　　　　　　　　　18 000

预算会计分录如下：
借：事业支出——其他资金支出　　　　　　　　　　　　　18 000
　　贷：资金结存——零余额账户用款额度　　　　　　　　　18 000
2×19年1~3月每个月摊销时
财务会计分录如下：
借：业务活动费用　　　　　　　　　　　　　　　　　　　6 000
　　贷：待摊费用——预付租金　　　　　　　　　　　　　　6 000

第二节　非流动资产

非流动资产是指流动资产以外的资产，包括长期投资、固定资产、工程物资、在建工程、无形资产、公共基础设施、政府储备资产、文物文化资产、保障性住房和自然资源资产等。

一、长期投资

长期投资，是指事业单位取得的除短期投资以外的债权和股权性质的投资。长期投资分为长期债权投资和长期股权投资。目前，只有事业单位存在长期投资的业务。

（一）长期债券投资

1. 长期债券投资的内容

长期债券投资是指事业单位按照规定取得的，持有时间超过1年（不含1年）的债券投资。

2. 长期债券投资的核算

事业单位应该设置"长期债券投资"总账科目，核算单位的长期债券投资业务。同时，应当设置"成本"和"应计利息"明细科目，并按照债券投资的种类进行明细核算。"长期债券投资"科目期末借方余额，反映事业单位持有的长期债券投资的价值。

（1）长期债券投资的取得。长期债券投资在取得时，应当按照其实际成本作为投资成本。实际支付价款中包含的已到付息期但尚未领取的债券利息，应当单独确认为应收利息，不计入长期债券投资初始投资成本。

取得的长期债券投资，按照确定的投资成本，借记"长期债券投资"科目（成本），按照支付的价款中包含的已到付息期但尚未领取的利息，借记"应收利息"科目，按照实际支付的金额，贷记"银行存款"等科目。实际收到取得债券时所支付价款中包含的已到付息期但尚未领取的利息时，借记"银行存款"科目，贷记"应收利息"科目。

（2）长期债券投资的持有期间。长期债券投资持有期间，按期以债券票面金额与票面利率计算确认利息收入时，如为到期一次还本付息的债券投资，借记"长期债券投资"科目（应计利息），贷记"投资收益"科目；如为分期付息、到期一次还本的债券投资，借记"应收利息"科目，贷记"投资收益"科目。收到分期支付的利息时，按照实收的金额，借记"银行存款"等科目，贷记"应收利息"科目。

（3）长期债券投资的到期收回或对外出售。到期收回长期债券投资，按照实际收到的金额，借记"银行存款"科目，按照长期债券投资的账面余额，贷记"长期债券投资"科目，按照相关应收利息金额，贷记"应收利息"科目，按照其差额，贷记"投资收益"科目。

对外出售长期债券投资，按照实际收到的金额，借记"银行存款"科目，按照长期债券投资的账面余额，贷记"长期债券投资"科目，按照已记入"应收利息"科目但尚未收取的金额，贷记"应收利息"科目，按照其差额，贷记或借记"投资收益"科目。涉及增值税业务的，相关账务处理参见第二章"应交增值税"科目。

[例2-39] 某事业单位2×19年1月1日购入国债3 000份，面值100元，期限3年，票面年利率6%，每年12月31日付息，到期还本。实际支付的款项合计309 000元，该款项中，包含已到付息期但尚未领取的利息9 000元，上述款项已使用银行存款支付。

①2×19年1月1日取得该长期债券投资时，财务会计分录如下：

借：长期债券投资——成本　　　　　　　　　　　　　　300 000
　　应收利息　　　　　　　　　　　　　　　　　　　　　9 000
　　贷：银行存款　　　　　　　　　　　　　　　　　　　　　309 000

预算会计分录如下：

借：投资支出　　　　　　　　　　　　　　　　　　　　309 000
　　贷：资金结存——货币资金　　　　　　　　　　　　　　309 000

②假设2×19年6月30日收到已到付息期但尚未领取的利息，财务会计分录如下：

借：银行存款　　　　　　　　　　　　　　　　　　　　　9 000
　　贷：应收利息　　　　　　　　　　　　　　　　　　　　　9 000

预算会计分录如下：

借：资金结存——货币资金　　　　　　　　　　　　　　　9 000
　　贷：投资支出　　　　　　　　　　　　　　　　　　　　　9 000

③2×19年12月31日确认利息收入，并实际收到利息，确认利息收入，财务会计分录如下：

借：应收利息　　　　　　　　　　　　　　　　　　　　18 000
　　贷：投资收益　　　　　　　　　　　　　　　　　　　　18 000

实际收到利息

财务会计分录如下：

借：银行存款　　　　　　　　　　　　　　　　　　　　18 000
　　贷：应收利息　　　　　　　　　　　　　　　　　　　　18 000

预算会计分录如下：

借：资金结存——货币资金　　　　　　　　　　　　　　18 000
　　贷：投资预算收益　　　　　　　　　　　　　　　　　　18 000

2×20 年 12 月 31 日应相同的会计分录

④2×21 年 12 月 31 日，到期收回长期债券投资本息，财务会计分录如下：

借：银行存款　　　　　　　　　　　　　　　318 000
　　贷：长期债券投资——成本　　　　　　　　　300 000
　　　　投资收益　　　　　　　　　　　　　　　18 000

预算会计分录如下：

借：资金结存——货币资金　　　　　　　　　318 000
　　贷：其他结余　　　　　　　　　　　　　　　300 000
　　　　投资预算收益　　　　　　　　　　　　　18 000

（二）长期股权投资

1. 长期股权投资的内容

长期股权投资是指事业单位按照规定取得的，持有时间超过 1 年（不含 1 年）的股权性质的投资。

2. 长期股权投资的核算

事业单位应该设置"长期股权投资"总账科目，核算单位的长期股权投资业务。同时，应按照被投资单位和长期股权投资取得方式等进行明细核算。长期股权投资采用权益法核算的，还应当按照"成本""损益调整""其他权益变动"设置明细科目，进行明细核算。"长期股权投资"科目期末借方余额，反映事业单位持有的长期股权投资的价值。

（1）长期股权投资的取得。事业单位取得长期股权投资的主要方式包括以现金取得、以现金以外的其他资产置换取得、以未入账的无形资产取得、接受捐赠和无偿调入等。长期股权投资在取得时，应当按照实际成本作为初始投资成本。

①现金取得的长期股权投资。以现金取得的长期股权投资，按照实际支付的全部价款（包括购买价款和相关税费）作为实际成本。实际支付价款中包含的已宣告但尚未发放的现金股利，应当单独确认为应收股利，不计入长期股权投资初始投资成本。

以现金取得的长期股权投资，按照确定的投资成本，借记"长期股权投资"科目或"长期股权投资"科目（成本），按照支付的价款中包含的已宣告但尚未发放的现金股利，借记"应收股利"科目，按照实际支付的全部价款，贷记"银行存款"等科目。实际收到取得投资时所支付价款中包含的已宣告但尚未发放的现金股利时，借记"银行存款"科目，贷记"应收股利"科目。

②以现金以外其他资产置换取得的长期股权投资。以现金以外的其他资产置换取得的长期股权投资，其成本按照换出资产的评估价值加上支付的补价或减去收到的补价，加上换入长期股权投资发生的其他相关支出确定。其账务处理参照"库存物品"科目中置换取得库存物品的相关规定进行处理。

③以未入账的无形资产取得的长期股权投资。以未入账的无形资产取得的长期股权投资，按照评估价值加相关税费作为投资成本，借记"长期股权投资"科目，按照发生的相关税费，贷记"银行存款""其他应交税费"等科目，按其差额，贷记"其他收入"科目。

④接受捐赠或无偿调入的长期股权投资。接受捐赠的长期股权投资，其成本按照有

关凭据注明的金额加上相关税费确定；没有相关凭据可供取得，但按规定经过资产评估的，其成本按照评估价值加上相关税费确定；没有相关凭据可供取得、也未经资产评估的，其成本比照同类或类似资产的市场价格加上相关税费确定。无偿调入的长期股权投资，其成本按照调出方账面价值加上相关税费确定。

接受捐赠或无偿调入的长期股权投资，按照确定的投资成本，借记"长期股权投资"科目或"长期股权投资"科目（成本），按照发生的相关税费，贷记"银行存款"等科目，按照其差额，贷记"捐赠收入"（接受捐赠）、"无偿调拨净资产"（无偿调入）科目。

［例2－40］2×19年1月1日，某事业单位以支付现金的方式取得A公司25%的股份，以银行存款支付买价1 230 000元，在购买过程中另外支付手续费等相关费用20 000元。股份购买价款中包含A公司已宣告但尚未发放的现金股利30 000元。某事业单位在取得A公司股份后，派人员参与了A公司的生产经营决策，能够对A公司实施重大影响。

财务会计分录如下：
借：长期股权投资——A公司（成本）　　　　　　　　　　1 220 000
　　应收股利　　　　　　　　　　　　　　　　　　　　　　30 000
　　　贷：银行存款　　　　　　　　　　　　　　　　　　　　　　1 250 000
预算会计分录如下：
借：投资支出　　　　　　　　　　　　　　　　　　　　　1 250 000
　　　贷：资金结存——货币资金　　　　　　　　　　　　　　　　1 250 000

［例2－41］续上题，2×19年3月1日，收到A公司派发的现金股利30 000元，已经存入银行。

财务会计分录如下：
借：银行存款　　　　　　　　　　　　　　　　　　　　　　30 000
　　　贷：应收股利　　　　　　　　　　　　　　　　　　　　　　30 000
预算会计分录如下：
借：资金结存——货币资金　　　　　　　　　　　　　　　　30 000
　　　贷：投资支出　　　　　　　　　　　　　　　　　　　　　　30 000

（2）长期股权投资的持有期间。长期股权投资持有期间，应当按照规定采用成本法或权益法进行核算。通常应当采用权益法进行核算。事业单位无权决定被投资单位的财务和经营政策或无权参与被投资单位的财务和经营政策决策的，应当采用成本法进行核算。

成本法是指投资按照投资成本计量的方法；权益法是指投资最初以投资成本计量，以后根据政府会计主体在被投资单位所享有的所有者权益份额的变动对投资的账面余额进行调整的方法。

①采用成本法核算。

在成本法下，长期股权投资的账面余额通常保持不变，但追加或收回投资时，应当相应调整其账面余额。长期股权投资持有期间，被投资单位宣告分派的现金股利或利润，事业单位应当按照宣告分派的现金股利或利润中属于事业单位应享有的份额确认为投资收益。

被投资单位宣告发放现金股利或利润时,按照应收的金额,借记"应收股利"科目,贷记"投资收益"科目。收到现金股利或利润时,按照实际收到的金额,借记"银行存款"等科目,贷记"应收股利"科目。

②采用权益法核算。

a. 按照应享有或应分担的被投资单位实现的净损益的份额,确认为投资损益,同时调整长期股权投资的账面余额。被投资单位发生的净亏损,应当以长期股权投资的账面余额减记至零为限。被投资单位发生净亏损,但以后年度又实现净利润的,事业单位应当在其收益分享额弥补未确认的亏损分担额等后,恢复确认投资收益。

被投资单位实现净利润的,按照应享有的份额,借记"长期股权投资"科目(损益调整),贷记"投资收益"科目。被投资单位发生净亏损的,按照应分担的份额,借记"投资收益"科目,贷记"长期股权投资"科目(损益调整),但以"长期股权投资"科目的账面余额减记至零为限。发生亏损的被投资单位以后年度又实现净利润的,按照收益分享额弥补未确认的亏损分担额等后的金额,借记"长期股权投资"科目(损益调整),贷记"投资收益"科目。

b. 按照被投资单位宣告分派的现金股利或利润计算应享有的份额,确认为应收股利,同时减少长期股权投资的账面余额。

被投资单位宣告分派现金股利或利润的,按照应享有的份额,借记"应收股利"科目,贷记"长期股权投资"科目(损益调整)。

c. 按照被投资单位除净损益和利润分配以外的所有者权益变动的份额,确认为净资产,同时调整长期股权投资的账面余额。

被投资单位发生除净损益和利润分配以外的所有者权益变动的,按照应享有或应分担的份额,借记或贷记"权益法调整"科目,贷记或借记"长期股权投资"科目(其他权益变动)。

③成本法与权益法的转换。

a. 单位因处置部分长期股权投资等原因而对处置后的剩余股权投资由权益法改按成本法核算的,应当按照权益法下"长期股权投资"科目账面余额作为成本法下"长期股权投资"科目账面余额(成本)。其后,被投资单位宣告分派现金股利或利润时,属于单位已计入投资账面余额的部分,按照应分得的现金股利或利润份额,借记"应收股利"科目,贷记"长期股权投资"科目。

b. 单位因追加投资等原因对长期股权投资的核算从成本法改为权益法的,应当按照成本法下"长期股权投资"科目账面余额与追加投资成本的合计金额,借记"长期股权投资"科目(成本),按照成本法下"长期股权投资"科目账面余额,贷记"长期股权投资"科目,按照追加投资的成本,贷记"银行存款"等科目。

[例2-42]接[例2-40]的资料。2×19年度,A公司实现净利润400 000元,A公司各项可辨认资产、负债的公允价值与其账面价值相同,双方未发生任何内部交易。

财务会计分录如下:

借:长期股权投资——A公司(损益调整)　　　　　　　　　　100 000

貸：投资收益 100 000

（3）长期股权投资的处置。

①按照规定报经批准出售（转让）长期股权投资时，应当区分长期股权投资取得方式分别进行处理。

a. 处置以现金取得的长期股权投资，按照实际取得的价款，借记"银行存款"等科目，按照被处置长期股权投资的账面余额，贷记"长期股权投资"科目，按照尚未领取的现金股利或利润，贷记"应收股利"科目，按照发生的相关税费等支出，贷记"银行存款"等科目，按照借贷方差额，借记或贷记"投资收益"科目。

b. 处置以现金以外的其他资产取得的长期股权投资，按照被处置长期股权投资的账面余额，借记"资产处置费用"科目，贷记"长期股权投资"科目；同时，按照实际取得的价款，借记"银行存款"等科目，按照尚未领取的现金股利或利润，贷记"应收股利"科目，按照发生的相关税费等支出，贷记"银行存款"等科目，按照贷方差额，贷记"应缴财政款"科目。按照规定将处置时取得的投资收益纳入本单位预算管理的，应当按照所取得价款大于被处置长期股权投资账面余额、应收股利账面余额和相关税费支出合计的差额，贷记"投资收益"科目。

②因被投资单位破产清算等原因，有确凿证据表明长期股权投资发生损失，按照规定报经批准后予以核销时，按照予以核销的长期股权投资的账面余额，借记"资产处置费用"科目，贷记"长期股权投资"科目。

③报经批准置换转出长期股权投资时，参照"库存物品"科目中置换换入库存物品的规定进行账务处理。

④采用权益法核算的长期股权投资的处置，除进行上述账务处理外，还应结转原直接计入净资产的相关金额，借记或贷记"权益法调整"科目，贷记或借记"投资收益"科目。

[例2-43] 接[例2-40]和[例2-42]的资料。2×20年3月1日，某事业单位将持有的A公司股份全部转让，收到转让价款1 360 000元，转让日，该项长期股权投资的账面余额为1 320 000元，其中，投资成本1 220 000元，损益调整（借方）100 000元。款项已经存入银行。

财务会计分录如下：

借：银行存款 1 360 000
　　贷：长期股权投资——A公司（成本） 1 220 000
　　　　　　　　　　——A公司（损益调整） 100 000
　　　　投资收益 40 000

预算会计分录如下：

借：资金结存——货币资金 1 360 000
　　贷：其他结余 1 220 000
　　　　投资预算收益 140 000

二、固定资产

(一) 固定资产的内容

固定资产是指行政事业单位为满足自身开展业务活动或其他活动需要而控制的，使用年限超过1年（不含1年）、单位价值在规定标准以上，并在使用过程中基本保持原有物质形态的资产。单位价值虽未达到规定标准，但是使用年限超过1年（不含1年）的大批同类物资，如图书、家具、用具、装具等，应当确认为固定资产。行政事业单位的固定资产一般分为六类：房屋及构筑物；专用设备；通用设备；文物和陈列品；图书、档案；家具、用具、装具及动植物。公共基础设施、政府储备物资、保障性住房、自然资源资产等，不属于固定资产的内容范畴。

(二) 固定资产的确认

1. 固定资产同时满足下列条件的，行政事业单位应当予以确认

（1）与该固定资产相关的服务潜力很可能实现经济收益或者经济利益很可能流入政府会计主体；

（2）该固定资产的成本或者价值能够可靠地计量。行政事业单位的固定资产应该按以下条件进行确认，对于购入、换入、接受捐赠、无偿调入不需安装的固定资产，在固定资产验收合格时确认；购入、换入、接受捐赠、无偿调入需要安装的固定资产，在固定资产安装完成交付使用时确认；自行建造、改建、扩建的固定资产，在建造完成交付使用时确认。

2. 行政事业单位确认固定资产时，还应考虑以下情况

（1）固定资产的各组成部分具有不同使用年限或者以不同方式为政府会计主体实现服务潜力或提供经济利益，适用不同折旧率或折旧方法且可以分别确定各自原价的，应当分别将各组成部分确认为单项固定资产。

（2）应用软件构成相关硬件不可缺少的组成部分的，应当将该软件的价值包括在所属的硬件价值中，一并确认为固定资产；不构成相关硬件不可缺少的组成部分的，应当将该软件确认为无形资产。

（3）购建房屋及构筑物时，不能分清购建成本中的房屋及构筑物部分与土地使用权部分的，应当全部确认为固定资产；能够分清购建成本中的房屋及构筑物部分与土地使用权部分的，应当将其中的房屋及构筑物部分确认为固定资产，将其中的土地使用权部分确认为无形资产。

固定资产在使用过程中发生的后续支出，符合固定资产确认条件的，应当计入固定资产成本；不符合固定资产确认条件的，应当在发生时计入当期费用或者相关资产成本。将发生的固定资产后续支出计入固定资产成本的，应当同时从固定资产账面价值中扣除被替换部分的账面价值。

(三) 固定资产的核算

行政事业单位应设置"固定资产"总账科目，核算单位的固定资产的原值，同时，应按照固定资产类别和项目进行明细核算。"固定资产"科目期末借方余额，反映单位固定资产的原值。行政事业单位进行固定资产核算时，应当考虑以下情况：

（1）购入需要安装的固定资产，应当先通过"在建工程"科目核算，安装完毕交

付使用时再转入"固定资产"科目核算。

(2) 以借入、经营租赁租入方式取得的固定资产,不通过"固定资产"科目核算,应当设置备查簿进行登记。

(3) 采用融资租入方式取得的固定资产,通过"固定资产"科目核算,并在"固定资产"科目下设置"融资租入固定资产"明细科目。

(4) 经批准在境外购买具有所有权的土地,作为固定资产,通过"固定资产"科目核算;单位应当在"固定资产"科目下设置"境外土地"明细科目,进行相应明细核算。

1. 固定资产的取得

行政事业单位取得固定资产的主要方式包括购入、建造(包括改建、扩建)、融资租入、接受捐赠、无偿调入、置换取得等。取得固定资产时,应当按照成本进行初始计量。

(1) 购入的固定资产。行政事业单位购入的固定资产,其成本包括购买价款、相关税费以及固定资产交付使用前所发生的可归属于该项资产的运输费、装卸费、安装费和专业人员服务费等。以一笔款项购入多项没有单独标价的固定资产,应当按照各项固定资产同类或类似资产市场价格的比例对总成本进行分配,分别确定各项固定资产的成本。

购入不需安装的固定资产验收合格时,按照确定的固定资产成本,借记"固定资产"科目,贷记"财政拨款收入""零余额账户用款额度""应付账款""银行存款"等科目。

购入需要安装的固定资产,在安装完毕交付使用前通过"在建工程"科目核算,安装完毕交付使用时再转入"固定资产"科目。

购入固定资产扣留质量保证金的,应当在取得固定资产时,按照确定的固定资产成本,借记"固定资产"科目(不需安装)或"在建工程"科目(需要安装),按照实际支付或应付的金额,贷记"财政拨款收入""零余额账户用款额度""应付账款"(不含质量保证金)、"银行存款"等科目,按照扣留的质量保证金数额,贷记"其他应付款"[扣留期在1年以内(含1年)]或"长期应付款"(扣留期超过1年)科目。

质保期满支付质量保证金时,借记"其他应付款""长期应付款"科目,贷记"财政拨款收入""零余额账户用款额度""银行存款"等科目。

[例2-44] 某事业单位以政府集中采购方式购入一台通用设备,价值42000元,款项由财政部门以直接支付的方式进行支付,该设备不需要安装,验收合格。

财务会计分录如下:

借:固定资产——通用设备　　　　　　　　　　　42000
　　贷:财政拨款收入　　　　　　　　　　　　　　　　42000

预算会计分录如下:

借:事业支出——财政拨款支出　　　　　　　　　42000
　　贷:财政拨款预算收入　　　　　　　　　　　　　　42000

[例2-45] 某事业单位购入一批计算机设备,价值30 000元,设备不需要安装,已经通过验收。根据购买合同,取得该设备时,通过单位的零余额账户支付总价款的80%,合计为24 000元,其余款项为扣留的质量保证金,如设备无质量问题,在4个月后支付。

财务会计分录如下：
借：固定资产——计算机设备　　　　　　　　　　　　　　30 000
　　贷：零余额账户用款额度　　　　　　　　　　　　　　24 000
　　　　其他应付款　　　　　　　　　　　　　　　　　　 6 000
预算会计分录如下：
借：事业支出——财政拨款支出　　　　　　　　　　　　　24 000
　　贷：资金结存——零余额账户用款额度　　　　　　　　24 000

[例 2 - 46] 续上题，该事业单位购入的计算机设备，在约定的质保期内，没有质量问题，四个月后通过单位的零余额账户支付余款 6 000 元。

财务会计分录如下：
借：其他应付款　　　　　　　　　　　　　　　　　　　　 6 000
　　贷：零余额账户用款额度　　　　　　　　　　　　　　 6 000
预算会计分录如下：
借：事业支出——财政拨款支出　　　　　　　　　　　　　 6 000
　　贷：资金结存——零余额账户用款额度　　　　　　　　 6 000

（2）建造的固定资产。自行建造的固定资产，其成本包括该项资产至交付使用前所发生的全部必要支出。

为建造固定资产借入的专门借款的利息，属于建设期间发生的，计入在建工程成本；不属于建设期间发生的，计入当期费用。

自行建造的固定资产交付使用时，按照在建工程成本，借记"固定资产"科目，贷记"在建工程"科目。已交付使用但尚未办理竣工决算手续的固定资产，应当按照估计价值入账，待办理竣工决算后再按实际成本调整原来的暂估价值。

[例 2 - 47] 某事业单位自行建造的一台安防设备已经完工并验收合格交付使用，设备价款 52000 元，安装费用 5 000 元。

财务会计分录如下：
借：固定资产——安防设备　　　　　　　　　　　　　　　57 000
　　贷：在建工程　　　　　　　　　　　　　　　　　　　57 000

在原有固定资产基础上进行改建、扩建、修缮后的固定资产，其成本按照原固定资产账面价值加上改建、扩建、修缮发生的支出，再扣除固定资产被替换部分的账面价值后的金额确定。

（3）融资租赁取得的固定资产。融资租赁取得的固定资产，其成本按照租赁协议或者合同确定的租赁价款、相关税费以及固定资产交付使用前所发生的可归属于该项资产的运输费、途中保险费、安装调试费等确定。

融资租入的固定资产，按照确定的成本，借记"固定资产"科目［不需安装］或"在建工程"科目［需安装］，按照租赁协议或者合同确定的租赁付款额，贷记"长期应付款"科目，按照支付的运输费、途中保险费、安装调试费等金额，贷记"财政拨款收入""零余额账户用款额度""银行存款"等科目。

定期支付租金时，按照实际支付金额，借记"长期应付款"科目，贷记"财政拨款收入""零余额账户用款额度""银行存款"等科目。按照规定跨年度分期付款购入固定资产的账务处理与融资租赁取得的固定资产基本相同。

[例2-48] 某事业单位为开展专业活动，与某设备供应商签订协议，采用融资租赁方式租入一台专用设备，专用设备价款为480 000元，无须支付安装、调试费。设备租赁期为4年，租金按年支付，每年120 000元，期满设备归事业单位使用。

①供应商将设备交付事业单位，设备已经通过验收。

财务会计分录如下：

借：固定资产——专用设备　　　　　　　　　　　　　480 000
　　贷：长期应付款——某供应商　　　　　　　　　　　　480 000

②事业单位通过单位的零余额账户支付第一年租金120 000元。

财务会计分录如下：

借：长期应付款——某供应商　　　　　　　　　　　　120 000
　　贷：零余额账户用款额度　　　　　　　　　　　　　120 000

预算会计分录如下：

借：事业支出——财政拨款支出　　　　　　　　　　　120 000
　　贷：资金结存——零余额账户用款额度　　　　　　　120 000

以后每年支付租金的会计分录相同。

（4）接受捐赠、无偿调入及置换取得的固定资产。行政事业单位接受捐赠的固定资产，其成本按照有关凭据注明的金额加上相关税费、运输费等确定；没有相关凭据可供取得，但按规定经过资产评估的，其成本按照评估价值加上相关税费、运输费等确定；没有相关凭据可供取得、也未经资产评估的，其成本比照同类或类似资产的市场价格加上相关税费、运输费等确定；没有相关凭据且未经资产评估、同类或类似资产的市场价格也无法可靠取得的，按照名义金额入账，相关税费、运输费等计入当期费用。如受赠的系旧的固定资产，在确定其初始入账成本时应当考虑该项资产的新旧程度。行政事业单位无偿调入的固定资产，其成本按照调出方账面价值加上相关税费、运输费等确定。通过置换取得的固定资产，其成本按照换出资产的评估价值加上支付的补价或减去收到的补价，加上换入固定资产发生的其他相关支出确定。

接受捐赠或无偿调入的固定资产，按照确定的固定资产成本，借记"固定资产"科目［不需安装］或"在建工程"科目［需安装］，按照发生的相关税费、运输费等，贷记"零余额账户用款额度""银行存款"等科目，按照其差额，贷记"捐赠收入"科目（接受捐赠）或"无偿调拨净资产"科目（无偿调入）。置换取得的固定资产，参照"库存物品"科目中置换取得库存物品的相关规定进行账务处理。

接受捐赠的固定资产按照名义金额入账的，按照名义金额，借记"固定资产"科目，贷记"捐赠收入"科目；按照发生的相关税费、运输费等，借记"其他费用"科目，贷记"零余额账户用款额度""银行存款"等科目。

[例2-49] 某事业单位接受捐赠的图书一批，所附发票表明价值为8 600元。同时受到捐赠的历史文物一项，没有证明该文物的相关凭证，同类或类似文物的市场价格也无法可靠获得，捐赠过程中无相关费用发生。

财务会计分录如下：

借：固定资产——图书　　　　　　　　　　　　　　　8 600

　　　　贷：捐赠收入　　　　　　　　　　　　　　　　　　　　　　　　　　　　8 600
　　借：固定资产——文物　　　　　　　　　　　　　　　　　　　　　　　　　　1
　　　　贷：捐赠收入　　　　　　　　　　　　　　　　　　　　　　　　　　　　　1
　　2. 固定资产的折旧
　　（1）计提折旧的内容及范围。为了真实反映固定资产的价值，行政事业单位应当按规定对固定资产计提折旧。折旧，是指在固定资产的预计使用年限内，按照确定的方法对应计的折旧额进行系统分摊。固定资产应计的折旧额为其成本，计提固定资产折旧时不考虑预计净残值。政府会计主体应当对暂估入账的固定资产计提折旧，实际成本确定后不需调整原已计提的折旧额。

下列各项固定资产不计提折旧：

①文物和陈列品。

②动植物。

③图书、档案。

④单独计价入账的土地。

⑤以名义金额计量的固定资产。

　　（2）计提折旧的年限。通常情况下，行政事业单位应当按照附表1规定确定各类应计提折旧的固定资产的折旧年限。特殊情况下，行政事业单位应当在遵循有关折旧年限规定的情况下，根据固定资产的性质和实际使用情况，合理确定其折旧年限。

具体确定固定资产的折旧年限时，应当考虑下列因素：

①固定资产预计实现服务潜力或提供经济利益的期限；

②固定资产预计有形损耗和无形损耗；

③法律或者类似规定对固定资产使用的限制。

固定资产的折旧年限一经确定，不得随意变更。

因改建、扩建或修缮等原因而延长其使用年限的，应当按照重新确定的固定资产的成本以及重新确定的折旧年限计算折旧额。

　　（3）计提折旧的方法。行政事业单位一般应当采用年限平均法或者工作量法计提固定资产折旧。在确定固定资产的折旧方法时，应当考虑与固定资产相关的服务潜力或经济利益的预期实现方式。固定资产折旧方法一经确定，不得随意变更。

　　（4）计提折旧的时点。固定资产应当按月计提折旧，当月增加的固定资产，当月开始计提折旧；当月减少的固定资产，当月不再计提折旧。

固定资产提足折旧后，无论能否继续使用，均不再计提折旧；提前报废的固定资产，也不再补提折旧。已提足折旧的固定资产，可以继续使用的，应当继续使用，规范实物管理。

　　（5）计提折旧的账务处理。行政事业单位应当设置"固定资产累计折旧"核算固定资产累计折旧。同时，应当按照所对应固定资产的明细分类进行明细核算。公共基础设施和保障性住房计提的累计折旧，应当分别通过"公共基础设施累计折旧（摊销）"科目和"保障性住房累计折旧"科目核算，不通过"固定资产累计折旧"科目核算。

行政事业单位按月计提固定资产折旧时，根据用途计入当期费用或者相关资产成本。按照应计提折旧金额，借记"业务活动费用""单位管理费用""经营费用""加工物品""在建工程"等科目,贷记"固定资产累计折旧"科目。"固定资产累计折旧"科目期末贷方余额,反映单位计提的固定资产折旧累计数。

[例 2-50] 某事业单位对开展专业活动用的一台专用设备计提本月固定资产折旧,根据"固定资产折旧计算表"本月应计提固定资产折旧共计 3 560 元。

财务会计分录如下:
借:业务活动费用   3 560
  贷:固定资产累计折旧   3 560

行政事业单位计提融资租入固定资产折旧时,应当采用与自有固定资产相一致的折旧政策。能够合理确定租赁期届满时将会取得租入固定资产所有权的,应当在租入固定资产尚可使用年限内计提折旧;无法合理确定租赁期届满时能够取得租入固定资产所有权的,应当在租赁期与租入固定资产尚可使用年限两者中较短的期间内计提折旧。

3. 固定资产的后续支出

(1) 符合固定资产确认条件的后续支出。通常情况下,将固定资产转入改建、扩建时,按照固定资产的账面价值,借记"在建工程"科目,按照固定资产已计提折旧,借记"固定资产累计折旧"科目,按照固定资产的账面余额,贷记"固定资产"科目。

为增加固定资产使用效能或延长其使用年限而发生的改建、扩建等后续支出,借记"在建工程"科目,贷记"财政拨款收入""零余额账户用款额度""银行存款"等科目。固定资产改建、扩建等完成交付使用时,按照在建工程成本,借记"固定资产"科目,贷记"在建工程"科目。

(2) 不符合固定资产确认条件的后续支出。为保证固定资产正常使用发生的日常维修等支出,借记"业务活动费用""单位管理费用"等科目,贷记"财政拨款收入""零余额账户用款额度""银行存款"等科目。

4. 固定资产的处置

行政事业单位固定资产的处置,包括出售或转让固定资产、对外捐赠固定资产、无偿调出固定资产、置换换出固定资产、对外投资固定资产等。行政事业单位处置固定资产应当按照国家有关规定办理,并经主管部门审核同意后报同级财政部门审批。

(1) 报经批准出售、转让固定资产,按照被出售、转让固定资产的账面价值,借记"资产处置费用"科目,按照固定资产已计提的折旧,借记"固定资产累计折旧"科目,按照固定资产账面余额,贷记"固定资产"科目;同时,按照收到的价款,借记"银行存款"等科目,按照处置过程中发生的相关费用,贷记"银行存款"等科目,按照其差额,贷记"应缴财政款"科目。

(2) 报经批准对外捐赠固定资产,按照固定资产已计提的折旧,借记"固定资产累计折旧"科目,按照被处置固定资产账面余额,贷记"固定资产"科目,按照捐赠过程中发生的归属于捐出方的相关费用,贷记"银行存款"等科目,按照其差额,借记"资产处置费用"科目。

(3) 报经批准无偿调出固定资产,按照固定资产已计提的折旧,借记"固定资产累计折旧"科目,按照被处置固定资产账面余额,贷记"固定资产"科目,按照其差额,借记"无偿调拨净资产"科目;同时,按照无偿调出过程中发生的归属于调出方的相关费用,借记"资产处置费用"科目,贷记"银行存款"等科目。

（4）报经批准置换换出固定资产，参照"库存物品"中置换换入库存物品的规定进行账务处理。

固定资产处置时涉及增值税业务的，相关账务处理参见第二章"应交增值税"科目。

[例2-51] 某事业单位报同级财政部门审批同意，将一台不需用的设备出售。该设备的账面余额为42 000元，已计提折旧22 000元，出售该设备取得价款21 550元，款项已经收到并存入银行。出售该设备的收入，需按规定上缴国库。

财务会计分录如下：

借：资产处置费用　　　　　　　　　　　　　　　　20 000
　　固定资产累计折旧　　　　　　　　　　　　　　22 000
　　　贷：固定资产——设备　　　　　　　　　　　　　　42 000
借：银行存款　　　　　　　　　　　　　　　　　　21 550
　　　贷：应缴财政款　　　　　　　　　　　　　　　　　21 550

5. 固定资产的清查盘点

行政事业单位应当定期对固定资产进行清查盘点，每年至少盘点一次。对于发生的固定资产盘盈、盘亏或毁损、报废，应当先计入"待处理财产损溢"科目，及时查明原因后，按照规定报经批准后及时进行后续账务处理。

（1）盘盈的固定资产，其成本按照有关凭证注明的金额确定；没有相关凭据、但按照规定经过资产评估的，其成本按照评估价值确定；没有相关凭据、也未经过评估的，其成本按照重置成本确定。如无法采用上述方法确定盘盈固定资产成本的，按照名义金额（人民币1元）入账。盘盈的固定资产，按照确定的入账成本，借记"固定资产"科目，贷记"待处理财产损溢"科目。

对于盘盈的固定资产，如属于本年度取得的，按照当年新取得相关资产进行账务处理；如属于以前年度取得的，按照前期差错处理，借记"待处理财产损溢"科目，贷记"以前年度盈余调整"科目。

（2）盘亏、毁损或报废的固定资产，按照待处理固定资产的账面价值，借记"待处理财产损溢"科目，按照已计提折旧，借记"固定资产累计折旧"科目，按照固定资产的账面余额，贷记"固定资产"科目。"固定资产"科目期末借方余额，反映单位固定资产的原值。

报经批准处理时，借记"资产处置费用"科目，贷记"待处理财产损溢"（待处理财产价值）科目。

处理毁损、报废固定资产过程中取得的残值或残值变价收入、保险理赔和过失人赔偿等，借记"库存现金""银行存款""库存物品""其他应收款"等科目，贷记"待处理财产损溢"（处理净收入）科目；处理毁损、报废固定资产过程中发生的相关费用，借记"待处理财产损溢"（处理净收入）科目，贷记"库存现金""银行存款"等科目。处理收支结清，如果处理收入大于相关费用的，按照处理收入减去相关费用后的净收入，借记"待处理财产损溢"（处理净收入）科目，贷记"应缴财政款"等科目；如果处理收入小于相关费用的，按照相关费用减去处理收入后的净支出，借记"资产处置费用"科目，贷记"待处理财产损溢"（处理净收入）科目。

[**例 2-52**] 某事业单位年终进行固定资产清查，盘盈复印设备一台，其重置市场价格为 9 000 元，经评估，该设备的新旧程度为 50%。该复印设备经查是以前年度取得的，报经批准后进行处理。

财务会计分录如下：

借：固定资产——复印设备　　　　　　　　　　　　　　18 000
　　贷：待处理财产损溢　　　　　　　　　　　　　　　　　　18 000
借：待处理财产损溢　　　　　　　　　　　　　　　　　　18 000
　　贷：以前年度盈余调整　　　　　　　　　　　　　　　　　18 000

[**例 2-53**] 某事业单位年终进行固定资产清查，拟报废打印机设备一台。其账面价值为 8 000 元，已计提折旧 5 000 元，账面价值为 3 000 元。经批准，报废的这台设备予以处置。其中，发生清理费用 300 元，以库存现金支付；收到残值变价收入 3 500 元，款项已存入银行。处置净收入 3 200 元按规定上缴财政国库。

①报废设备时，财务会计分录如下：

借：待处理财产损溢——待处理财产价值　　　　　　　　　3 000
　　固定资产累计折旧　　　　　　　　　　　　　　　　　5 000
　　贷：固定资产　　　　　　　　　　　　　　　　　　　　　8 000

②经批准，报废的设备予以处置时，财务会计分录如下：

借：资产处置费用　　　　　　　　　　　　　　　　　　　3 000
　　贷：待处理财产损溢——待处理财产价值　　　　　　　　　3 000

③发生清理费用，取得残值变价收入，处置收入上缴国库时，财务会计分录如下：

借：待处理财产损溢——处理净收入　　　　　　　　　　　　300
　　贷：库存现金　　　　　　　　　　　　　　　　　　　　　　300
借：银行存款　　　　　　　　　　　　　　　　　　　　　3 500
　　贷：待处理财产损溢——处理净收入　　　　　　　　　　　3 500
借：待处理财产损溢——处理净收入　　　　　　　　　　　3 200
　　贷：应缴财政款　　　　　　　　　　　　　　　　　　　　3 200

三、工程物资

（一）工程物资的内容

工程物资是指行政事业单位为在建工程准备的各种物资包括工程用材料、设备等。

（二）工程物资的核算

行政事业单位应当设置"工程物资"总账科目，核算工程物资业务。同时，可按照"库存材料""库存设备"等工程物资类别进行明细核算。

1. 购入为工程准备的物资，按照确定的物资成本，借记"工程物资"科目，贷记"财政拨款收入""零余额账户用款额度""银行存款""应付账款"等科目。

2. 领用工程物资，按照物资成本，借记"在建工程"科目，贷记"工程物资"科目。工程完工后将领出的剩余物资退库时做相反的会计分录。

3. 工程完工后将剩余的工程物资转作本单位存货等的，按照物资成本，借记"库存物品"等科目，贷记"工程物资"科目。涉及增值税业务的，相关账务处理参见第二章"应交增值税"科目。"工程物资"科目期末借方余额,反映单位为在建工程准备的各种物资的成本。

四、在建工程

(一) 在建工程的内容

在建工程是指行政事业单位在建的建设项目工程,也包括在建的信息系统项目工程、公共基础设施项目工程、保障性住房项目工程。

(二) 在建工程的核算

行政事业单位应当设置"在建工程"总账科目,核算单位在建的建设项目工程的实际成本。同时,应当设置"建筑安装工程投资""设备投资""待摊投资""其他投资""待核销基建支出""基建转出投资"等明细科目,并按照具体项目进行明细核算。"在建工程"科目期末借方余额,反映单位尚未完工的建设项目工程发生的实际成本。

1. 建筑安装工程投资

建筑安装工程投资核算单位发生的构成建设项目实际支出的建筑工程和安装工程的实际成本,不包括被安装设备本身的价值以及按照合同规定支付给施工单位的预付备料款和预付工程款。本明细科目应当设置"建筑工程"和"安装工程"两个明细科目进行明细核算。

(1) 将固定资产等资产转入改建、扩建等时,按照固定资产等资产的账面价值,借记"在建工程"科目(建筑安装工程投资),按照已计提的折旧或摊销,借记"固定资产累计折旧"等科目,按照固定资产等资产的原值,贷记"固定资产"等科目。固定资产等资产改建、扩建过程中涉及替换(或拆除)原资产的某些组成部分的,按照被替换(或拆除)部分的账面价值,借记"待处理财产损溢"科目,贷记"在建工程"科目(建筑安装工程投资)。

(2) 单位对于发包建筑安装工程,根据建筑安装工程价款结算账单与施工企业结算工程价款时,按照应承付的工程价款,借记"在建工程"科目(建筑安装工程投资),按照预付工程款余额,贷记"预付账款"科目,按照其差额,贷记"财政拨款收入""零余额账户用款额度""银行存款""应付账款"等科目。

(3) 单位自行施工的小型建筑安装工程,按照发生的各项支出金额,借记"在建工程"科目(建筑安装工程投资),贷记"工程物资""零余额账户用款额度""银行存款""应付职工薪酬"等科目。

(4) 工程竣工,办妥竣工验收交接手续交付使用时,按照建筑安装工程成本(含应分摊的待摊投资),借记"固定资产"等科目,贷记"在建工程"科目(建筑安装工程投资)。

[例 2-54] 某事业单位改建一项建筑工程。该建筑工程的账面原价为 786 000 元,已计提累计折旧 656 000 元,账面价值为 130 000 元。该事业单位根据工程进度采用财政直接支付方式分两次支付工程款,第一次支付工程款 420 000 元。第二次支付工程款 350 000 元。之后,工程完工并验收交付使用。

①将固定资产转入改建时,财务会计分录如下:

借:在建工程——建筑安装工程投资　　　　　　　　　　　130 000

　　　　固定资产累计折旧　　　　　　　　　　　　　　656 000
　　　　　贷：固定资产　　　　　　　　　　　　　　　　　　　786 000
　②根据进度第一次支付工程款时，财务会计分录如下：
　　　　借：在建工程——建筑安装工程投资　　　　　　420 000
　　　　　贷：财政拨款收入　　　　　　　　　　　　　　　　　420 000
　预算会计分录如下：
　　　　借：事业支出——财政拨款支出　　　　　　　　420 000
　　　　　贷：财政拨款预算收入　　　　　　　　　　　　　　　420 000
　③根据进度第二次支付工程款时，财务会计分录如下：
　　　　借：在建工程——建筑安装工程投资　　　　　　350 000
　　　　　贷：财政拨款收入　　　　　　　　　　　　　　　　　350 000
　预算会计分录如下：
　　　　借：事业支出——财政拨款支出　　　　　　　　350 000
　　　　　贷：财政拨款预算收入　　　　　　　　　　　　　　　350 000
　④工程完工并交付使用时，财务会计分录如下：
　　　　借：固定资产　　　　　　　　　　　　　　　　900 000
　　　　　贷：在建工程——建筑安装工程投资　　　　　　　　　900 000

2. 设备投资

设备投资核算单位发生的构成建设项目实际支出的各种设备的实际成本。

（1）购入设备时，按照购入成本，借记"在建工程"科目（设备投资），贷记"财政拨款收入""零余额账户用款额度""银行存款"等科目；采用预付款方式购入设备的，有关预付款的账务处理参照"在建工程"科目有关"建筑安装工程投资"明细科目的规定。

（2）设备安装完毕，办妥竣工验收交接手续交付使用时，按照设备投资成本（含设备安装工程成本和分摊的待摊投资），借记"固定资产"等科目，贷记"在建工程"科目（设备投资、建筑安装工程投资——安装工程）。

将不需要安装的设备和达不到固定资产标准的工具、器具交付使用时，按照相关设备、工具、器具的实际成本，借记"固定资产""库存物品"科目，贷记"在建工程"科目（设备投资）。

[例2-55] 某事业单位购入一台需要安装的专用设备，设备价款65 000元，运费600元。款项已经通过单位的零余额账户支付。

　财务会计分录如下：
　　　　借：在建工程——设备投资　　　　　　　　　　65 600
　　　　　贷：零余额账户用款额度　　　　　　　　　　　　　　65 600
　预算会计分录如下：
　　　　借：事业支出——财政拨款支出　　　　　　　　65 600
　　　　　贷：资金结存——零余额账户用款额度　　　　　　　　65 600

[例2-56] 续上题，该专用设备安装完毕并交付使用，安装费用8 200元，款项通过单位的零余额账户支付。

财务会计分录如下：

借：在建工程——设备投资　　　　　　　　　　　　　　　　8 200
　　贷：零余额账户用款额度　　　　　　　　　　　　　　　8 200
借：固定资产——专用设备　　　　　　　　　　　　　　　73 800
　　贷：在建工程——设备投资　　　　　　　　　　　　　73 800

预算会计分录如下：

借：事业支出——财政拨款支出　　　　　　　　　　　　　8 200
　　贷：资金结存——零余额账户用款额度　　　　　　　　8 200

3. 待摊投资

待摊投资核算单位发生的构成建设项目实际支出的、按照规定应当分摊计入有关工程成本和设备成本的各项间接费用和税费支出。建设工程办妥竣工验收手续交付使用时，按照合理的分配方法，摊入相关工程成本、在安装设备成本等。

本明细科目的具体核算内容包括以下方面：

（1）勘查费、设计费、研究试验费、可行性研究费及项目其他前期费用。

（2）土地征用及迁移补偿费、土地复垦及补偿费、森林植被恢复费及其他为取得土地使用权、租用权而发生的费用。

（3）土地使用税、耕地占用税、契税、车船税、印花税及按照规定缴纳的其他税费。

（4）项目建设管理费、代建管理费、临时设施费、监理费、招投标费、社会中介审计（审查）费及其他管理性质的费用。项目建设管理费是指项目建设单位从项目筹建之日起至办理竣工财务决算之日止发生的管理性质的支出，包括不在原单位发工资的工作人员工资及相关费用、办公费、办公场地租用费、差旅交通费、劳动保护费、工具用具使用费、固定资产使用费、招募生产工人费、技术图书资料费（含软件）、业务招待费、施工现场津贴、竣工验收费等。

（5）项目建设期间发生的各类专门借款利息支出或融资费用。

（6）工程检测费、设备检验费、负荷联合试车费及其他检验检测类费用。

（7）固定资产损失、器材处理亏损、设备盘亏及毁损、单项工程或单位工程报废、毁损净损失及其他损失。

（8）系统集成等信息工程的费用支出。

（9）其他待摊性质支出。

"待摊投资"明细科目应当按照上述费用项目进行明细核算，其中有些费用（如项目建设管理费等），还应当按照更为具体的费用项目进行明细核算。

（1）单位发生的构成待摊投资的各类费用，按照实际发生金额，借记"在建工程"科目（待摊投资），贷记"财政拨款收入""零余额账户用款额度""银行存款""应付利息""长期借款""其他应交税费""固定资产累计折旧""无形资产累计摊销"等科目。

（2）对于建设过程中试生产、设备调试等产生的收入，按照取得的收入金额，借记"银行存款"等科目，按照依据有关规定应当冲减建设工程成本的部分，贷记"在建工程"科目（待摊投资），按照其差额贷记"应缴财政款"或"其他收入"科目。

（3）由于自然灾害、管理不善等原因造成的单项工程或单位工程报废或毁损，扣除残料价值和过失人或保险公司等赔款后的净损失，报经批准后计入继续施工的工程成本的，按照工程成本扣除残料价值和过失人或保险公司等赔款后的净损失，借记"在建工程"科目（待摊投资），按照残料变价收入、过失人或保险公司赔款等，借记"银行存款""其他应收款"等科目，按照报废或毁损的工程成本，贷记"在建工程"科目（建筑安装工程投资）。

（4）工程交付使用时，按照合理的分配方法分配待摊投资，借记"在建工程"科目（建筑安装工程投资、设备投资），贷记"在建工程"科目（待摊投资）。待摊投资的分配方法，可按照下列公式计算：

a. 按照实际分配率分配。适用于建设工期较短、整个项目的所有单项工程一次竣工的建设项目。实际分配率＝待摊投资明细科目余额÷（建筑工程明细科目余额＋安装工程明细科目余额＋设备投资明细科目余额）×100%

b. 按照概算分配率分配。适用于建设工期长、单项工程分期分批建成投入使用的建设项目。

概算分配率＝（概算中各待摊投资项目的合计数－其中可直接分配部分）÷（概算中建筑工程、安装工程和设备投资合计）×100%

c. 某项固定资产应分配的待摊投资＝该项固定资产的建筑工程成本或该项固定资产（设备）的采购成本和安装成本合计×分配率

4. 其他投资

其他投资核算单位发生的构成建设项目实际支出的房屋购置支出，基本畜禽、林木等购置、饲养、培育支出，办公生活用家具、器具购置支出，软件研发和不能计入设备投资的软件购置等支出。单位为进行可行性研究而购置的固定资产，以及取得土地使用权支付的土地出让金，也通过本明细科目核算。本明细科目应当设置"房屋购置""基本畜禽支出""林木支出""办公生活用家具、器具购置""可行性研究固定资产购置""无形资产"等明细科目。

（1）单位为建设工程发生的房屋购置支出，基本畜禽、林木等的购置、饲养、培育支出，办公生活用家具、器具购置支出，软件研发和不能计入设备投资的软件购置等支出，按照实际发生金额，借记"在建工程"科目（其他投资），贷记"财政拨款收入""零余额账户用款额度""银行存款"等科目。

（2）工程完成将形成的房屋、基本畜禽、林木等各种财产以及无形资产交付使用时，按照其实际成本，借记"固定资产""无形资产"等科目，贷记"在建工程"科目（其他投资）。

5. 待核销基建支出

待核销基建支出核算建设项目发生的江河清障、航道清淤、飞播造林、补助群众造林、水土保持、城市绿化、取消项目的可行性研究费以及项目整体报废等不能形成资产部分的基建投资支出。本明细科目应按照待核销基建支出的类别进行明细核算。

（1）建设项目发生的江河清障、航道清淤、飞播造林、补助群众造林、水土保持、城市绿化等不能形成资产的各类待核销基建支出，按照实际发生金额，借记"在建工程"科目（待核销基建支出），贷记"财政拨款收入""零余额账户用款额度""银行存款"等科目。

(2) 取消的建设项目发生的可行性研究费，按照实际发生金额，借记"在建工程"科目（待核销基建支出），贷记"在建工程"科目（待摊投资）。

(3) 由于自然灾害等原因发生的建设项目整体报废所形成的净损失，报经批准后转入待核销基建支出，按照项目整体报废所形成的净损失，借记"在建工程"科目（待核销基建支出），按照报废工程回收的残料变价收入、保险公司赔款等，借记"银行存款""其他应收款"等科目，按照报废的工程成本，贷记"在建工程"科目（建筑安装工程投资等）。

(4) 建设项目竣工验收交付使用时，对发生的待核销基建支出进行冲销，借记"资产处置费用"科目，贷记"在建工程"科目（待核销基建支出）。

6. 基建转出投资

基建转出投资核算为建设项目配套而建成的、产权不归属本单位的专用设施的实际成本。本明细科目应按照转出投资的类别进行明细核算。

为建设项目配套而建成的、产权不归属本单位的专用设施，在项目竣工验收交付使用时，按照转出的专用设施的成本，借记"在建工程"科目（基建转出投资），贷记"在建工程"科目（建筑安装工程投资）；同时，借记"无偿调拨净资产"科目，贷记"在建工程"科目（基建转出投资）。

五、无形资产

（一）无形资产的内容

无形资产指行政事业单位控制的没有实物形态的可辨认非货币性资产，如专利权、商标权、著作权、土地使用权、非专利技术等。

资产满足下列条件之一的，符合无形资产定义中的可辨认性标准：

(1) 能够从政府会计主体中分离或者划分出来，并能单独或者与相关合同、资产或负债一起，用于出售、转移、授予许可、租赁或者交换。

(2) 源自合同性权利或其他法定权利，无论这些权利是否可以从政府会计主体或其他权利和义务中转移或者分离。

政府会计主体购入的不构成相关硬件不可缺少组成部分的软件，应当确认为无形资产。政府会计主体自创商誉及内部产生的品牌、报刊名等，不应确认为无形资产。

（二）无形资产的核算

行政事业单位应当设置"无形资产"总账科目，核算单位无形资产的原值。同时，按照无形资产的类别、项目等进行明细核算。"无形资产"科目期末借方余额，反映单位无形资产的成本。

1. 无形资产的取得

行政事业单位取得无形资产的主要方式包括外购、委托开发、自行开发、接受捐赠、无偿调入和置换取得等。取得无形资产时，应当按照成本进行初始计量。

(1) 外购的无形资产。行政事业单位外购的无形资产，其成本包括购买价款、相关税费以及可归属于该项资产达到预定用途前所发生的其他支出。外购的无形资产，按照确定的成本，借记"无形资产"科目，贷记"财政拨款收入""零余额账户用款额度""应付账款""银行存款"等科目。

[例2-57] 某事业单位购入一项专利权,通过单位零余额账户支付购买价款、相关税费合计210 000元,已经完成专利权属变更的登记。

财务会计分录如下:
借:无形资产——专利权　　　　　　　　　　　210 000
　　贷:零余额账户用款额度　　　　　　　　　　　　210 000
预算会计分录如下:
借:事业支出——财政拨款支出　　　　　　　　210 000
　　贷:资金结存——零余额账户用款额度　　　　　　210 000

(2) 委托开发的无形资产。委托软件公司开发软件,视同外购无形资产进行处理。合同中约定预付开发费用的,按照预付金额,借记"预付账款"科目,贷记"财政拨款收入""零余额账户用款额度""银行存款"等科目。软件开发完成交付使用并支付剩余或全部软件开发费用时,按照软件开发费用总额,借记"无形资产"科目,按照相关预付账款金额,贷记"预付账款"科目,按照支付的剩余金额,贷记"财政拨款收入""零余额账户用款额度""银行存款"等科目。

[例2-58] 某事业单位委托某软件公司开发一项应用软件,该应用软件主要用于单位的专业活动,开发费用合计200 000元。根据合同,软件开发前,事业单位需要预先支付开发款80 000元,事业单位通过零余额账户支付了该款项。

财务会计分录如下:
借:预付账款　　　　　　　　　　　　　　　　80 000
　　贷:零余额账户用款额度　　　　　　　　　　　　80 000
预算会计分录如下:
借:事业支出——财政拨款支出　　　　　　　　80 000
　　贷:资金结存——零余额账户用款额度　　　　　　80 000

[例2-59] 续上题,某事业单位委托某软件公司开发的应用软件,开发完成交付使用,事业单位通过零余额账户支付剩余开发费用120 000元。

财务会计分录如下:
借:无形资产——应用软件　　　　　　　　　　200 000
　　贷:零余额账户用款额度　　　　　　　　　　　　120 000
　　　　预付账款　　　　　　　　　　　　　　　　80 000
预算会计分录如下:
借:事业支出——财政拨款支出　　　　　　　　120 000
　　贷:资金结存——零余额账户用款额度　　　　　　120 000

(3) 自行研发的无形资产。行政事业单位自行开发的无形资产,其成本包括自该项目进入开发阶段后至达到预定用途前所发生的支出总额。

自行研究开发项目的支出,应当区分研究阶段支出与开发阶段支出。项目研究阶段和开发阶段发生的各项支出应先通过"研发支出"总账科目核算,同时分"研究支出""开发支出"进行明细核算。"研发支出"科目期末借方余额,反映单位预计能达到预定用途的研究开发项目在开发阶段发生的累计支出数。

①项目研究阶段及开发阶段的支出，按照从事研究及其辅助活动人员计提的薪酬，研究活动领用的库存物品，发生的与研究活动相关的管理费、间接费和其他各项费用，借记"研发支出——研究支出"或"研发支出——开发支出"，贷记"应付职工薪酬""库存物品""财政拨款收入""零余额账户用款额度""固定资产累计折旧""银行存款"等科目。期（月）末，应当将研发支出归集的研究阶段的支出金额转入当期费用，借记"业务活动费用"等科目，贷记"研发支出——研究支出"。

②自行研究开发项目完成，达到预定用途形成无形资产的，按照研究开发项目进入开发阶段后至达到预定用途前所发生的支出总额，借记"无形资产"科目，贷记"研发支出——开发支出"科目。自行研究开发项目尚未进入开发阶段，或者确实无法区分研究阶段支出和开发阶段支出，但按照法律程序已申请取得无形资产的，按照依法取得时发生的注册费、聘请律师费等费用，借记"无形资产"科目，贷记"财政拨款收入""零余额账户用款额度""银行存款"等科目；按照依法取得前所发生的研究开发支出，借记"业务活动费用"等科目，贷记"研发支出"科目。

单位应于每年年度终了评估研究开发项目是否能达到预定用途，如预计不能达到预定用途（如无法最终完成开发项目并形成无形资产的），应当将已发生的开发支出金额全部转入当期费用，借记"业务活动费用"等科目，贷记"研发支出——开发支出"科目。

[例 2-60] 某事业单位自行开发一项专利技术，并按法律程序申请取得专利证书。该项技术在研发阶段，材料耗费 160 000 元，应付研发人员薪酬 100 000 元，支付设备租金 12 000 元。上述各项支出按规定应计入无形资产的部分是 230 000 元，计入当期费用的是 42 000 元。申请专利阶段，发生的注册费、律师费共计 8 500 元，上述款项都通过单位的零余额账户来支付。该技术服务于单位的专业活动。

财务会计分录如下：

借：研发支出——研究支出　　　　　　　　　　　　　　　42 000
　　　　　　——开发支出　　　　　　　　　　　　　　　238 500
　　贷：库存物品　　　　　　　　　　　　　　　　　　　160 000
　　　　应付职工薪酬　　　　　　　　　　　　　　　　　100 000
　　　　零余额账户用款额度　　　　　　　　　　　　　　 20 500

预算会计分录如下：

借：事业支出——财政拨款支出　　　　　　　　　　　　　20 500
　　贷：资金结存——零余额账户用款额度　　　　　　　　20 500

研发项目达到预定用途时：

财务会计分录如下：

借：无形资产——专利技术　　　　　　　　　　　　　　238 500
　　贷：研发支出——开发支出　　　　　　　　　　　　238 500

期末转入当期费用时：

财务会计分录如下：

借：业务活动费用　　　　　　　　　　　　　　　　　　 42 000
　　贷：研发支出——研究支出　　　　　　　　　　　　 42 000

（4）接受捐赠、无偿调入及置换取得的无形资产。接受捐赠或无偿调入的无形资产，按照确定的无形资产成本，借记"无形资产"科目，按照发生的相关税费等，贷记"零余额账户用款额度""银行存款"等科目，按照其差额，贷记"捐赠收入"科目（接受捐赠）或"无偿调拨净资产"科目（无偿调入）。置换取得的无形资产，参照"库存物品"科目中置换取得库存物品的相关规定进行账务处理。

接受捐赠的无形资产按照名义金额入账的，按照名义金额，借记"无形资产"科目，贷记"捐赠收入"科目；同时，按照发生的相关税费等，借记"其他费用"科目，贷记"零余额账户用款额度""银行存款"等科目。

2. 无形资产的摊销

（1）计提摊销内容。为了真实反映无形资产的价值，行政事业单位应当按规定对使用年限有限的无形资产进行摊销。摊销是指在无形资产使用年限内，按照确定的方法对应摊销金额进行系统分摊。

（2）计提摊销的年限。行政事业单位取得或形成的无形资产，其使用年限为有限的，应当合理确定该使用年限。无法预见无形资产为政府会计主体提供服务潜力或者带来经济利益期限的，应当视为使用年限不确定的无形资产。

对于使用年限有限的无形资产，政府会计主体应当按照以下原则确定无形资产的摊销年限：

①法律规定了有效年限的，按照法律规定的有效年限作为摊销年限。

②法律没有规定有效年限的，按照相关合同或单位申请书中的受益年限作为摊销年限。

③法律没有规定有效年限、相关合同或单位申请书也没有规定受益年限的，应当根据无形资产为政府会计主体带来服务潜力或经济利益的实际情况，预计其使用年限。

④非大批量购入、单价小于1 000元的无形资产，可以于购买的当期将其成本一次性全部转销。

（3）计提摊销的方法。行政事业单位应当采用年限平均法或者工作量法按月对使用年限有限的无形资产进行摊销，并根据用途计入当期费用或者相关资产成本。无形资产的应摊销金额为其成本，不考虑预计残值。因发生后续支出而增加无形资产成本的，对于使用年限有限的无形资产，应当按照重新确定的无形资产成本以及重新确定的摊销年限计算摊销额。

已摊销完毕仍继续使用的无形资产、以名义金额计量的无形资产和使用年限不确定的无形资产不应摊销。

（4）计提摊销的账务处理。行政事业单位应当设置"无形资产累计摊销"核算的无形资产累计摊销。同时，应当按照所对应无形资产的明细分类进行明细核算。

按月对无形资产进行摊销时，按照应摊销金额，借记"业务活动费用""单位管理费用""加工物品""在建工程"等科目，贷记"无形资产累计摊销"科目。"无形资产累计摊销"科目期末贷方余额，反映单位计提的无形资产摊销累计数。

[例2-61] 月末，某事业单位对一项著作权计提无形资产摊销6 900元。

财务会计分录如下：

借：业务活动费用 6 900
　　贷：无形资产累计摊销——著作权 6 900

第二章 资　产

3. 无形资产的后续支出

（1）符合无形资产确认条件的后续支出。为增加无形资产的使用效能对其进行升级改造或扩展其功能时，如需暂停对无形资产进行摊销的，按照无形资产的账面价值，借记"在建工程"科目，按照无形资产已摊销金额，借记"无形资产累计摊销"科目，按照无形资产的账面余额，贷记"无形资产"科目。无形资产后续支出符合无形资产确认条件的，按照支出的金额，借记"无形资产"科目［无须暂停摊销的］或"在建工程"科目［需暂停摊销的］，贷记"财政拨款收入""零余额账户用款额度""银行存款"等科目。暂停摊销的无形资产升级改造或扩展功能等完成交付使用时，按照在建工程成本，借记"无形资产"科目，贷记"在建工程"科目。

（2）不符合无形资产确认条件的后续支出。为保证无形资产正常使用发生的日常维护等支出，借记"业务活动费用""单位管理费用"等科目，贷记"财政拨款收入""零余额账户用款额度""银行存款"等科目。

4. 无形资产的处置

行政事业单位无形资产的处置，包括出售或转让无形资产、对外捐赠无形资产、无偿调出无形资产、置换换出无形资产和核销无形资产等。

（1）报经批准出售、转让无形资产，按照被出售、转让无形资产的账面价值，借记"资产处置费用"科目，按照无形资产已计提的摊销，借记"无形资产累计摊销"科目，按照无形资产账面余额，贷记"无形资产"科目；同时，按照收到的价款，借记"银行存款"等科目，按照处置过程中发生的相关费用，贷记"银行存款"等科目，按照其差额，贷记"应缴财政款"［按照规定应上缴无形资产转让净收入的］或"其他收入"［按照规定将无形资产转让收入纳入本单位预算管理的］科目。

（2）报经批准对外捐赠无形资产，按照无形资产已计提的摊销，借记"无形资产累计摊销"科目，按照被处置无形资产账面余额，贷记"无形资产"科目，按照捐赠过程中发生的归属于捐出方的相关费用，贷记"银行存款"等科目，按照其差额，借记"资产处置费用"科目。

（3）报经批准无偿调出无形资产，按照无形资产已计提的摊销，借记"无形资产累计摊销"科目，按照被处置无形资产账面余额，贷记"无形资产"科目，按照其差额，借记"无偿调拨净资产"科目；同时，按照无偿调出过程中发生的归属于调出方的相关费用，借记"资产处置费用"科目，贷记"银行存款"等科目。

（4）报经批准置换换出无形资产，参照"库存物品"科目中置换换入库存物品的规定进行账务处理。

无形资产预期不能为单位带来服务潜力或经济利益，按照规定报经批准核销时，按照待核销无形资产的账面价值，借记"资产处置费用"科目，按照已计提摊销，借记"无形资产累计摊销"科目，按照无形资产的账面余额，贷记"无形资产"科目。

［例2-62］某事业单位报经批准无偿调出一项无形资产。该项无形资产的原价为560 000元，已计提摊销250 000元，账面价值为310 000元。调出过程中，事业单位应承担的其他相关费用为3 000元，通过单位的零余额账户进行支付。

财务会计分录如下：

借：无偿调拨净资产　　　　　　　　　　　　　　　　　　　　　310 000

　　　　无形资产累计摊销　　　　　　　　　　　　250 000
　　　　　贷：无形资产　　　　　　　　　　　　　　　　　560 000
　　　借：资产处置费用　　　　　　　　　　　　　　3 000
　　　　　贷：零余额账户用款额度　　　　　　　　　　　　3 000
　　预算会计分录如下：
　　　借：其他支出——其他资金支出　　　　　　　　3 000
　　　　　贷：资金结存——零余额账户用款额度　　　　　　3 000
　　5. 无形资产的清查盘点
　　行政事业单位应当定期对无形资产进行清查盘点，每年至少盘点一次。单位资产清查盘点过程中发现的无形资产盘盈、盘亏等，参照"固定资产"科目相关规定进行账务处理。

六、公共基础设施

（一）公共基础设施的含义与内容

　　公共基础设施，是指政府会计主体为满足社会公共需求而控制的，同时具有以下特征的有形资产：①是一个有形资产系统或网络的组成部分；②具有特定用途；③一般不可移动。

　　公共基础设施包括以下内容：①市政基础设施（如城市道路、桥梁、隧道、公交场站、路灯、广场、公园绿地、室外公共健身器材，以及环卫、排水、供水、供电、供气、供热、污水处理、垃圾处理系统等）；②交通基础设施（如公路、航道、港口等）；③水利基础设施（如大坝、堤防、水闸、泵站、渠道等）；④其他公共基础设施。

　　下列各项适用于其他相关政府会计准则：①独立于公共基础设施、不构成公共基础设施使用不可缺少组成部分的管理维护用房屋建筑物、设备、车辆等，适用《政府会计准则第 3 号——固定资产》。②属于文物文化资产的公共基础设施，适用其他相关政府会计准则。③采用政府和社会资本合作模式（即 PPP 模式）形成的公共基础设施的确认和初始计量，适用其他相关政府会计准则。

（二）公共基础设施的核算

　　1. 公共基础设施的确认

　　（1）确认主体。通常情况下，符合《政府会计具体准则第五号——公共基础设施》规定的公共基础设施，应当由按规定对其负有管理维护职责的政府会计主体予以确认。

　　多个政府会计主体共同管理维护的公共基础设施，应当由对该资产负有主要管理维护职责或者承担后续主要支出责任的政府会计主体予以确认。分为多个组成部分由不同政府会计主体分别管理维护的公共基础设施，应当由各个政府会计主体分别对其负责管理维护的公共基础设施的相应部分予以确认。

　　负有管理维护公共基础设施职责的政府会计主体通过政府购买服务方式委托企业或其他会计主体代为管理维护公共基础设施的，该公共基础设施应当由委托方予以确认。

　　（2）确认条件。公共基础设施同时满足下列条件的，应当予以确认：

　　①与该公共基础设施相关的服务潜力很可能实现或者经济利益很可能流入政府会计主体。

②该公共基础设施的成本或者价值能够可靠地计量。

通常情况下，对于自建或外购的公共基础设施，政府会计主体应当在该项公共基础设施验收合格并交付使用时确认；对于无偿调入、接受捐赠的公共基础设施，政府会计主体应当在开始承担该项公共基础设施管理维护职责时确认。

（3）确认单元。政府会计主体应当根据公共基础设施提供公共产品或服务的性质或功能特征对其进行分类确认。

公共基础设施的各组成部分具有不同使用年限或者以不同方式提供公共产品或服务，适用不同折旧率或折旧方法且可以分别确定各自原价的，应当分别将各组成部分确认为该类公共基础设施的一个单项公共基础设施。

（4）土地使用权的确认。政府会计主体在购建公共基础设施时，能够分清购建成本中的构筑物部分与土地使用权部分的，应当将其中的构筑物部分和土地使用权部分分别确认为公共基础设施；不能分清购建成本中的构筑物部分与土地使用权部分的，应当整体确认为公共基础设施。

（5）后续支出的确认。公共基础设施在使用过程中发生的后续支出，符合《政府会计具体准则第五号——公共基础设施》第五条规定的确认条件的，应当计入公共基础设施成本；不符合确认条件的，应当在发生时计入当期费用。

通常情况下，为增加公共基础设施使用效能或延长其使用年限而发生的改建、扩建等后续支出，应当计入公共基础设施成本；为维护公共基础设施的正常使用而发生的日常维修、养护等后续支出，应当计入当期费用。

2. 公共基础设施的计量

（1）初始计量。公共基础设施在取得时应当按照成本进行初始计量。

①政府会计主体自行建造的公共基础设施，其成本包括完成批准的建设内容所发生的全部必要支出，包括建筑安装工程投资支出、设备投资支出、待摊投资支出和其他投资支出。在原有公共基础设施基础上进行改建、扩建等建造活动后的公共基础设施，其成本按照原公共基础设施账面价值加上改建、扩建等建造活动发生的支出，再扣除基础设施被替换部分的账面价值后的金额确定。为建造公共基础设施借入的专门借款的利息，属于建设期间发生的，计入该公共基础设施在建工程成本；不属于建设期间发生的，计入当期费用。已交付使用但尚未办理竣工决算手续的公共基础设施，应当按照估计价值入账，待办理竣工决算后再按照实际成本调整原来的暂估价值。

②政府会计主体接受其他会计主体无偿调入的公共基础设施，其成本按照该项公共基础设施在调出方的账面价值加上归属于调入方的相关费用确定。

③政府会计主体接受捐赠的公共基础设施，其成本按照有关凭据注明的金额加上相关费用确定；没有相关凭据可供取得，但按规定经过资产评估的，其成本按照评估价值加上相关费用确定；没有相关凭据可供取得、也未经资产评估的，其成本比照同类或类似资产的市场价格加上相关费用确定。如受赠的系旧的公共基础设施，在确定其初始入账成本时应当考虑该项资产的新旧程度。

④政府会计主体外购的公共基础设施，其成本包括购买价款、相关税费以及公共基础设施交付使用前所发生的可归属于该项资产的运输费、装卸费、安装费和专业人员服务费等。

对于包括不同组成部分的公共基础设施，其只有总成本、没有单项组成部分成本的，政府会计主体可以按照各单项组成部分同类或类似资产的成本或市场价格比例对总成本进行分配，分别确定公共基础设施中各单项组成部分的成本。

（2）后续计量。

①公共基础设施的折旧或摊销。政府会计主体应当对公共基础设施计提折旧，但政府会计主体持续进行良好的维护使得其性能得到永久维持的公共基础设施和确认为公共基础设施的单独计价入账的土地使用权除外。

公共基础设施应计提的折旧总额为其成本，计提公共基础设施折旧时不考虑预计净残值。政府会计主体应当对暂估入账的公共基础设施计提折旧，实际成本确定后不需调整原已计提的折旧额。

政府会计主体应当根据公共基础设施的性质和使用情况，合理确定公共基础设施的折旧年限。政府会计主体确定公共基础设施折旧年限，应当考虑下列因素：

a. 设计使用年限或设计基准期。

b. 预计实现服务潜力或提供经济利益的期限。

c. 预计有形损耗和无形损耗。

d. 法律或者类似规定对资产使用的限制。

公共基础设施的折旧年限一经确定，不得随意变更，但符合本准则第二十条规定的除外。

对于政府会计主体接受无偿调入、捐赠的公共基础设施，应当考虑该项资产的新旧程度，按照其尚可使用的年限计提折旧。

政府会计主体一般应当采用年限平均法或者工作量法计提公共基础设施折旧。在确定公共基础设施的折旧方法时，应当考虑与公共基础设施相关的服务潜力或经济利益的预期实现方式。公共基础设施折旧方法一经确定，不得随意变更。

公共基础设施应当按月计提折旧，并计入当期费用。当月增加的公共基础设施，当月开始计提折旧；当月减少的公共基础设施，当月不再计提折旧。

②公共基础设施的改建、扩建。处于改建、扩建等建造活动期间的公共基础设施，应当暂停计提折旧。因改建、扩建等原因而延长公共基础设施使用年限的，应当按照重新确定的公共基础设施的成本和重新确定的折旧年限计算折旧额，不需调整原已计提的折旧额。

公共基础设施提足折旧后，无论能否继续使用，均不再计提折旧；已提足折旧的公共基础设施，可以继续使用的，应当继续使用，并规范实物管理。提前报废的公共基础设施，不再补提折旧。

对于确认为公共基础设施的单独计价入账的土地使用权，政府会计主体应当按照《政府会计准则第4号——无形资产》的相关规定进行摊销。

3. 公共基础设施的核算

公共基础设施通过"公共基础设施"科目核算。该科目核算单位控制的公共基础设施的原值。该科目应当按照公共基础设施的类别、项目等进行明细核算。单位应当根据行业主管部门对公共基础设施的分类规定，制定适合于本单位管理的公共基础设施目录、分类方法，作为进行公共基础设施核算的依据。

(1) 公共基础设施的取得。

①自行建造的公共基础设施完工交付使用时，按照在建工程的成本，借记"公共基础设施"科目，贷记"在建工程"科目。已交付使用但尚未办理竣工决算手续的公共基础设施，按照估计价值入账，待办理竣工决算后再按照实际成本调整原来的暂估价值。

②接受其他单位无偿调入的公共基础设施，按照确定的成本，借记"公共基础设施"科目，按照发生的归属于调入方的相关费用，贷记"财政拨款收入""零余额账户用款额度""银行存款"等科目，按照其差额，贷记"无偿调拨净资产"科目。无偿调入的公共基础设施成本无法可靠取得的，按照发生的相关税费、运输费等金额，借记"其他费用"科目，贷记"财政拨款收入""零余额账户用款额度""银行存款"等科目。

③接受捐赠的公共基础设施，按照确定的成本，借记"公共基础设施"科目，按照发生的相关费用，贷记"财政拨款收入""零余额账户用款额度""银行存款"等科目，按照其差额，贷记"捐赠收入"科目。接受捐赠的公共基础设施成本无法可靠取得的，按照发生的相关税费等金额，借记"其他费用"科目，贷记"财政拨款收入""零余额账户用款额度""银行存款"等科目。

④外购的公共基础设施，按照确定的成本，借记"公共基础设施"科目，贷记"财政拨款收入""零余额账户用款额度""银行存款"等科目。

⑤对于成本无法可靠取得的公共基础设施，单位应当设置备查簿进行登记，待成本能够可靠确定后按照规定及时入账。

[例2-63] 2×19年9月1日，某事业单位投资开始建造文化广场及公共构筑物，采用出包方式委托某建筑公司承建。工程款分三次支付，工程开始支付4 500 000元、工程中期支付2 000 000元、工程结束结算尾款30 000元，适用项目支出，款项均已通过财政直接支付方式结算。全部工程于2×19年12月31日完工。

(1) 工程开始支付工程款，财务会计分录如下：

借：在建工程——建筑安装工程投资　　　　　　　　　　4 500 000
　　贷：财政拨款收入——一般公共预算财政拨款收入　　　　4 500 000

预算会计分录如下：

借：事业支出——财政拨款支出——项目支出　　　　　　4 500 000
　　贷：财政拨款预算收入　　　　　　　　　　　　　　　4 500 000

(2) 支付工程中期款、结算尾款时，会计分录同（1）。

(3) 公共基础设施建设完工支付使用，财务会计分录如下：

借：公共基础设施——文化广场及公共构筑物　　　　　　6 530 000
　　贷：在建工程——建筑安装工程投资　　　　　　　　　6 530 000

[例2-64] 2×19年10月10日，某事业单位接受某行政单位移交公共照明设施，该设施的原账面价值为500 000 000元。

财务会计分录如下：

借：公共基础设施——照明设施　　　　　　　　　　　500 000 000
　　贷：无偿调拨净资产　　　　　　　　　　　　　　　500 000 000

[例2-65] 2×19年9月20日，某事业单位接受某企业捐赠的一批全新的环保设

施，其账面原值 1 000 万元，发生相关直接费用 5 000 元，以银行存款支付。移交手续已办妥。

财务会计分录如下：

借：公共基础设施——环保设施　　　　　　　　　　　　10 000 000
　　其他费用　　　　　　　　　　　　　　　　　　　　　　5 000
　　贷：捐赠收入　　　　　　　　　　　　　　　　　　10 000 000
　　　　银行存款　　　　　　　　　　　　　　　　　　　　5 000

预算会计分录如下：

借：其他支出——其他资金支出　　　　　　　　　　　　　5 000
　　贷：资金结存——货币资金　　　　　　　　　　　　　5 000

（2）公共基础设施的后续支出。

①为增加公共基础设施使用效能或延长其使用寿命而发生的改建、扩建或大型修缮等后续支出，应当计入公共基础设施成本，再通过"在建工程"科目核算，完工交付使用时转入"公共基础设施"科目。

[例 2-66] 2×19 年 10 月 21 日，某事业单位对城市交通设施进行改扩建，改扩建前该交通设施的原价为 85 000 000 元（没有折旧），本期改扩建支付工程款 4 000 000 元，款项以财政直接支付方式结算。

财务会计分录如下：

借：在建工程——建筑安装工程投资　　　　　　　　　　85 000 000
　　贷：公共基础设施——城市交通设施　　　　　　　　85 000 000
借：在建工程——建筑安装工程投资　　　　　　　　　　 4 000 000
　　贷：财政拨款收入——一般公共预算财政拨款收入　　 4 000 000

预算会计分录如下：

借：事业支出——财政拨款支出——项目支出　　　　　　 4 000 000
　　贷：财政拨款预算收入——一般公共预算财政拨款收入　4 000 000

②为维护公共基础设施的正常使用而发生的日常修理等后续支出，应当计入当期支出，借记有关支出科目，贷记"财政拨款收入""零余额账户用款额度""银行存款"等科目。

[例 2-67] 2×19 年 5 月 20 日，某事业单位维护专业活动用的健身设施发生支出 65 000 元，款项以零余额账户结算。

财务会计分录如下：

借：业务活动费用　　　　　　　　　　　　　　　　　　　65 000
　　贷：零余额账户用款额度　　　　　　　　　　　　　　65 000

预算会计分录如下：

借：事业支出——财政拨款支出——项目支出　　　　　　　65 000
　　贷：资金结存——零余额账户用款额度　　　　　　　　65 000

（3）计提公共基础设施折旧。

①按月计提公共基础设施折旧时，按照应计提的折旧额，借记"业务活动费用"科目，贷记"公共基础设施累计折旧（摊销）"科目。

第二章 资　产

②按月对确认为公共基础设施的单独计价入账的土地使用权进行摊销时，按照应计提的摊销额，借记"业务活动费用"科目，贷记"公共基础设施累计折旧（摊销）"科目。

[例2-68] 2×19年6月30日，某事业单位计提公共基础设施折旧30 000元。

财务会计分录如下：

借：业务活动费用　　　　　　　　　　　　　　　　　　30 000
　　贷：公共基础设施累计折旧（摊销）　　　　　　　　　　　　30 000

（4）公共基础设施的处置。按照规定报经批准处置公共基础设施，分别以下情况处理：

①报经批准对外捐赠公共基础设施，按照公共基础设施已计提的折旧或摊销，借记"公共基础设施累计折旧（摊销）"科目，按照被处置公共基础设施账面余额，贷记本科目，按照捐赠过程中发生的归属于捐出方的相关费用，贷记"银行存款"等科目，按照其差额，借记"资产处置费用"科目。

②报经批准无偿调出公共基础设施，按照公共基础设施已计提的折旧或摊销，借记"公共基础设施累计折旧（摊销）"科目，按照被处置公共基础设施账面余额，贷记本科目，按照其差额，借记"无偿调拨净资产"科目；同时，按照无偿调出过程中发生的归属于调出方的相关费用，借记"资产处置费用"科目，贷记"银行存款"等科目。

[例2-69] 2×19年6月5日，某事业单位经批准向其他单位无偿调出一批健身设施，其账面原值5 000 000元，累计折旧1 500 000元。移交手续已办妥。财务会计分录如下：

借：无偿调拨净资产　　　　　　　　　　　　　　　　　3 500 000
　　公共基础设施累计折旧（摊销）　　　　　　　　　　　1 500 000
　　贷：公共基础设施——健身设施　　　　　　　　　　　　　5 000 000

（5）公共基础设施的盘盈、盘亏、毁损或报废。单位应当定期对公共基础设施进行清查盘点。对于发生的公共基础设施盘盈、盘亏、毁损或报废，应当先记入"待处理财产损溢"科目，按照规定报经批准后及时进行后续账务处理。

①盘盈的公共基础设施，其成本按照有关凭据注明的金额确定；没有相关凭据、但按照规定经过资产评估的，其成本按照评估价值确定；没有相关凭据、也未经过评估的，其成本按照重置成本确定。盘盈的公共基础设施成本无法可靠取得的，单位应当设置备查簿进行登记，待成本确定后按照规定及时入账。盘盈的公共基础设施，按照确定的入账成本，借记"公共基础设施"科目，贷记"待处理财产损溢"科目。

②盘亏、毁损或报废的公共基础设施，按照待处置公共基础设施的账面价值，借记"待处理财产损溢"科目，按照已计提折旧或摊销，借记"公共基础设施累计折旧（摊销）"科目，按照公共基础设施的账面余额，贷记"公共基础设施"科目。

[例2-70] 2×19年12月份，某事业单位经批准报废一批公共照明设施，其账面余额为8 200 000元，已提折旧3 200 000元，财务会计分录如下：

借：待处理财产损溢　　　　　　　　　　　　　　　　　5 000 000
　　公共基础设施累计折旧　　　　　　　　　　　　　　　3 200 000
　　贷：公共基础设施——公共照明设施　　　　　　　　　　　8 200 000

七、政府储备物资

(一) 政府储备物资的内容

政府储备物资是指政府会计主体为满足实施国家安全与发展战略、进行抗灾救灾、应对公共突发事件等特定公共需求而控制的，同时具有下列特征的有形资产：

(1) 在应对可能发生的特定事件或情形时动用；

(2) 其购入、存储保管、更新（轮换）、动用等由政府及相关部门发布的专门管理制度规范。

政府储备物资包括战略及能源物资、抢险抗灾救灾物资、农产品、医药物资和其他重要商品物资，通常情况下由政府会计主体委托承储单位存储。

企业以及纳入企业财务管理体系的事业单位接受政府委托收储并按企业会计准则核算的储备物资及政府会计主体的存货，均不属于政府储备物资。

(二) 政府储备物资的核算

1. 政府储备物资的确认

通常情况下，政府储备物资，应当由按规定对其负有行政管理职责的政府会计主体予以确认。

行政管理职责主要指提出或拟定收储计划、更新（轮换）计划、动用方案等。

相关行政管理职责由不同政府会计主体行使的政府储备物资，由负责提出收储计划的政府会计主体予以确认。

对政府储备物资不负有行政管理职责但接受委托具体负责执行其存储保管等工作的政府会计主体，应当将受托代储的政府储备物资作为受托代理资产核算。

政府储备物资同时满足下列条件的，应当予以确认：

(1) 与该政府储备物资相关的服务潜力很可能实现或者经济利益很可能流入政府会计主体；

(2) 该政府储备物资的成本或者价值能够可靠地计量。

2. 政府储备物资的计量。

(1) 政府储备物资的初始计量。政府储备物资在取得时应当按照成本进行初始计量。

①政府会计主体购入的政府储备物资，其成本包括购买价款和政府会计主体承担的相关税费、运输费、装卸费、保险费、检测费以及使政府储备物资达到目前场所和状态所发生的归属于政府储备物资成本的其他支出。

②政府会计主体委托加工的政府储备物资，其成本包括委托加工前物料成本、委托加工的成本（如委托加工费以及按规定应计入委托加工政府储备物资成本的相关税费等）以及政府会计主体承担的使政府储备物资达到目前场所和状态所发生的归属于政府储备物资成本的其他支出。

③政府会计主体接受捐赠的政府储备物资，其成本按照有关凭据注明的金额加上政府会计主体承担的相关税费、运输费等确定；没有相关凭据可供取得，但按规定经过资产评估的，其成本按照评估价值加上政府会计主体承担的相关税费、运输费等确定；没有相关凭据可供取得、也未经资产评估的，其成本比照同类或类似资产的市场价格加上

政府会计主体承担的相关税费、运输费等确定。

④政府会计主体接受无偿调入的政府储备物资，其成本按照调出方账面价值加上归属于政府会计主体的相关税费、运输费等确定。

下列各项不计入政府储备物资成本：a. 仓储费用；b. 日常维护费用；c. 不能归属于使政府储备物资达到目前场所和状态所发生的其他支出。

⑤政府会计主体盘盈的政府储备物资，其成本按照有关凭据注明的金额确定；没有相关凭据，但按规定经过资产评估的，其成本按照评估价值确定；没有相关凭据、也未经资产评估的，其成本按照重置成本确定。

（2）政府储备物资的后续计量。

①政府储备物资发出的计量。政府会计主体应当根据实际情况采用先进先出法、加权平均法或者个别计价法确定政府储备物资发出的成本。计价方法一经确定，不得随意变更。

对于性质和用途相似的政府储备物资，政府会计主体应当采用相同的成本计价方法确定发出物资的成本。

对于不能替代使用的政府储备物资、为特定项目专门购入或加工的政府储备物资，政府会计主体通常应采用个别计价法确定发出物资的成本。

因动用而发出无须收回的政府储备物资的，政府会计主体应当在发出物资时将其账面余额予以转销，计入当期费用。

因动用而发出需要收回或者预期可能收回的政府储备物资的，政府会计主体应当在按规定的质量验收标准收回物资时，将未收回物资的账面余额予以转销，计入当期费用。

因行政管理主体变动等原因而将政府储备物资调拨给其他主体的，政府会计主体应当在发出物资时将其账面余额予以转销。

政府会计主体对外销售政府储备物资的，应当在发出物资时将其账面余额转销计入当期费用，并按规定确认相关销售收入或将销售取得的价款大于所承担的相关税费后的差额做应缴款项处理。

政府会计主体采取销售采购方式对政府储备物资进行更新（轮换）的，应当将物资轮出视为物资销售，应当在发出物资时将其账面余额转销计入当期费用，并按规定确认相关销售收入或将销售取得的价款大于所承担的相关税费后的差额做应缴款项处理；将物资轮入视为物资采购，其成本按照采购物资的成本计量。

②政府储备物资报废、毁损。政府储备物资报废、毁损的，政府会计主体应当按规定报经批准后将报废、毁损的政府储备物资的账面余额予以转销，确认应收款项（确定追究相关赔偿责任的）或计入当期费用（因储存年限到期报废或非人为因素致使报废、毁损的）；同时，将报废、毁损过程中取得的残值变价收入扣除政府会计主体承担的相关费用后的差额按规定作应缴款项处理（差额为净收益时）或计入当期费用（差额为净损失时）。

③政府储备物资盘亏。政府储备物资盘亏的，政府会计主体应当按规定报经批准后将盘亏的政府储备物资的账面余额予以转销，确定追究相关赔偿责任的，确认应收款项；属于正常耗费或不可抗力因素造成的，计入当期费用。

3. 政府储备物资的核算

政府储备物资通过"政府储备物资"科目核算。该科目核算单位控制的政府储备物资的成本。对政府储备物资不负有行政管理职责但接受委托具体负责执行其存储保管等工作的单位，其受托代储的政府储备物资应当通过"受托代理资产"科目核算，不通过该科目核算。该科目应当按照政府储备物资的种类、品种、存放地点等进行明细核算。单位根据需要，可在本科目下设置"在库""发出"等明细科目进行明细核算。

（1）政府储备物资的取得。

①购入的政府储备物资验收入库，按照确定的成本，借记"政府储备物资"科目，贷记"财政拨款收入""零余额账户用款额度""银行存款"等科目。

②涉及委托加工政府储备物资业务的，相关账务处理参照"加工物品"科目。

③接受捐赠的政府储备物资验收入库，按照确定的成本，借记"政府储备物资"科目，按照单位承担的相关税费、运输费等，贷记"零余额账户用款额度""银行存款"等科目，按照其差额，贷记"捐赠收入"科目。

④接受无偿调入的政府储备物资验收入库，按照确定的成本，借记"政府储备物资"科目，按照单位承担的相关税费、运输费等，贷记"零余额账户用款额度""银行存款"等科目，按照其差额，贷记"无偿调拨净资产"科目。

[例2-71] 某事业单位承担政府储备物资任务，2×19年1月初，采用财政直接支付方式购入一批政府储备物资，该物资购买价值3 000 000元，以银行存款支付运输费15 000元、装卸费3 000元、保险费20 000元。

财务会计分录如下：
借：政府储备物资 3 038 000
　　贷：财政拨款收入——一般公共预算财政拨款 3 000 000
　　　　银行存款 38 000

预算会计分录如下：
借：事业支出——财政拨款支出——项目支出 3 038 000
　　贷：财政拨款预算收入——项目支出 3 000 000
　　　　资金结存——货币资金 38 000

[例2-72] 2×19年3月5日，某事业单位接受乙单位无偿调入一批政府储备物资，有关凭据注明的政府储备物资金额为8 000 000元，另以银行存款支付物资的运输费35 000元、装卸费5 000元。

财务会计分录如下：
借：政府储备物资 8 040 000
　　贷：无偿调拨净资产 8 000 000
　　　　银行存款 40 000

预算会计分录如下：
借：事业支出——其他资金支出——项目支出 40 000
　　贷：资金结存——货币资金 40 000

（2）政府储备物资的发出。

①因动用而发出无需收回的政府储备物资的，按照发出物资的账面余额，借记"业

务活动费用"科目,贷记"政府储备物资"科目。

②因动用而发出需要收回或者预期可能收回的政府储备物资的,在发出物资时,按照发出物资的账面余额,借记"政府储备物资"科目(发出),贷记"政府储备物资"科目(在库);按照规定的质量验收标准收回物资时,按照收回物资原账面余额,借记"政府储备物资"科目(在库),按照未收回物资的原账面余额,借记"业务活动费用"科目,按照物资发出时登记在"政府储备物资"科目所属"发出"明细科目中的余额,贷"政府储备物资"科目(发出)。

③因行政管理主体变动等原因而将政府储备物资调拨给其他主体的,按照无偿调出政府储备物资的账面余额,借记"无偿调拨净资产"科目,贷记"政府储备物资"科目。

④对外销售政府储备物资并将销售收入纳入单位预算统一管理的,发出物资时,按照发出物资的账面余额,借记"业务活动费用"科目,贷记"政府储备物资"科目;实现销售收入时,按照确认的收入金额,借记"银行存款""应收账款"等科目,贷记"事业收入"等科目。

对外销售政府储备物资并按照规定将销售净收入上缴财政的,发出物资时,按照发出物资的账面余额,借记"资产处置费用"科目,贷记"政府储备物资"科目;取得销售价款时,按照实际收到的款项金额,借记"银行存款"等科目,按照发生的相关税费,贷记"银行存款"等科目,按照销售价款大于所承担的相关税费后的差额,贷记"应缴财政款"科目。

[例2-73] 2×19年9月1日,某事业单位经批准对外发出一批政府储备物资,价值为350 000元。发出手续已办妥,物资已出库并无须收回。另以零余额账户支付物资的运输费20 000元。

(1)财务会计分录如下:

借:业务活动费用　　　　　　　　　　　　　　　　　370 000
　　贷:政府储备物资　　　　　　　　　　　　　　　　350 000
　　　　零余额账户用款额度　　　　　　　　　　　　　 20 000

(2)支付材料运输费,预算会计分录如下:

借:其他支出——财政拨款支出　　　　　　　　　　　　20 000
　　贷:资金结存——零余额账户用款额度　　　　　　　　20 000

[例2-74] 2×19年6月1日,某事业单位销售一批政府储备物资,其成本为150 000元,销售价格为200 000元,收款存银行。按规定,销售物资的净收入应缴财政。

财务会计分录如下:

借:资产处置费用　　　　　　　　　　　　　　　　　150 000
　　贷:政府储备物资　　　　　　　　　　　　　　　　150 000
借:银行存款　　　　　　　　　　　　　　　　　　　200 000
　　贷:应缴财政款　　　　　　　　　　　　　　　　　200 000

(3)政府储备物资的盘盈、盘亏或者报废、毁损。单位应当定期对政府储备物资进行清查盘点,每年至少盘点一次。对于发生的政府储备物资盘盈、盘亏或者报废、毁损,应当先记入"待处理财产损溢"科目,按照规定报经批准后及时进行后续账务处理。

①盘盈的政府储备物资，按照确定的入账成本，借记"政府储备物资"科目，贷记"待处理财产损溢"科目。

②盘亏或者毁损、报废的政府储备物资，按照待处理政府储备物资的账面余额，借记"待处理财产损溢"科目，贷记"政府储备物资"科目。

[例2-75] 2×19年6月30日，某事业单位政府储备物资盘盈150 000元。

财务会计分录如下：

借：政府储备物资　　　　　　　　　　　　　　　　150 000
　　贷：待处理财产损溢——待处理财产价值　　　　　　　150 000

[例2-76] 2×19年12月31日，某事业单位对政府储备物资盘点，盘亏物资60 000元，原因待查。次年初报经批准后予以处理。

财务会计分录如下：

借：待处理财产损溢——待处理财产价值　　　　　　60 000
　　贷：政府储备物资　　　　　　　　　　　　　　　　60 000

[例2-77] 某事业单位因管理不善毁损一批政府储备物资，其账面余额为250 000元，清理该批材料发生相关费用120 000元，毁损材料变价收入20 000元，款项收付通过银行。

财务会计分录如下：

（1）经批准，毁损物资转入"待处理财产损溢"：

借：待处理财产损溢——待处理财产价值　　　　　250 000
　　贷：政府储备物资　　　　　　　　　　　　　　　250 000

（2）报经批准将毁损物资予以处置：

借：资产处置费用　　　　　　　　　　　　　　　250 000
　　贷：待处理财产损溢——待处理财产价值　　　　　250 000

（3）确认毁损物资变价收入：

借：银行存款　　　　　　　　　　　　　　　　　　20 000
　　贷：待处理财产损溢——处理净收入　　　　　　　　20 000

（4）确认清理毁损物资发生的相关费用：

借：待处理财产损溢——处理净收入　　　　　　　120 000
　　贷：银行存款　　　　　　　　　　　　　　　　　120 000

（5）结转清理毁损物资净损失：

借：资产处置费用　　　　　　　　　　　　　　　100 000
　　贷：待处理财产损溢——处理净收入　　　　　　　100 000

八、文物文化资产

（一）文物文化资产的含义与内容

文物文化资产是指用于展览、教育或研究等目的的历史文物、艺术品以及其他具有文化或历史价值并作长期或永久保存的典藏等。

（二）文物文化资产的核算

文物文化资产通过"文物文化资产"科目核算。该科目核算单位为满足社会公共需求而控制的文物文化资产的成本。该科目应当按照文物文化资产的类别、项目等进行明细核算。

单位为满足自身开展业务活动或其他活动需要而控制的文物和陈列品，应当通过"固定资产"科目核算，不通过该科目核算。

1. 文物文化资产的取得

文物文化资产在取得时，应当按照其成本入账。

（1）外购的文物文化资产，其成本包括购买价款、相关税费以及可归属于该项资产达到预定用途前所发生的其他支出（如运输费、安装费、装卸费等）。

外购的文物文化资产，按照确定的成本，借记"文物文化资产"科目，贷记"财政拨款收入""零余额账户用款额度""银行存款"等科目。

[例 2 – 78] 某事业单位外购研究用古籍一批，价值 350 000 元，以财政拨款直接支付款项。财务会计分录如下：

借：文物文化资产——古籍　　　　　　　　　　　　　　350 000
　　贷：财政拨款收入——一般公共预算财政拨款　　　　　　350 000

预算会计分录如下：

借：事业支出——财政拨款支出　　　　　　　　　　　　350 000
　　贷：财政拨款预算收入——项目支出　　　　　　　　　　350 000

（2）接受其他单位无偿调入的文物文化资产，其成本按照该项资产在调出方的账面价值加上归属于调入方的相关费用确定。

调入的文物文化资产，按照确定的成本，借记"文物文化资产"科目，按照发生的归属于调入方的相关费用，贷记"零余额账户用款额度""银行存款"等科目，按照其差额，贷记"无偿调拨净资产"科目。

无偿调入的文物文化资产成本无法可靠取得的，按照发生的归属于调入方的相关费用，借记"其他费用"科目，贷记"零余额账户用款额度""银行存款"等科目。

（3）接受捐赠的文物文化资产，其成本按照有关凭据注明的金额加上相关费用确定；没有相关凭据可供取得，但按照规定经过资产评估的，其成本按照评估价值加上相关费用确定；没有相关凭据可供取得、也未经评估的，其成本比照同类或类似资产的市场价格加上相关费用确定。

接受捐赠的文物文化资产，按照确定的成本，借记"文物文化资产"科目，按照发生的相关税费、运输费等金额，贷记"零余额账户用款额度""银行存款"等科目，按照其差额，贷记"捐赠收入"科目。接受捐赠的文物文化资产成本无法可靠取得的，按照发生的相关税费、运输费等金额，借记"其他费用"科目，贷记"零余额账户用款额度""银行存款"等科目。

[例 2 – 79] 某事业单位接受捐赠艺术品一批，价值 1 210 000 元，同时发生归属于受捐方的相关费用 10 000 元，以银行存款支付。

财务会计分录如下：

借：文物文化资产　　　　　　　　　　　　　　　　　1 220 000
　　贷：捐赠收入　　　　　　　　　　　　　　　　　　　1 210 000
　　　　银行存款　　　　　　　　　　　　　　　　　　　　10 000

预算会计分录如下:
借:其他支出——其他资金支出　　　　　　　　　　　　10 000
　　贷:资金结存——货币资金　　　　　　　　　　　　　　　　10 000

(4) 对于成本无法可靠取得的文物文化资产,单位应当设置备查簿进行登记,待成本能够可靠确定后按照规定及时入账。

2. 文物文化资产有关的后续支出

(1) 为增加文物文化资产使用效能或延长其使用寿命而发生的改建、扩建或大型修缮等后续支出,应当计入文物文化资产成本,再通过"在建工程"科目核算,完工交付使用时转入"文物文化资产"科目。

[**例 2 - 80**] 2×19 年 8 月 21 日,某事业单位对一批文物进行修复,修复前文物的原价为 600 000 元,本期修缮发生支出 40 000 元,款项以财政直接支付方式结算。

财务会计分录如下:
借:在建工程——建筑安装工程投资　　　　　　　　　600 000
　　贷:文物文化资产　　　　　　　　　　　　　　　　　　　600 000
借:在建工程——建筑安装工程投资　　　　　　　　　 40 000
　　贷:财政拨款收入——一般公共预算财政拨款收入　　　　 40 000

预算会计分录如下:
借:事业支出——财政拨款支出——项目支出　　　　　 40 000
　　贷:财政拨款预算收入——一般公共预算财政拨款收入　　 40 000

(2) 为维护文物文化资产的正常使用而发生的日常保护等后续支出,应当计入当期支出,借记有关支出科目,贷记"财政拨款收入""零余额账户用款额度""银行存款"等科目。

3. 文物文化资产的处置

按照规定报经批准处置文物文化资产,应当分别以下情况处理:

(1) 报经批准对外捐赠文物文化资产,按照被处置文物文化资产账面余额和捐赠过程中发生的归属于捐出方的相关费用合计数,借记"资产处置费用"科目,按照被处置文物文化资产账面余额,贷记"文物文化资产"科目,按照捐赠过程中发生的归属于捐出方的相关费用,贷记"银行存款"等科目。

[**例 2 - 81**] 某事业单位对外捐赠文物文化资产一批,账面价值 500 000 元,发生相关费用 3 000 元,以银行存款支付。

财务会计分录如下:
借:资产处置费用　　　　　　　　　　　　　　　　　503 000
　　贷:文物文化资产　　　　　　　　　　　　　　　　　　　500 000
　　　　银行存款　　　　　　　　　　　　　　　　　　　　　　3 000

预算会计分录如下:
借:其他支出——其他资金支出　　　　　　　　　　　 3 000
　　贷:资金结存——货币资金　　　　　　　　　　　　　　　 3 000

(2) 报经批准无偿调出文物文化资产,按照被处置文物文化资产账面余额,借记"无偿调拨净资产"科目,贷记"文物文化资产"科目;同时,按照无偿调出过程中发生的归属于调出方的相关费用,借记"资产处置费用"科目,贷记"银行存款"等科目。

4. 文物文化资产的清查

单位应当定期对文物文化资产进行清查盘点,每年至少盘点一次。对于发生的文物文化资产盘盈、盘亏、毁损或报废等,进行如下账务处理:盘盈时,按评估价值借记"文物文化资产"科目,贷记"待处理财产损溢"科目;盘亏、毁损、报废时,按账面余额借记"待处理财产损溢"科目,贷记"文物文化资产"科目。

[例 2-82] 某事业单位盘亏文物文化资产 1 件,账面价值 30 000 元。

财务会计分录如下:

借:待处理财产损溢　　　　　　　　　　　　　　　30 000
　　贷:文物文化资产　　　　　　　　　　　　　　　　　30 000

九、保障性住房

(一) 保障性住房的含义与内容

保障性住房是指政府为中低收入住房困难家庭所提供的限定标准、限定价格或租金的住房,一般由经济适用房、保障性住房廉租房、保障性住房公共租赁房、保障性住房定向安置房、保障性住房两限商品房、保障性住房安居商品房等构成。这种类型的住房有别于完全由市场形成价格的商品房。

1. 经济适用房

经济适用住房是政府以划拨方式提供土地,免收城市基础设施配套费等各种行政事业性收费和政府性基金,实行税收优惠政策,以政府指导价出售给有一定支付能力的低收入住房困难家庭。这类低收入家庭有一定的支付能力或者有预期的支付能力,购房人拥有有限产权。经济适用房是具有社会保障性质的商品住宅,具有经济性和适用性的双重特点。经济性是指住宅价格相对于市场价格比较适中,能够适应中低收入家庭的承受能力;适用性是指在住房设计及其建筑标准上强调住房的使用效果,而非建筑标准。

2. 保障性住房廉租房

廉租房是政府或机构拥有,用政府核定的低租金租赁给低收入家庭。低收入家庭对廉租住房没有产权,是非产权的保障性住房。廉租房只租不售,出租给城镇居民中最低收入者。在房价疯涨、经济适用房走入困境、百姓居住难的背景下,廉租房便成为社会关注的焦点,成为低收入家庭住房的"救命草"。

3. 保障性住房公共租赁房

指通过政府或政府委托的机构,按照市场租价向中低收入的住房困难家庭提供可租赁的住房,同时,政府对承租家庭按月支付相应标准的租房补贴。其目的是解决家庭收入高于享受廉租房标准而又无力购买经济适用房的低收入家庭的住房困难。这个概念正好被定格在新出炉的"租赁型经济适用房"。经济适用房以租代售,可以说是将经济适用房变成"扩大版的廉租房"。

4. 保障性住房定向安置房

安置房是政府进行城市道路建设和其他公共设施建设项目时,对被拆迁住户进行安置所建的房屋。安置的对象是城市居民被拆迁户,也包括征地拆迁房屋的农户。

5. 保障性住房两限商品房

即"限套型、限房价"的商品住房。为降低房价，解决城市居民自住需求，保证中低价位、中小套型普通商品住房土地供应，经城市人民政府批准，在限制套型比例、限定销售价格的基础上，以竞地价、竞房价的方式，招标确定住宅项目开发建设单位，由中标单位按照约定标准建设，按照约定价位面向符合条件的居民销售的中低价位、中小套型普通商品住房。两限房并不是严格意义上的"保障性住房"。

6. 保障性住房安居商品房

指实施国家"安居（或康居）工程"而建设的住房（属于经济适用房的一类）。是党和国家安排贷款和地方自知自筹资金建设的面向广大中低收家庭，特别是对4平方米以下特困户提供的销售价格低于成本、由政府补贴的非盈利性住房。

（二）保障性住房的核算

保障性住房通过"保障性住房"科目核算。该科目核算单位为满足社会公共需求而控制的保障性住房的原值。该科目应当按照保障性住房的类别、项目等进行明细核算。

1. 保障性住房的取得

保障性住房在取得时，应当按其成本入账。

（1）外购的保障性住房，其成本包括购买价款、相关税费以及可归属于该项资产达到预定用途前所发生的其他支出。

外购的保障性住房，按照确定的成本，借记"保障性住房"科目，贷记"财政拨款收入""零余额账户用款额度""银行存款"等科目。

（2）自行建造的保障性住房交付使用时，按照在建工程成本，借记"保障性住房"科目，贷记"在建工程"科目。

已交付使用但尚未办理竣工决算手续的保障性住房，按照估计价值入账，待办理竣工决算后再按照实际成本调整原来的暂估价值。

（3）接受其他单位无偿调入的保障性住房，其成本按照该项资产在调出方的账面价值加上归属于调入方的相关费用确定。

无偿调入的保障性住房，按照确定的成本，借记"保障性住房"科目，按照发生的归属于调入方的相关费用，贷记"零余额账户用款额度""银行存款"等科目，按照其差额，贷记"无偿调拨净资产"科目。

（4）接受捐赠、融资租赁取得的保障性住房，参照"固定资产"科目相关规定进行处理。

[例2-83] 某事业单位外购的保障性住房廉租房3栋，价值9 000万元，发生相关税费36万元，属于项目支出，以财政拨款直接支付，同时办妥相关产权移交手续。

财务会计分录如下：

借：保障性住房——廉租房　　　　　　　　　　　　90 360 000
　　贷：财政拨款收入——一般公共预算财政拨款　　　　　　90 360 000

预算会计分录如下：

借：事业支出——财政拨款支出——项目支出　　　　90 360 000
　　贷：财政拨款预算收入——项目支出　　　　　　　　　　90 360 000

[例2-84] 某事业单位在建的保障性住房经济适用房5栋，价值1.28亿元，经验收合格，办妥交付使用手续。

财务会计分录如下：

借：保障性住房——经济适用房　　　　　　　　　　　　128 000 000
　　贷：在建工程——建筑安装工程投资　　　　　　　　　　128 000 000

2. 与保障性住房有关的后续支出

按月计提保障性住房折旧时，按照应计提的折旧额，借记"业务活动费用"科目，贷记"保障性住房累计折旧"科目。

[例2-85] 某事业单位2×19年9月30日计提廉租房折旧500 000元，公租房折旧750 000元。财务会计分录如下：

借：业务活动费用——保障性住房折旧费　　　　　　　　　1 250 000
　　贷：保障性住房累计折旧　　　　　　　　　　　　　　　1 250 000

3. 保障性住房的出租

按照规定出租保障性住房并将出租收入上缴同级财政，按照收取的租金金额，借记"银行存款"等科目，贷记"应缴财政款"科目。

[例2-86] 某事业单位2×19年12月收取廉租房租金120 000元，存入银行。

财务会计分录如下：

借：银行存款　　　　　　　　　　　　　　　　　　　　　　120 000
　　贷：应缴财政款　　　　　　　　　　　　　　　　　　　　120 000

4. 保障性住房的处置

按照规定报经批准处置保障性住房，应当分别以下情况处理：

（1）报经批准无偿调出保障性住房，按照保障性住房已计提的折旧，借记"保障性住房累计折旧"科目，按照被处置保障性住房账面余额，贷记"保障性住房"科目，按照其差额，借记"无偿调拨净资产"科目；同时，按照无偿调出过程中发生的归属于调出方的相关费用，借记"资产处置费用"科目，贷记"银行存款"等科目。

（2）报经批准出售保障性住房，按照被出售保障性住房的账面价值，借记"资产处置费用"科目，按照保障性住房已计提的折旧，借记"保障性住房累计折旧"科目，按照保障性住房账面余额，贷记"保障性住房"科目；同时，按照收到的价款，借记"银行存款"等科目，按照出售过程中发生的相关费用，贷记"银行存款"等科目，按照其差额，贷记"应缴财政款"科目。

[例2-87] 某事业单位2×19年8月报经批准出售经济适用房500套，账面原值1 600万元，已经计提折旧40万元，出售价格2200万元，发生相关费用16万元。

财务会计分录如下：

借：资产处置费用　　　　　　　　　　　　　　　　　　　15 600 000
　　保障性住房累计折旧　　　　　　　　　　　　　　　　　　400 000
　　贷：保障性住房　　　　　　　　　　　　　　　　　　　16 000 000
借：银行存款　　　　　　　　　　　　　　　　　　　　　21 840 000
　　贷：应缴财政款　　　　　　　　　　　　　　　　　　　21 840 000

5. 保障性住房的清查

单位应当定期对保障性住房进行清查盘点。对于发生的保障性住房盘盈,按照确定的入账成本,借记"保障性住房",贷记"待处理财产损溢",对于发生的保障性住房盘亏、毁损或报废,按照待处理保障性住房账面价值借记"待处理财产损溢"、按照已经计提的折旧借记"保障性住房累计折旧",按照其账面余额贷记"保障性住房"。

[例2-88] 某事业单位2×19年年终对保障性住房进行清查,拟报废1栋公租房。其账面原值为300万元,已计提折旧220万元。经批准报废。报废过程中发生清理费用2万元,以银行存款支付;收到残值变价收入6.8万元,款项已存入银行。处置净收入按规定上缴财政国库。

财务会计分录如下:

(1) 报废房屋。

借:待处理财产损溢——待处理财产价值　　　　　　800 000
　　保障性住房累计折旧　　　　　　　　　　　　2200 000
　　贷:保障性住房　　　　　　　　　　　　　　　　　　3 000 000

(2) 经批准,报废的房屋予以处置。

借:资产处置费用　　　　　　　　　　　　　　　　800 000
　　贷:待处理财产损溢——待处理财产价值　　　　　　800 000

(3) 发生清理费用,取得残值变价收入,处置收入上缴国库。

借:待处理财产损溢——处理净收入　　　　　　　　20 000
　　贷:银行存款　　　　　　　　　　　　　　　　　　　20 000
借:银行存款　　　　　　　　　　　　　　　　　　68 000
　　贷:待处理财产损溢——处理净收入　　　　　　　　　68 000
借:待处理财产损溢——处理净收入　　　　　　　　48 000
　　贷:应缴财政款　　　　　　　　　　　　　　　　　　48 000

十、长期待摊费用

(一) 长期待摊费用的内容

长期待摊费用是指行政事业单位已经支出,但应由本期和以后各期负担的分摊期限在1年以上(不含1年)的各项费用,如以经营租赁方式租入的固定资产发生的改良支出等。

(二) 长期待摊费用的核算

行政事业单位应当设置"长期待摊费用"总账科目,核算单位长期待摊费用业务。同时,应当按照费用项目进行明细核算。

(1) 发生长期待摊费用时,按照支出金额,借记"长期待摊费用"科目,贷记"财政拨款收入""零余额账户用款额度""银行存款"等科目。

(2) 按照受益期间摊销长期待摊费用时,按照摊销金额,借记"业务活动费用""单位管理费用""经营费用"等科目,贷记"长期待摊费用"科目。

(3) 如果某项长期待摊费用已经不能使单位受益,应当将其摊余金额一次全部转入当期费用。按照摊销金额,借记"业务活动费用""单位管理费用""经营费用"等科目,贷记"长期待摊费用"科目。

第二章 资　产

(4)"长期待摊费用"科目期末借方余额，反映单位尚未摊销完毕的长期待摊费用。

[例2-89] 某事业单位对经营租入的发电设备进行大修理，经核算，需要发生大修理费用为36 000元，修理间隔期为3年，上述修理费用已经通过单位的零余额账户进行支付。

财务会计分录如下：
借：长期待摊费用——修理支出　　　　　　　　　　　　　　36 000
　　贷：零余额账户用款额度　　　　　　　　　　　　　　　　　36 000
预算会计分录如下：
借：事业支出——财政拨款支出　　　　　　　　　　　　　　36 000
　　贷：资金结存——零余额账户用款额度　　　　　　　　　　　36 000

[例2-90] 续上题，大修理费用按修理间隔期3年平均摊销，每月摊销1 000元。

财务会计分录如下：
借：业务活动费用　　　　　　　　　　　　　　　　　　　　 1 000
　　贷：长期待摊费用——修理支出　　　　　　　　　　　　　　 1 000

第三节　受托代理资产

一、受托代理资产的内容

受托代理资产是指单位接受委托方委托管理的各项资产。受托代理资产包括受托指定转赠的物资、受托存储保管的物资、单位管理的罚没物资。

二、受托代理资产的核算

受托代理资产的核算通过设置"受托代理资产"科目核算。该科目核算单位接受委托方委托管理的各项资产，包括受托指定转赠的物资、受托存储保管的物资、单位管理的罚没物资等的成本。

单位收到的受托代理资产为现金和银行存款的，不通过"受托代理资产"科目核算，应当通过"库存现金""银行存款"科目进行核算。

该科目应当按照资产的种类和委托人进行明细核算；属于转赠资产的，还应当按照受赠人进行明细核算。

(一)受托指定转赠的物资

(1)接受委托人委托需要转赠给受赠人的物资，其成本按照有关凭据注明的金额确定。接受委托转赠的物资验收入库，按照确定的成本，借记"受托代理资产"科目，贷记"受托代理负债"科目。受托协议约定由受托方承担相关税费、运输费等的，还应当按照实际支付的相关税费、运输费等金额，借记"其他费用"科目，贷记"银行存款"等科目。

（2）将受托转赠物资交付受赠人时，按照转赠物资的成本，借记"受托代理负债"科目，贷记"受托代理资产"科目。

（3）转赠物资的委托人取消了对捐赠物资的转赠要求，且不再收回捐赠物资的，应当将转赠物资转为单位的存货、固定资产等。按照转赠物资的成本，借记"受托代理负债"科目，贷记"受托代理资产"科目；同时，借记"库存物品""固定资产"等科目，贷记"其他收入"科目。

[例 2-91] 某事业单位接受受托转赠的抗旱物资一批验收入库，该批物资凭据注明的金额为 550 000 元。受托协议约定由事业单位承担的运输费、保管费 1 800 元。

财务会计分录如下：
接收委托转赠物资验收入库：
借：受托代理资产　　　　　　　　　　　　　　550 000
　　贷：受托代理负债　　　　　　　　　　　　　　550 000
支付运输费、保管费：
借：其他费用　　　　　　　　　　　　　　　　1 800
　　贷：银行存款　　　　　　　　　　　　　　　　1 800
预算会计分录如下：
借：其他支出——其他资金支出　　　　　　　　1 800
　　贷：资金结存——货币资金　　　　　　　　　　1 800

（1）假设上述受托转赠物资按要求交付受赠人。
财务会计分录如下：
借：受托代理负债　　　　　　　　　　　　　　550 000
　　贷：受托代理资产　　　　　　　　　　　　　　550 000

（2）假设上述的受托转赠物资，委托人取消了对捐赠物资的转赠要求且不再收回捐赠物资，将转赠物资 50 000 元转为存货，其余部分确认为固定资产。
财务会计分录如下：
借：受托代理负债　　　　　　　　　　　　　　550 000
　　贷：受托代理资产　　　　　　　　　　　　　　550 000
借：库存物品　　　　　　　　　　　　　　　　50 000
　　固定资产　　　　　　　　　　　　　　　　500 000
　　贷：其他收入　　　　　　　　　　　　　　　　550 000

（二）受托存储保管的物资

（1）接受委托人委托存储保管的物资，其成本按照有关凭据注明的金额确定。接受委托储存的物资验收入库，按照确定的成本，借记"受托代理资产"科目，贷记"受托代理负债"科目。

（2）发生由受托单位承担的与受托存储保管的物资相关的运输费、保管费等费用时，按照实际发生的费用金额，借记"其他费用"等科目，贷记"银行存款"等科目。

（3）根据委托人要求交付或发出受托存储保管的物资时，按照发出物资的成本，借记"受托代理负债"科目，贷记"受托代理资产"科目。

[例2-92] 某事业单位接收其他单位委托储存物资一批,已验收入库,委托储存管理物资有关凭据注明的物资成本为1 500 000元。事业单位支付由受托单位承担的与受托储存管理的物资相关的运输费2000元、保管费等26 000元。

财务会计分录如下:

(1) 接受委托储存物资验收入库。

借:受托代理资产　　　　　　　　　　　　　　　　1 500 000
　　贷:受托代理负债　　　　　　　　　　　　　　　　1 500 000

(2) 支付运输费、保管费。

借:其他费用　　　　　　　　　　　　　　　　　　　28 000
　　贷:银行存款　　　　　　　　　　　　　　　　　　28 000

(3) 交付受托储存管理的物资。

借:受托代理负债　　　　　　　　　　　　　　　　1 500 000
　　贷:受托代理资产　　　　　　　　　　　　　　　　1 500 000

预算会计分录如下:

借:其他支出——其他资金支出　　　　　　　　　　　28 000
　　贷:资金结存——货币资金　　　　　　　　　　　　28 000

(三) 单位管理的罚没物资

(1) 取得罚没物资时,其成本按照有关凭据注明的金额确定。罚没物资验收(入库),按照确定的成本,借记"受托代理资产"科目,贷记"受托代理负债"科目。罚没物资成本无法可靠确定的,单位应当设置备查簿进行登记。

(2) 按照规定处置或移交罚没物资时,按照罚没物资的成本,借记"受托代理负债"科目,贷记"受托代理资产"科目。处置时取得款项的,按照实际取得的款项金额,借记"银行存款"等科目,贷记"应缴财政款"等科目。

[例2-93] 某事业单位按规定取得罚没物资一批验收入库,成本为600 000元。

财务会计分录如下:

(1) 取得罚没物资。

借:受托代理资产　　　　　　　　　　　　　　　　600 000
　　贷:受托代理负债　　　　　　　　　　　　　　　　600 000

(2) 按照规定处置罚没物资。

借:受托代理负债　　　　　　　　　　　　　　　　600 000
　　贷:受托代理资产　　　　　　　　　　　　　　　　600 000

(3) 处置时取得款项。

借:银行存款　　　　　　　　　　　　　　　　　　600 000
　　贷:应缴财政款　　　　　　　　　　　　　　　　　600 000

单位受托代理的其他实物资产,参照本科目有关受托转赠物资、受托存储保管物资的规定进行账务处理。

表 2-1　　　　　　　　　　　政府固定资产折旧年限表

固定资产类别	内容		折旧年限（年）
房屋及构筑物	业务及管理用房	钢结构	不低于 50
		钢筋混凝土结构	不低于 50
		砖混结构	不低于 30
		砖木结构	不低于 30
	简易房		不低于 8
	房屋附属设施		不低于 8
	构筑物		不低于 8
通用设备	计算机设备		不低于 6
	办公设备		不低于 6
	车辆		不低于 8
	图书档案设备		不低于 5
	机械设备		不低于 10
	电气设备		不低于 5
	雷达、无线电和卫星导航设备		不低于 10
	通信设备		不低于 5
	广播、电视、电影设备		不低于 5
	仪器仪表		不低于 5
	电子和通信测量设备		不低于 5
	计量标准器具及量具、衡器		不低于 5
专用设备	探矿、采矿、选矿和造块设备		10～15
	石油天然气开采专用设备		10～15
	石油和化学工业专用设备		10～15
	炼焦和金属冶炼轧制设备		10～15
	电力工业专用设备		20～30
	非金属矿物制品工业专用设备		10～20
	核工业专用设备		20～30
	航空航天工业专用设备		20～30
	工程机械		10～15
	农业和林业机械		10～15
	木材采集和加工设备		10～15
	食品加工专用设备		10～15
	饮料加工设备		10～15
	烟草加工设备		10～15
	粮油作物和饲料加工设备		10～15
	纺织设备		10～15
	缝纫、服饰、制革和毛皮加工设备		10～15

续表

固定资产类别	内容	折旧年限（年）
专用设备	造纸和印刷机械	10～20
	化学药品和中药专用设备	5～10
	医疗设备	5～10
	电工、电子专用生产设备	5～10
	安全生产设备	10～20
	邮政专用设备	10～15
	环境污染防治设备	10～20
	公安专用设备	3～10
	水工机械	10～20
	殡葬设备及用品	5～10
	铁路运输设备	10～20
	水上交通运输设备	10～20
	航空器及其配套设备	10～20
	专用仪器仪表	5～10
	文艺设备	5～15
	体育设备	5～15
	娱乐设备	5～15
家具、用具及装具	家具	不低于15
	用具、装具	不低于5

章节练习

一、单项选择题

1. "零余额账户用款额度"科目的对应科目一般不会是（　　）科目。
   A. "事业支出"　　　　　　　　B. "库存现金"
   C. "银行存款"　　　　　　　　D. "财政应返还额度"

2. 持未到期的商业汇票（附有追索权）向银行进行贴现，应贷记（　　）科目。
   A. "应收票据"　　　　　　　　B. "应收账款"
   C. "短期借款"　　　　　　　　D. "预收账款"

3. 对于行政事业单位的预付账款，如果有确凿证据表明预付账款不再符合预付款项性质，或者因供应单位破产、撤销等原因可能无法收到所购货物、服务的，应当先将其转入（　　）。
   A. 应收票据　　　　　　　　　B. 应收账款
   C. 其他应收款　　　　　　　　D. 预收账款

4. 下列（　　）不属于行政事业单位存货的内容。

A. 材料 B. 政府储备物资
C. 产品 D. 包装物

5. 行政事业单位接受捐赠的存货，没有相关凭据且未经资产评估、同类或类似资产的市场价格也无法可靠取得的，(　　)。

A. 按照名义金额即人民币 1 元入账
B. 按照名义金额即人民币 10 元入账
C. 按照名义金额即人民币 100 元入账
D. 不入账，只做备查登记

6. 下列(　　)不是行政事业单位发出存货的计价方法。

A. 先进先出法 B. 加权平均法
C. 个别计价法 D. 后进先出法

7. 关于长期股权投资，下列说法正确的是(　　)。

A. 以现金取得的长期股权投资，按照实际支付的全部价款（包括购买价款和相关税费）作为实际成本
B. 以现金以外的其他资产置换取得的长期股权投资，其成本按照换入资产的评估价值加上支付的补价或减去收到的补价，加上换入长期股权投资发生的其他相关支出确定
C. 接受捐赠的长期股权投资，其成本按照有关凭据注明的金额加上相关税费确定；没有相关凭据可供取得，但按规定经过资产评估的，其成本按照评估价值加上相关税费确定；没有相关凭据可供取得、也未经资产评估的，其成本比照同类或类似资产的市场价格加上相关税费确定
D. 无偿调入的长期股权投资，其成本按照调出方账面价值加上相关税费确定

8. 下列固定资产中，(　　)需要计提折旧。

A. 文物和陈列品 B. 动植物
C. 图书、档案 D. 通用设备

9. 对于行政事业单位盘盈的固定资产，属于以前年度取得的，按照前期差错处理，贷记(　　)科目。

A. "待处理财产损溢" B. "固定资产"
C. "以前年度盈余调整" D. "应缴财政款"

10. 下列(　　)不属于行政事业单位的无形资产。

A. 专利权 B. 商标权
C. 著作权 D. 自创商誉

11. 下面不属于公共基础设施特征的是(　　)。

A. 是一个有形资产系统或网络的组成部分
B. 具有特定用途
C. 一般不可移动
D. 可以移动

12. 政府储备物资发出的账务处理不正确的是(　　)。

A. 因动用而发出无须收回的政府储备物资的，政府会计主体应当在发出物资时将其账面余额予以转销，计入当期费用

第二章 资　　产

B. 因动用而发出需要收回或者预期可能收回的政府储备物资的，政府会计主体应当在按规定的质量验收标准收回物资时，将未收回物资的账面余额予以转销，计入当期费用

C. 因行政管理主体变动等原因而将政府储备物资调拨给其他主体的，政府会计主体应当在发出物资时将其账面余额予以转销计入当期费用

D. 政府会计主体对外销售政府储备物资的，应当在发出物资时将其账面余额转销计入当期费用

13. 按照规定，出租保障性住房的收入应计入的贷方科目是（　　）。

A. 其他收入　　　　　　　　　B. 事业收入

C. 经营收入　　　　　　　　　D. 应缴财政款

14. 报经批准无偿调出文物文化资产，按照被处置文物文化资产账面余额，借记的科目是（　　）。

A. 资产处置费用　　　　　　　B. 事业支出

C. 无偿调拨净资产　　　　　　D. 其他费用

二、多项选择题

1. 行政事业单位的货币资金包括（　　）。

A. 库存现金　　　　　　　　　B. 银行存款

C. 零余额账户用款额度　　　　D. 其他货币资金

2. 行政事业单位的其他货币资金主要有（　　）。

A. 外埠存款　　　　　　　　　B. 银行本票存款

C. 银行汇票存款　　　　　　　D. 信用卡存款

3. 行政事业单位的应收及预付款项主要包括（　　）。

A. 应收票据　　　　　　　　　B. 应收账款

C. 预付账款　　　　　　　　　D. 预收账款

4. 期末，应对以下哪些业务计提坏账准备（　　）。

A. 收回后不需上缴财政的应收账款

B. 收回后应当上缴财政的应收账款

C. 和行政单位的其他应收款

D. 事业单位的其他应收款

5. 下列（　　）属于其他应收款核算的内容。

A. 职工预借的差旅费

B. 已经偿还银行尚未报销的本单位公务卡欠款

C. 拨付给内部有关部门的备用金

D. 应向职工收取的各种垫付款项

6. 下列（　　）应当在发生时确认为当期费用，不计入存货成本。

A. 非正常消耗的直接材料、直接人工和间接费用

B. 仓储费用（不包括在加工过程中为达到下一个加工阶段所必需的费用）

C. 不能归属于使存货达到目前场所和状态所发生的其他支出

D. 装卸费用

7. 长期投资分为（　　）。
   A. 长期债权投资　　　　　　　　B. 长期股权投资
   C. 短期投资　　　　　　　　　　D. 长期债券投资
8. 下列（　　）不属于行政事业单位固定资产的内容范畴。
   A. 公共基础设施　　　　　　　　B. 政府储备物资
   C. 保障性住房　　　　　　　　　D. 自然资源资产
9. 行政事业单位一般应当采用（　　）计提固定资产折旧。
   A. 年限平均法　　　　　　　　　B. 余额递减法
   C. 工作量法　　　　　　　　　　D. 年数总和法
10. 对于使用年限有限的无形资产，行政事业单位应当按照以下（　　）原则确定无形资产的摊销年限。
    A. 法律规定了有效年限的，按照法律规定的有效年限作为摊销年限
    B. 法律没有规定有效年限的，按照相关合同或单位申请书中的受益年限作为摊销年限
    C. 法律没有规定有效年限、相关合同或单位申请书也没有规定受益年限的，应当根据无形资产为政府会计主体带来服务潜力或经济利益的实际情况，预计其使用年限
    D. 非大批量购入、单价小于 1 000 元的无形资产，可以于购买的当期将其成本一次性全部转销
11. 政府会计主体确定公共基础设施折旧年限，应当考虑的因素有（　　）。
    A. 设计使用年限或设计基准期
    B. 预计实现服务潜力或提供经济利益的期限
    C. 预计有形损耗和无形损耗
    D. 法律或者类似规定对资产使用的限制
12. 下列各项不计入政府储备物资成本的有（　　）。
    A. 仓储费用
    B. 日常维护费用
    C. 不能归属于使政府储备物资达到目前场所和状态所发生的其他支出
    D. 购入政府储备物资的相关运杂费
13. 下列属于保障性住房的是（　　）。
    A. 廉租住房　　　　　　　　　　B. 经济适用住房
    C. 政策性租赁住房　　　　　　　D. 定向安置房
14. 下列关于受托代理资产账务处理正确的有（　　）。
    A. 接受委托人委托需要转赠给受赠人的物资，其成本按照有关凭据注明的金额确定
    B. 将受托转赠物资交付受赠人时，按照转赠物资的成本，借记"受托代理负债"科目，贷记"受托代理资产"科目
    C. 委托人取消了对捐赠物资的转赠要求且不再收回捐赠物资，可以将转赠物资转为存货或固定资产
    D. 发生由受托单位承担的与受托存储保管的物资相关的运输费、保管费等费用时，

按照实际发生的费用金额，借记"单位管理费用"等科目，贷记"银行存款"等科目

三、判断题

1. 行政事业单位应对全部现金收支业务，在采用财务会计核算的同时应当进行预算会计核算。（   ）
2. 行政事业单位的零余额账户由财政部门为行政事业单位在商业银行开设，用于单位的财政直接支付。（   ）
3. 年末注销单位零余额账户用款额度后，"零余额账户用款额度"科目应无余额。（   ）
4. 行政事业单位都可以进行对外投资业务。（   ）
5. 财政应返还的授权支付额度是财政直接支付额度本年预算指标与当年财政实际支付数的差额。（   ）
6. 实际支付价款中包含的已到付息期但尚未领取的债券利息，应当单独确认为应收利息，不计入长期债券投资初始投资成本。（   ）
7. 在成本法下，长期股权投资的账面余额通常保持不变，但追加或收回投资时，应当相应调整其账面余额。（   ）
8. 行政事业单位的固定资产应计的折旧额为其成本，计提固定资产折旧时不考虑预计净残值。（   ）
9. 行政事业单位的固定资产应当按月计提折旧，当月增加的固定资产，当月开始计提折旧；当月减少的固定资产，当月不再计提折旧。（   ）
10. 行政事业单位的长期待摊费用是指行政事业单位已经支出，但应由本期和以后各期负担的分摊期限在1年以内的各项费用。（   ）
11. 政府会计主体应当对公共基础设施计提折旧，但政府会计主体持续进行良好的维护使得其性能得到永久维持的公共基础设施和确认为公共基础设施的单独计价入账的土地使用权除外。（   ）
12. 企业以及纳入企业财务管理体系的事业单位接受政府委托收储并按企业会计准则核算的储备物资及政府会计主体的存货，也属于政府储备物资。（   ）
13. 政府储备物资包括战略及能源物资、抢险抗灾救灾物资、农产品、医药物资和其他重要商品物资，通常情况下由政府会计主体委托承储单位存储。（   ）
14. 报经批准对外捐赠文物文化资产，按照被处置文物文化资产账面余额和捐赠过程中发生的归属于捐出方的相关费用合计数，借记"待处理财产损溢"科目。（   ）

四、业务题

（一）练习货币资金的核算

某事业单位2×19年发生下列经济业务：
1. 收到同级财政部门下达的零余额账户用款额度100 000元。
2. 通过零余额账户支付专业活动费用50 000元。
3. 年末，按要求注销尚未使用的零余额账户用款额度2000元。
4. 年末，本年度财政直接支付预算指标数与当年财政直接支付实际发生数的差额为6 400元。

5. 使用以前年度财政直接支付额度支付业务活动费用 2300 元。

要求：根据上述经济业务编制会计分录。

（二）练习应收及预付款项的核算

某事业单位 2×19 年发生下列经济业务：

1. 为甲公司提供专业服务发生应收账款 13 000 元，该款项收回后不需上缴财政。

2. 收到应收账款 4 200 元，该款项不需上缴财政并已存入开户银行。

3. 为开展专业活动，为购买 A 物品预付款项 10 000 元，款项已经通过开户银行转账支付。

4. 收到上述 A 物品并已验收入库，总价款 35 000 元，扣除预付账款 10 000 后，以银行存款补付款项 25 000 元。

5. 期末，对收回后不需上缴财政的应收账款计提坏账准备 1 500 元。

要求：根据上述经济业务编制会计分录。

（三）练习存货的核算

某事业单位 2×19 年发生下列经济业务：

1. 为开展单位的专业活动，购入一批 M 物品，总价款 9 600 元，M 物品已验收入库，款项已通过零余额账户支付。

2. 开展单位的专业活动领用 M 物品一批，总价款 2300 元。

3. 单位进行财产清查时，发现盘盈一批 B 物品，有关凭据注明的金额为 4 500 元。

4. 经批准，上述盘盈的 B 物品 4 500 元转入业务活动费用，作为业务活动费用的减少处理。

要求：根据上述经济业务编制会计分录。

（四）练习长期股权投资的核算

某事业单位 2×19 年发生下列经济业务：

1. 年初，经批准以一项固定资产置换取得长期股权投资，该固定资产的账面余额为 680 000 元，累计折旧为 120 000 元，账面价值为 560 000 元（680 000 - 120 000），评估价值为 600 000 元，评估价值大于账面价值 40 000 元（600 000 - 560 000）。置换取得长期股权投资后，该事业单位持有被投资单位——K 公司 70% 的股权。有权决定 K 公司的财务和经营政策，相应的长期股权投资按规定采用权益法核算。

2. K 公司实现净利润 80 000 元，该事业单位应享有的份额为 56 000 元。

3. K 公司宣告分派现金股利 20 000 元，该事业单位应享有的份额为 14 000 元。

4. K 公司发生除净利润和利润分配以外的所有者权益变动增加数 7 000 元，该事业单位应享有的份额为 4 900 元。

要求：根据上述经济业务编制会计分录。

（五）练习固定资产的核算

某事业单位 2×19 年发生下列经济业务：

1. 因专业活动需要，购入一台要安装的专用设备 W，购入的价款为 70 000 元，款项通过零余额账户支付。

2. 对上述专用设备 W 进行安装，发生安装费 2000 元，款项通过零余额账户支付，专用设备 M 已经交付使用。

3. 对专用设备 W 计提折旧 5 000 元。

4. 年终进行固定资产清查，拟报废一项通用设备 V，其账面余额为 56 000 元，已计提折旧 50 000 元，账面价值为 6 000 元。

5. 经批准，将上述报废的通用设备 V 予以处置。收到残值变价收入 3 500 元，款项已存入银行。处置净收入 3 500 元按规定上缴财政国库。

要求：根据上述经济业务编制会计分录。

（六）练习无形资产的核算

某事业单位 2×19 年发生下列经济业务：

1. 外购一项无形资产，款项 80 000 元通过银行存款支付。

2. 申请取得一项无形资产，发生注册费 600 元，款项通过银行存款支付。

3. 对一项行政管理部门使用的无形资产进行升级改造，扩展其功能，发生相关的支出 36 000 元，款项通过零余额账户用款额度支付，该项无形资产升级改造期间，无须暂停摊销。

4. 对一项业务部门使用的无形资产进行摊销，摊销金额为 56 000 元。相应的摊销作为业务活动费用处理。

要求：根据上述经济业务编制会计分录。

（七）练习公共基础设施的核算

2×19 年 6 月 1 日，某行政单位投资建造休闲广场及公共构筑物，采用出包方式委托 A 建筑公司承建。工程款分三次支付，工程开始支付 8 000 000 元、工程中期支付 10 000 000 元、工程结束结算尾款 2 000 000 元，款项均已通过财政直接支付方式结算。全部工程于 2×20 年 12 月 31 日完工。

要求：编制相关会计分录。

（八）练习政府储备物资的核算

某行政单位承担政府储备物资任务，2×19 年 8 月初，采用财政直接支付方式购入一批政府储备物资，该物资购买价值 8 000 000 元，以银行存款支付运输费 30 000 元、装卸费 5 000 元、保险费 20 000 元。2×19 年 11 月批准对外发出一批政府储备物资，价值为 5 200 000 元。发出手续已办妥，物资已出库并无须收回。另以零余额账户支付物资的运输费 20 000 元。

要求：编制相关会计分录。

（九）练习文物文化资产的核算

2×19 年 12 月，某事业单位对一批文物进行修复，修复前文物的原价为 1 200 000 元，本期修缮发生支出 150 000 元，款项以财政直接支付方式结算。

要求：编制相关会计分录。

（十）练习保障性住房的核算

某行政单位 2×22 年末对保障性住房进行清查，拟报废 1 栋廉租房。其账面原值为 600 万元，已计提折旧 350 万元。经批准报废。报废过程中发生清理费用 4 万元，以银行存款支付；收到残值变价收入 8 万元，款项已存入银行。处置净收入按规定上缴财政国库。

要求：编制相关会计分录。

五、思考题

1. 什么是行政事业单位的资产？资产的种类有哪些？
2. 什么是行政事业单位的零余额账户用款额度？
3. 什么是行政事业单位的财政应返还额度？
4. 行政事业单位的应收和预付款项包含哪些内容？
5. 什么是行政事业单位的存货？其存货在取得和发出时，应当如何进行账务处理？
6. 行政事业单位的长期投资包含哪些内容？具体应该如何核算？
7. 什么是行政事业单位的固定资产？固定资产的取得及计提折旧应该如何核算？
8. 什么是行政事业单位的在建工程？行政事业单位的"在建工程"总账科目应该设置哪些明细科目？
9. 什么是行政事业单位的无形资产？无形资产的取得及计提摊销应该如何核算？
10. 什么是公共基础设施？公共基础设施与固定资产之间如何界定？公共基础设施如何确认与计量？
11. 什么是政府储备物资？政府储备物资在取得和发出时，应当如何核算？
12. 什么是文物文化资产？文物文化资产在取得和发出时，应当如何核算？
13. 什么是保障性住房？保障性住房有哪些种类？保障性住房在取得和发出时，应当如何核算？
14. 什么是受托代理资产？受托代理资产在取得和发出时，应当如何核算？

第三章

负　债

【学习目标】

1. 熟悉行政事业单位的负债的含义及分类
2. 熟悉流动负债、非流动负债及受托代理负债的含义及内容
3. 理解各类流动负债、非流动负债的核算
4. 了解受托代理负债的核算

负债是指行政事业单位所承担的能以货币计量，需要以资产等偿还的债务。行政事业单位的负债按照流动性，分为流动负债和非流动负债。

第一节　流动负债

一、流动负债的含义与内容

流动负债是指预计在一年内（含1年）偿还的债务。

行政事业单位的流动负债包括短期借款、应交增值税、其他应交税费、应交财政款、应付职工薪酬、应付票据、应付账款、应付政府补贴款、应付利息、预收账款、其他应付款、预提费用。

二、流动负债的核算

(一) 短期借款

短期借款是指事业单位向银行等金融机构借入归还期限在 1 年内（含 1 年）的各种借款。

事业单位应设置"短期借款"科目核算单位向银行等金融机构借入归还期限在 1 年内（含 1 年）的各种借款。本科目应该按照贷款单位和贷款种类进行明细核算。事业单位借入各种短期借款时，按照实际借入的金额，借记"银行存款"科目、贷记"短期借款"科目。银行承兑汇票到期，本单位无力支付票款的，按照应付票据的账面余额，借记"应付票据"科目，贷记"短期借款"科目。归还短期借款时，借记"短期借款"科目，贷记"银行存款"科目。"短期借款"科目期末贷方余额，反映事业单位尚未偿还的短期借款本金。如涉及预算会计业务的，需同时做预算会计处理。

[**例 3 - 1**] 某事业单位经批准，向建设银行借入一笔为期 9 个月的借款 50 万元，款项已经收到并转入单位开设的专户。

财务会计分录如下：

借：银行存款　　　　　　　　　　　　　　　　　500 000
　　贷：短期借款　　　　　　　　　　　　　　　　　　500 000

预算会计分录如下：

借：资金结存——货币资金　　　　　　　　　　　500 000
　　贷：债务预算收入　　　　　　　　　　　　　　　　500 000

[**例 3 - 2**] 6 月 30 日，某事业单位因经营活动原签发的 3 张银行承兑汇票到期，因财务困难，无力支付到期的票款，由承兑银行现行垫付。详情见表 3 - 1。

表 3 - 1　　　　　　　　　　　银行承兑汇票明细表

票据号	签发日	期限	金额	承兑行	备注
5 456 891	2×19.5.31	1 个月	100 000.00	建行星河支行	
5 456 892	2×19.1.31	5 个月	200 000.00	建行星河支行	
5 456 893	2×19.3.31	3 个月	60 000.00	建行星河支行	

财务会计分录如下：

借：应付票据　　　　　　　　　　　　　　　　　360 000
　　贷：短期借款　　　　　　　　　　　　　　　　　　360 000

预算会计分录如下：

借：经营支出　　　　　　　　　　　　　　　　　360 000
　　贷：债务预算收入　　　　　　　　　　　　　　　　360 000

[**例 3 - 3**] 6 月 30 日，某事业单位通过银行存款归还建设银行一笔为期 6 个月的借款本金 1 000 000 元，利息 25 000 元。假定利息到期一次性支付。

财务会计分录如下：

借：短期借款　　　　　　　　　　　　　　　　　1 000 000

其他费用   25 000
　　贷：银行存款   1 025 000
预算会计分录如下：
借：债务还本支出   1 000 000
　　其他支出   25 000
　　贷：资金结存——货币资金   1 025 000

（二）应交增值税

应交增值税是指单位按照税法规定计算应交纳的增值税。

单位应设置"应交增值税"科目核算单位按照税法规定计算应交纳的增值税。属于增值税一般纳税人的单位，应当在"应交增值税"科目下设置"应交税金""未交税金""预交税金""待抵扣进项税额""待认证进项税额""待转销项税额""简易计税""转让金融商品应交增值税""代扣代交增值税"等明细科目。

（1）"应交税金"明细账内应当设置"进项税额""已交税金""转出未交增值税""减免税款""销项税额""进项税额转出""转出多交增值税"等专栏。其中："进项税额"专栏，记录单位购进货物、加工修理修配劳务、服务、无形资产或不动产而支付或负担的、准予从当期销项税额中抵扣的增值税额；"已交税金"专栏，记录单位当月已交纳的应交增值税额；"转出未交增值税"和"转出多交增值税"专栏，分别记录一般纳税人月度终了转出当月应交未交或多交的增值税额；"减免税款"专栏，记录单位按照现行增值税制度规定准予减免的增值税额；"销项税额"专栏，记录单位销售货物、加工修理修配劳务、服务、无形资产或不动产应收取的增值税额；"进项税额转出"专栏，记录单位购进货物、加工修理修配劳务、服务、无形资产或不动产等发生非正常损失以及其他原因而不应从销项税额中抵扣、按照规定转出的进项税额。

（2）"未交税金"明细科目，核算单位月度终了从"应交税金"或"预交税金"明细科目转入当月应交未交、多交或预缴的增值税额，以及当月交纳以前期间未交的增值税额。

（3）"预交税金"明细科目，核算单位转让不动产、提供不动产经营租赁服务等，以及其他按照现行增值税制度规定应预缴的增值税额。

（4）"待抵扣进项税额"明细科目，核算单位已取得增值税扣税凭证并经税务机关认证，按照现行增值税制度规定准予以后期间从销项税额中抵扣的进项税额。

（5）"待认证进项税额"明细科目，核算单位由于未经税务机关认证而不得从当期销项税额中抵扣的进项税额。包括：一般纳税人已取得增值税扣税凭证并按规定准予从销项税额中抵扣，但尚未经税务机关认证的进项税额；一般纳税人已申请稽核但尚未取得稽核相符结果的海关缴款书进项税额。

（6）"待转销项税额"明细科目，核算单位销售货物、加工修理修配劳务、服务、无形资产或不动产，已确认相关收入（或利得）但尚未发生增值税纳税义务而需于以后期间确认为销项税额的增值税额。

（7）"简易计税"明细科目，核算单位采用简易计税方法发生的增值税计提、扣减、预缴、缴纳等业务。

（8）"转让金融商品应交增值税"明细科目，核算单位转让金融商品发生的增值税额。

(9)"代扣代交增值税"明细科目,核算单位购进在境内未设经营机构的境外单位或个人在境内的应税行为代扣代缴的增值税。

属于增值税小规模纳税人的单位只需在"应交增值税"科目下设置"转让金融商品应交增值税""代扣代交增值税"明细科目。

1. 单位取得资产或接受劳务等业务

(1)采购等业务进项税额允许抵扣。单位购买用于增值税应税项目的资产或服务等时,按照应计入相关成本费用或资产的金额,借记"业务活动费用""在途物品""库存物品""工程物资""在建工程""固定资产""无形资产"等科目,按照当月已认证的可抵扣增值税额,借记"应交增值税"科目(应交税金——进项税额),按照当月未认证的可抵扣增值税额,借记"应交增值税"科目(待认证进项税额),按照应付或实际支付的金额,贷记"应付账款""应付票据""银行存款""零余额账户用款额度"等科目。发生退货的,如原增值税专用发票已做认证,应根据税务机关开具的红字增值税专用发票做相反的会计分录;如原增值税专用发票未做认证,应将发票退回并做相反的会计分录。

小规模纳税人购买资产或服务等时不能抵扣增值税,发生的增值税计入资产成本或相关成本费用。

[例3-4] 某事业单位为增值税一般纳税人,2×19年5月6日购入一批经营用材料,取得增值税专用发票注明材料价款24 000元,增值税进项税额4 080元,已经认证可以抵扣。材料验收入库,货款已经支付。

财务会计分录如下:

借:库存物品　　　　　　　　　　　　　　　　　　　　　　24 000
　　应交增值税——应交税金(进项税额)　　　　　　　　　 4 080
　　贷:银行存款　　　　　　　　　　　　　　　　　　　　　28 080

预算会计分录如下:

借:经营支出　　　　　　　　　　　　　　　　　　　　　　28 080
　　贷:资金结存——货币资金　　　　　　　　　　　　　　　28 080

[例3-5] 某事业单位为增值税一般纳税人,2×19年5月10日购入一批经营用材料,取得增值税专用发票注明材料价款10 000元,增值税进项税额1 600元,增值税发票尚未认证抵扣。材料验收入库,货款尚未支付。

财务会计分录如下:

借:库存物品　　　　　　　　　　　　　　　　　　　　　　10 000
　　应交增值税——应交税金(待认证进项税额)　　　　　　 1 600
　　贷:应付账款　　　　　　　　　　　　　　　　　　　　　11 600

(2)采购等业务进项税额不得抵扣。单位购进资产或服务等,用于简易计税方法计税项目、免征增值税项目、集体福利或个人消费等,其进项税额按照现行增值税制度规定不得从销项税额中抵扣的,取得增值税专用发票时,应按照增值税发票注明的金额,借记相关成本费用或资产科目,按照待认证的增值税进项税额,借记"应交增值税"科目(待认证进项税额),按照实际支付或应付的金额,贷记"银行存款""应付账款""零余额账户用款额度"等科目。经税务机关认证为不可抵扣进项税时，借记"应交增值税"科目（应交税金——进项税额）科目，贷记"应交增值税"科目（待认证进项税额），同时，将进项税额转出，借记相关成本费用科目，贷记"应交增值税"科目（应交税金——进项税额转出）。

[例3-6] 某事业单位为增值税一般纳税人，2×19年9月25日购入一批经营用商品，取得增值税专用发票注明材料价款50 000元，增值税进项税额8 000元，增值税发票尚未认证抵扣。材料验收入库，货款尚未支付。

财务会计分录如下：

借：库存商品　　　　　　　　　　　　　　　　　　　　　　　50 000
　　应交增值税——应交税金（待认证进项税额）　　　　　　　　8 000
　　贷：应付账款　　　　　　　　　　　　　　　　　　　　　　58 000

[例3-7] 某事业单位为增值税一般纳税人，2×19年10月1日将购入的经营用部分商品，作为福利发放给员工，商品成本10 000元，增值税进项税额1 600元，增值税发票尚未认证抵扣。

财务会计分录如下：

借：应交增值税——应交税金（进项税额）　　　　　　　　　　1 600
　　贷：应交增值税——应交税金（待认证进项税额）　　　　　　1 600
借：应付职工薪酬　　　　　　　　　　　　　　　　　　　　　11 700
　　贷：应交增值税——应交税金（进项税额转出）　　　　　　　1 700
　　　　库存物品　　　　　　　　　　　　　　　　　　　　　10 000

（3）购进不动产或不动产在建工程按照规定进项税额分年抵扣。单位取得应税项目为不动产或者不动产在建工程，其进项税额按照现行增值税制度规定自取得之日起分2年从销项税额中抵扣的，应当按照取得成本，借记"固定资产""在建工程"等科目，按照当期可抵扣的增值税额，借记"应交增值税"科目（应交税金——进项税额），按照以后期间可抵扣的增值税额，借记"应交增值税"科目（待抵扣进项税额），按照应付或实际支付的金额，贷记"应付账款""应付票据""银行存款""零余额账户用款额度"等科目。尚未抵扣的进项税额待以后期间允许抵扣时，按照允许抵扣的金额，借记"应交增值税"科目（应交税金——进项税额），贷记"应交增值税"科目（待抵扣进项税额）。

[例3-8] 某事业单位为增值税一般纳税人，2×19年10月15日购入一间经营办公室，取得增值税专用发票注明材料价款2 000 000元，增值税进项税额320 000元，按税法规定，增值税分两年抵扣，增值税发票已认证。货款通过银行转账支付。

财务会计分录如下：

借：固定资产　　　　　　　　　　　　　　　　　　　　　　2 000 000
　　应交增值税——应交税金（进项税额）　　　　　　　　　　160 000
　　应交增值税——应交税金（待抵扣进项税额）　　　　　　　160 000
　　贷：应付账款　　　　　　　　　　　　　　　　　　　　2 320 000

[例3-9] 某事业单位为增值税一般纳税人，2×20年1月12日将上年购进不动产尚未抵扣的增值税予以抵扣，可抵扣的增值税为170 000元。

财务会计分录如下：

借：应交增值税——应交税金（进项税额）　　　　　　　　　　160 000
　　贷：应交增值税——应交税金（待抵扣进项税额）　　　　　160 000

（4）进项税额抵扣情况发生改变。单位因发生非正常损失或改变用途等，原已计入进项税额、待抵扣进项税额或待认证进项税额，但按照现行增值税制度规定不得从销项税额中抵扣的，借记"待处理财产损益""固定资产""无形资产"等科目，贷记"应交增值税"科目（应交税金——进项税额转出）、"应交增值税"科目（待抵扣进项税额）或"应交增值税"科目（待认证进项税额）；原不得抵扣且未抵扣进项税额的固定资产、无形资产等，因改变用途等用于允许抵扣进项税额的应税项目的，应按照允许抵扣的进项税额，借记"应交增值税"科目（应交税金——进项税额），贷记"固定资产""无形资产"等科目。固定资产、无形资产等经上述调整后，应按照调整后的账面价值在剩余尚可使用年限内计提折旧或摊销。单位购进时已全额计入进项税额的货物或服务等转用于不动产在建工程的，对于结转以后期间的进项税额，应借记"应交增值税"科目（待抵扣进项税额），贷记"应交增值税"科目（应交税金——进项税额转出）。

[例3-10] 某事业单位为增值税一般纳税人，2×19年10月15日购入一间事业用办公室，取得增值税专用发票注明材料价款2 000 000元，增值税进项税额320 000元，按照税法不能抵扣，购入后即可改变用途，改为经营用房。按税法规定，能够抵扣。款项通过银行转账支付。

财务会计分录如下：

借：固定资产　　　　　　　　　　　　　　　　　　　　　　2 320 000
　　贷：银行存款　　　　　　　　　　　　　　　　　　　　2 320 000

预算会计分录如下：

借：事业支出　　　　　　　　　　　　　　　　　　　　　　2 320 000
　　贷：资金结存——货币资金　　　　　　　　　　　　　　2 320 000

改变用途，按税法规定，增值税不能抵扣，财务会计分录如下：

借：应交增值税——应交税金（进项税额）　　　　　　　　　　320 000
　　贷：固定资产　　　　　　　　　　　　　　　　　　　　320 000

（5）购买方作为扣缴义务人。按照现行增值税制度规定，境外单位或个人在境内发生应税行为，在境内未设有经营机构的，以购买方为增值税扣缴义务人。境内一般纳税人购进服务或资产时，按照应计入相关成本费用或资产的金额，借记"业务活动费用""在途物品""库存物品""工程物资"、在建工程""固定资产""无形资产"等科目，按照可抵扣的增值税额，借记"应交增值税"科目（应交税金——进项税额）[小规模纳税人应借记相关成本费用或资产科目]，按照应付或实际支付的金额，贷记"银行存款""应付账款"等科目，按照应代扣代缴的增值税额，贷记"应交增值税"科目（代扣代缴增值税）。实际缴纳代扣代缴增值税时，按照代扣代缴的增值税额，借记"应交增值税"科目（代扣代缴增值税），贷记"银行存款""零余额账户用款额度"等科目。

[例3-11] 某事业单位为增值税一般纳税人，2×19年10月20日从海外公司驻中

国境内机构购入商品一批,用于开展事业活动,按税法规定,事业单位为这家海外公司驻中国机构的增值税扣缴义务人,收到增值税专用发票注明材料价款 30 000 元,增值税额 4 800 元,货款已经通过零余额账户支付。

财务会计分录如下:

借:库存商品　　　　　　　　　　　　　　　　　　　　　34 800
　　贷:零余额账户用款额度　　　　　　　　　　　　　　　　30 000
　　　　应交增值税——代扣代缴增值税　　　　　　　　　　　4 800
借:应交增值税——代扣代缴增值税　　　　　　　　　　　　4 800
　　贷:零余额账户用款额度　　　　　　　　　　　　　　　　4 800

预算会计分录如下:

借:事业支出　　　　　　　　　　　　　　　　　　　　　　34 800
　　贷:资金结存——零余额账户用款额度　　　　　　　　　　34 800

2. 单位销售资产或提供服务等业务

(1) 销售资产或提供服务业务。单位销售货物或提供服务,应当按照应收或已收的金额,借记"应收账款""应收票据""银行存款"等科目,按照确认的收入金额,贷记"经营收入""事业收入"等科目,按照现行增值税制度规定计算的销项税额(或采用简易计税方法计算的应纳增值税额),贷记"应交增值税"科目(应交税金——销项税额)或"应交增值税"科目(简易计税)[小规模纳税人应贷记"应交增值税"科目]。发生销售退回的,应根据按照规定开具的红字增值税专用发票做相反的会计分录。按照本制度及相关政府会计准则确认收入的时点早于按照增值税制度确认增值税纳税义务发生时点的,应将相关销项税额计入"应交增值税"科目(待转销项税额),待实际发生纳税义务时再转入"应交增值税"科目(应交税金——销项税额)或"应交增值税"科目(简易计税)。按照增值税制度确认增值税纳税义务发生时点早于按照本制度及相关政府会计准则确认收入的时点的,应按照应纳增值税额,借记"应收账款"科目,贷记"应交增值税"科目(应交税金——销项税额)或"应交增值税"科目(简易计税)。

[例 3-12] 某事业单位为增值税一般纳税人,5 月 15 日销售自产产品,开出增值税专用发票注明材料价款 30 000 元,增值税额 4 800 元,货款已经收到并存入银行。产品成本 26 000 元。

财务会计分录如下:

借:银行存款　　　　　　　　　　　　　　　　　　　　　34 800
　　贷:经营收入　　　　　　　　　　　　　　　　　　　　30 000
　　　　应交增值税——应交税金(销项税额)　　　　　　　4 800
借:经营费用　　　　　　　　　　　　　　　　　　　　　　26 000
　　贷:库存商品　　　　　　　　　　　　　　　　　　　　26 000

预算会计分录如下:

借:资金结存——货币资金　　　　　　　　　　　　　　　　34 800
　　贷:经营预算收入　　　　　　　　　　　　　　　　　　34 800

(2) 金融商品转让按照规定以盈亏相抵后的余额作为销售额。金融商品实际转让月末,如产生转让收益,则按照应纳税额,借记"投资收益"科目,贷记"应交增值税"科目(转让金融商品应交增值税);如产生转让损失,则按照可结转下月抵扣税额,借记"应交增值税"科目(转让金融商品应交增值税),贷记"投资收益"科目。交纳增值税时,应借记"应交增值税"科目(转让金融商品应交增值税),贷记"银行存款"等科目。年末,"应交增值税"科目(转让金融商品应交增值税)如有借方余额,则借记"投资收益"科目,贷记"应交增值税"科目(转让金融商品应交增值税)。如涉及预算会计业务的,需同时做预算会计处理。

[例 3-13] 某事业单位为增值税一般纳税人,2×19年11月1日转让当年买入的金融理财产品,开出增值税专用发票注明价款200 000元,增值税额12000元,货款已经收到并存入银行。理财产品的成本180 000元。

财务会计分录如下:
借:银行存款　　　　　　　　　　　　　　　　　　200 000
　　贷:短期投资　　　　　　　　　　　　　　　　　　180 000
　　　　投资收益　　　　　　　　　　　　　　　　　　 20 000
借:投资收益　　　　　　　　　　　　　　　　　　　 1 200
　　贷:应交增值税——转让金融商品应交增值税　　　　1 200
借:应交增值税——转让金融商品应交增值税　　　　　1 200
　　贷:银行存款　　　　　　　　　　　　　　　　　　　1 200

预算会计分录如下:
借:资金结存——货币资金　　　　　　　　　　　　200 000
　　贷:投资支出　　　　　　　　　　　　　　　　　　180 000
　　　　投资预算收益　　　　　　　　　　　　　　　　 20 000
借:投资预算收益　　　　　　　　　　　　　　　　　 1 200
　　贷:资金结存——货币资金　　　　　　　　　　　　1 200

3. 月末转出多交增值税和未交增值税

月度终了,单位应当将当月应交未交或多交的增值税自"应交税金"明细科目转入"未交税金"明细科目。对于当月应交未交的增值税,借记"应交增值税"科目(应交税金——转出未交增值税),贷记"应交增值税"科目(未交税金);对于当月多交的增值税,借记"应交增值税"科目(未交税金),贷记"应交增值税"科目(应交税金——转出多交增值税)。

4. 交纳增值税

(1)交纳当月应交增值税.单位交纳当月应交的增值税,借记"应交增值税"科目(应交税金——已交税金),贷记"银行存款"等科目。

(2)交纳以前期间未交增值税。单位交纳以前期间未交的增值税,借记"应交增值税"科目(未交税金),贷记"银行存款"等科目。

(3)预交增值税。单位预交增值税时,借记"应交增值税"科目(预交税金),贷记"银行存款"等科目。月末,单位应将"预交税金"明细科目余额转入"未交税金"明细科目,借记"应交增值税"科目(未交税金),贷记"应交增值税"科目(预交税金)。

（4）减免增值税。对于当期直接减免的增值税，借记"应交增值税"科目（应交税金——减免税款），贷记"业务活动费用""经营费用"等科目。按照现行增值税制度规定，单位初次购买增值税税控系统专用设备支付的费用以及缴纳的技术维护费允许在增值税应纳税额中全额抵减的，按照规定抵减的增值税应纳税额，借记"应交增值税"科目（应交税金——减免税款），贷记"业务活动费用""经营费用"等科目。

"应交增值税"科目期末贷方余额，反映单位应交未交的增值税；期末如为借方余额，反映单位尚未抵扣或多交的增值税。

[例 3-14] 某事业单位为增值税一般纳税人，2×19 年 5 月 31 日按税法规定，缴纳经营活动本月增值税 1 500 元，已通过银行转账支付。月末当月未交增值税 800 元。

财务会计分录如下：

借：应交增值税——应交税金（已交税金）　　　　　　　　1 500
　　贷：银行存款　　　　　　　　　　　　　　　　　　　　　1 500
借：应交增值税——应交税金（转出未交增值税）　　　　　 800
　　贷：应交增值税——未交税金　　　　　　　　　　　　　　 800

预算会计分录如下：

借：经营支出　　　　　　　　　　　　　　　　　　　　　　1 500
　　贷：资金结存——货币资金　　　　　　　　　　　　　　　1 500

（三）其他应交税费

其他应交税费是指单位按照税法等规定计算应交纳的除增值税以外的各种税费，包括城市维护建设税、教育费附加、地方教育费附加、车船税、房产税、城镇土地使用税和企业所得税以及单位代扣代缴的个人所得税等。单位应交纳的印花税不需要预提应交税费，直接通过"业务活动费用""单位管理费用""经营费用"等科目核算，不通过"其他应交税费"科目核算。

单位设置"其他应交税费"科目核算单位按照税法等规定计算应交纳的除增值税以外的各种税费。发生城市维护建设税、教育费附加、地方教育费附加、车船税、房产税、城镇土地使用税等纳税义务的，按照税法规定计算的应缴税费金额，借记"业务活动费用""单位管理费用""经营费用"等科目，贷记"其他应交税费"科目。按照税法规定计算应代扣代缴职工的个人所得税，借记"应付职工薪酬"科目，贷记"其他应交税费"科目。按照税法规定计算应代扣代缴支付给职工以外人员劳务费的个人所得税，借记"业务活动费用""单位管理费用"等科目，贷记"其他应交税费"科目。发生企业所得税纳税义务的，按照税法规定计算的应交所得税额，借记"所得税费用"科目，贷记"其他应交税费"科目。单位实际交纳上述各种税费时，借记"其他应交税费"科目，贷记"财政拨款收入""零余额账户用款额度""银行存款"等科目。"其他应交税费"科目期末贷方余额，反映单位应交未交的除增值税以外的税费金额；期末如为借方余额，反映单位多交纳的除增值税以外的税费金额。如涉及预算会计业务的，需同时做预算会计处理。

[例 3-15] 某事业单位为增值税一般纳税人，2×19 年 5 月 31 日按税法规定，缴纳本月经营活动城建税 2000 元，教育费附加 500 元。已通过银行转账支付。

财务会计分录如下：

借：经营费用 2500
　　贷：其他应交税费——应交城建税 2000
　　　　　　　　　　——应交教育费附加 500
借：其他应交税费——应交城建税 2000
　　　　　　　　——应交教育费附加 500
　　贷：银行存款 2500
预算会计分录如下：
借：经营支出 2500
　　贷：资金结存——货币资金 2500

（四）应缴财政款

应交财政款是指单位取得或应收的按照规定应当上缴财政的款项，包括应缴国库的款项和应缴财政专户的款项。

单位设置"应交财政款"科目核算单位取得或应收的按照规定应当上缴财政的款项。

单位取得或应收按照规定应缴财政的款项时，借记"银行存款""应收账款"等科目，贷记"应交财政款"。单位处置资产取得的应上缴财政的处置净收入的账务处理，参见"待处理财产损溢"等科目。单位上缴应缴财政的款项时，按照实际上缴的金额，借记"应交财政款"，贷记"银行存款"科目。"应交财政款"科目期末贷方余额，反映单位应当上缴财政但尚未缴纳的款项。年终清缴后，"应交财政款"科目一般应无余额。

[例3-16] 某行政单位在执法过程中取得一笔按照规定应当上缴财政的款项750元，款项已存入开户银行。该行政单位按照规定及时将该笔款项上缴财政国库，款项以银行存款支付。

（1）收到应当上缴财政的款项时，财务会计分录如下：
借：银行存款 750
　　贷：应缴财政款 750
（2）上缴财政款项时，财务会计分录如下：
借：应缴财政款 750
　　贷：银行存款 750

（五）应付职工薪酬

应付职工薪酬是指单位按照有关规定应付给职工及为职工支付的各种薪酬，包括基本工资、国家统一规定的津贴补贴、规范津贴补贴、改革性补贴、社会保险费、住房公积金等。

单位设置"应付职工薪酬"科目核算单位按照有关规定应付给职工及为职工支付的各种薪酬。

计提从事专业及其辅助活动人员的职工薪酬，借记"业务活动费用""单位管理费用"科目，贷记"应付职工薪酬"科目。计提应由在建工程、加工物品、自行研发无形资产负担的职工薪酬，借记"在建工程""加工物品""研发支出"等科目，贷记"应付职工薪酬"科目。计提从事专业及其辅助活动之外的经营活动人员的职工薪酬，借记"经营费用"科目,贷记"应付职工薪酬"科目。因解除与职工的劳动关系而给予的补偿,借记"单位管理费用"等科目,贷记"应付职工薪酬"科目。向职工支付工资、津贴补贴等薪酬时,按照实际支付的金额,借记"应付职工薪酬"科目,贷记"财政拨款收入""零余额账户用款额度""银行存款"等科目。按照税法规定代扣职工个人所得税时,借记"应付职工薪酬"科目(基本工资),贷记"其他应交税费——应交个人所得税"科目。从应付职工薪酬中代扣为职工垫付的水电费、房租等费用时,按照实际扣除的金额,借记"应付职工薪酬"科目(基本工资),贷记"其他应收款"等科目。从应付职工薪酬中代扣社会保险费和住房公积金,按照代扣的金额,借记"应付职工薪酬"科目(基本工资),贷记"应付职工薪酬"科目(社会保险费、住房公积金)。按照国家有关规定缴纳职工社会保险费和住房公积金时,按照实际支付的金额,借记"应付职工薪酬"科目(社会保险费、住房公积金),贷记"财政拨款收入""零余额账户用款额度""银行存款"等科目。从应付职工薪酬中支付的其他款项,借记"应付职工薪酬"科目,贷记"零余额账户用款额度""银行存款"等科目。如果涉及资金收付业务的,还需要编制相关的预算会计分录。"应付职工薪酬"科目期末贷方余额,反映单位应付未付的职工薪酬。

[例3-17] 2×19年5月31日,某事业单位计算本月业务岗位工作人员的工资费用,计算出的应付职工薪酬金额为107 600元。其中,工资86 000元,津贴补贴9 800元,社会保险费6 600元,住房公积金5 200元。该行政单位从应付职工薪酬中代扣代缴社会保险费4 400元和住房公积金5 200元,合计9 600元,代扣代缴个人所得税5 000元。

(1)发生应付职工薪酬时,财务会计分录如下:
借:业务活动费用 107 600
  贷:应付职工薪酬——工资 86 000
     ——津贴补贴 9 800
     ——社会保险费 6 600
     ——住房公积金 5 200

(2)从应付职工薪酬中代扣代缴社会保险费和住房公积金时,财务会计分录如下:
借:应付职工薪酬——工资 9 600
  贷:应付职工薪酬——社会保险费 4 400
     ——住房公积金 5 200

(3)从应付职工薪酬中代扣代缴个人所得税时,财务会计分录如下:
借:应付职工薪酬——工资 5 000
  贷:其他应交税费——应交个人所得税 5 000

[例3-18] 2×19年6月12日,通过财政直接支付方式向职工支付工资、津贴补贴等薪酬81 200元。该事业单位通过财政直接支付方式缴纳单位为职工承担的社会保险费6 600元和住房公积金5 200元,以及代扣代缴的社会保险费4 400元和住房公积金5 200元,金额合计为21 400元。通过财政授权支付方式向税局缴纳职工个人所得税5 000元。

财务会计分录如下:

借：应付职工薪酬——工资 81 200
　　贷：财政拨款收入 81 200
借：应付职工薪酬——社会保险费 11 000
　　　　　　　　　——住房公积金 10 400
　　贷：财政拨款收入 21 400
借：其他应交税费——应交个人所得税 5 000
　　贷：零余额账户用款额度 5 000
预算会计分录如下：
借：事业支出 81 200
　　贷：财政拨款预算收入 81 200
借：事业支出 5 000
　　贷：资金结存——零余额账户用款额度 5 000

（六）应付票据

应付票据是指单位因购买材料、物资等而开出、承兑的商业汇票，包括银行承兑汇票和商业承兑汇票。

单位设置"应付票据"科目核算单位因购买材料、物资等而开出、承兑的商业汇票。

开出、承兑商业汇票时，借记"库存物品""固定资产"等科目，贷记"应付票据"科目。涉及增值税业务的，相关账务处理参见"应交增值税"科目。以商业汇票抵付应付账款时，借记"应付账款"科目，贷记"应付票据"科目。支付银行承兑汇票的手续费时，借记"业务活动费用""经营费用"等科目，贷记"银行存款""零余额账户用款额度"等科目。商业汇票到期时，应当分别以下情况处理：收到银行支付到期票据的付款通知时，借记"应付票据"科目，贷记"银行存款"科目；银行承兑汇票到期，单位无力支付票款的，按照应付票据账面余额，借记"应付票据"科目，贷记"短期借款"科目；商业承兑汇票到期，单位无力支付票款的，按照应付票据账面余额，借记"应付票据"科目，贷记"应付账款"科目。如果涉及资金收付业务的，还需要编制相关的预算会计分录。单位应当设置"应付票据备查簿"，详细登记每一应付票据的种类、号数、出票日期、到期日、票面金额、交易合同号、收款人姓名或单位名称，以及付款日期和金额等。应付票据到期结清票款后，应当在备查簿内逐笔注销。"应付票据"科目期末贷方余额，反映事业单位开出、承兑的尚未到期的应付票据金额。如涉及预算会计业务的，需同时做预算会计处理。

[例3-19] 某事业单位是小规模纳税人，向甲公司购买专业活动用材料一批，开出一张58 000元的无息商业承兑汇票。

财务会计分录如下：
借：库存物品 58 000
　　贷：应付票据——甲公司 58 000

[例3-20] 接例[3-19]中该事业单位开出的商业承兑汇票到期，收到开户行支付本金58 000元的通知。

财务会计分录如下：

借：应付票据——甲公司　　　　　　　　　　　　　　　　　58 000
　　贷：银行存款　　　　　　　　　　　　　　　　　　　　　58 000
预算会计分录如下：
借：事业支出　　　　　　　　　　　　　　　　　　　　　　58 000
　　贷：资金结存——货币资金　　　　　　　　　　　　　　58 000
若无力支付款项：
财务会计分录如下：
借：应付票据——甲公司　　　　　　　　　　　　　　　　　58 000
　　贷：应付账款　　　　　　　　　　　　　　　　　　　　58 000

（七）应付账款

应付账款是指单位因购买物资、接受服务、开展工程建设等而应付的偿还期限在1年以内（含1年）的款项。

单位设置"应付账款"科目核算单位因购买物资、接受服务、开展工程建设等而应付的偿还期限在1年以内（含1年）的款项。

"应付账款"科目应当按照债权人进行明细核算。对于建设项目，还应设置"应付器材款""应付工程款"等明细科目，并按照具体项目进行明细核算。收到所购材料、物资、设备或服务以及确认完成工程进度但尚未付款时，根据发票及账单等有关凭证，按照应付未付款项的金额，借记"库存物品""固定资产""在建工程"等科目，贷记"应付账款"科目。涉及增值税业务的，相关账务处理参见"应交增值税"科目。偿付应付账款时，按照实际支付的金额，借记"应付账款"科目，贷记"财政拨款收入""零余额账户用款额度""银行存款"等科目。如果涉及资金收付业务的，还需要编制相关的预算会计分录。开出、承兑商业汇票抵付应付账款时，借记"应付账款"科目，贷记"应付票据"科目。无法偿付或债权人豁免偿还的应付账款，应当按照规定报经批准后进行账务处理。经批准核销时，借记"应付账款"科目，贷记"其他收入"科目。核销的应付账款应在备查簿中保留登记。"应付账款"科目期末贷方余额，反映单位尚未支付的应付账款金额。"应付账款"科目期末贷方余额，反映单位尚未支付的应付账款金额。如涉及预算会计业务的，需同时做预算会计处理。

[例3-21] 某事业单位购买一批办公桌7 250元，款项尚未支付货已到。之后，该单位通过银行存款支付了相应款项。

（1）购入办公桌，款项尚未支付时，财务会计分录如下：
借：固定资产　　　　　　　　　　　　　　　　　　　　　　7 250
　　贷：应付账款　　　　　　　　　　　　　　　　　　　　 7 250
（2）支付货款时，财务会计分录如下：
借：应付账款　　　　　　　　　　　　　　　　　　　　　　7 250
　　贷：零余额账户用款额度　　　　　　　　　　　　　　　 7 250
预算会计分录如下：
借：事业支出　　　　　　　　　　　　　　　　　　　　　　7 250
　　贷：资金结存——零余额账户用款额度　　　　　　　　　 7 250

(八) 应付政府补贴款

应付政府补贴款是指负责发放政府补贴的行政单位，按照规定应当支付给政府补贴接受者的各种政府补贴款。

单位设置"应付政府补贴款"科目核算负责发放政府补贴的行政单位，按照规定应当支付给政府补贴接受者的各种政府补贴款。

"应付政府补贴款"科目应当按照应支付的政府补贴种类进行明细核算。单位还应当根据需要按照补贴接受者进行明细核算，或者建立备查簿对补贴接受者予以登记。发生应付政府补贴时，按照依规定计算确定的应付政府补贴金额，借记"业务活动费用"科目，贷记"应付政府补贴款"科目。支付应付政府补贴款时，按照支付金额，借记"应付政府补贴款"科目，贷记"零余额账户用款额度""银行存款"等科目。如果涉及资金收付业务的，还需要编制相关的预算会计分录。"应付政府补贴款"科目期末贷方余额，反映行政单位应付未付的政府补贴金额。如涉及预算会计业务的，需同时做预算会计处理。

[例 3-22] 某行政单位发生应付政府补贴业务，按照规定计算出的应付政府补贴金额 45 000 元之后，政府单位通过单位零余额账户支付了以上应付政府补贴款项。

(1) 发生应付政府补贴时，财务会计分录如下：

借：业务活动费用　　　　　　　　　　　　　　　　45 000
　　贷：应付政府补贴款　　　　　　　　　　　　　　　　45 000

(2) 支付应付政府补贴款时，财务会计分录如下：

借：应付政府补贴款　　　　　　　　　　　　　　　45 000
　　贷：零余额账户用款额度　　　　　　　　　　　　　　45 000

预算会计分录如下：

借：行政支出　　　　　　　　　　　　　　　　　　45 000
　　贷：资金结存——零余额账户用款额度　　　　　　　　45 000

(九) 应付利息

应付利息是指单位按照合同约定应支付的借款利息，包括短期借款、分期付息到期还本的长期借款等应支付的利息。

单位设置"应付利息"科目核算单位按照合同约定应支付的借款利息。

"应付利息"科目应当按照债权人等进行明细核算。为建造固定资产、公共基础设施等借入的专门借款的利息，属于建设期间发生的，按期计提利息费用时，按照计算确定的金额，借记"在建工程"科目，贷记"应付利息"科目；不属于建设期间发生的，按期计提利息费用时，按照计算确定的金额，借记"其他费用"科目，贷记"应付利息"科目。对于其他借款，按期计提利息费用时，按照计算确定的金额，借记"其他费用"科目，贷记"应付利息"科目。实际支付应付利息时，按照支付的金额，借记"应付利息"科目，贷记"银行存款"等科目。如果涉及资金收付业务的，还需要编制相关的预算会计分录。"应付利息"科目期末贷方余额，反映事业单位应付未付的利息金额。如涉及预算会计业务的，需同时做预算会计处理。

[例 3-23] 某事业单位建造一幢大楼（工期一年），于 2×19 年 1 月 1 日年向银行取得为期 1 年的借款 800 000 元，存入银行，该单位当即将该项资金投入到大楼的建造

中，在 2×19 年末归还该笔长期借款的本金及利息。假定该单位按月计提利息费用。

（1）每月计算利息时（假定每月末计提利息），财务会计分录如下：

借：在建工程——大楼　　　　　　　　　　　　　　　　8 000
　　贷：应付利息　　　　　　　　　　　　　　　　　　　　8 000

（2）付还本金及利息，财务会计分录如下：

借：长期借款　　　　　　　　　　　　　　　　　　800 000
　　应付利息　　　　　　　　　　　　　　　　　　　96 000
　　贷：银行存款　　　　　　　　　　　　　　　　　　896 000

预算会计分录如下：

借：债务还本支出　　　　　　　　　　　　　　　　800 000
　　其他支出　　　　　　　　　　　　　　　　　　　96 000
　　贷：资金结存——货币资金　　　　　　　　　　　　896 000

（十）预收账款

预收账款是指单位预先收取但尚未结算的款项。

单位设置"预收账款"科目核算单位预先收取但尚未结算的款项。

"预收账款"科目应当按照债权人进行明细核算。从付款方预收款项时，按照实际预收的金额，借记"银行存款"等科目，贷记"预收账款"科目。确认有关收入时，按照预收账款账面余额，借记"预收账款"科目，按照应确认的收入金额，贷记"事业收入""经营收入"等科目，按照付款方补付或退回付款方的金额，借记或贷记"银行存款"等科目。涉及增值税业务的，相关账务处理参见"应交增值税"科目。无法偿付或债权人豁免偿还的预收账款，应当按照规定报经批准后进行账务处理。经批准核销时，借记"预收账款"科目，贷记"其他收入"科目。核销的预收账款应在备查簿中保留登记。如果涉及资金收付业务的，还需要编制相关的预算会计分录。"预收账款"科目期末贷方余额，反映事业单位预收但尚未结算的款项金额。如涉及预算会计业务的，需同时做预算会计处理。

[例 3-24] 某事业单位向甲单位提供劳务服务，收到甲单位预先支付费用 8 000 元。

财务会计分录如下：

借：银行存款　　　　　　　　　　　　　　　　　　8 000
　　贷：预收账款——甲单位　　　　　　　　　　　　　8 000

预算会计分录如下：

借：资金结存——货币资金　　　　　　　　　　　　8 000
　　贷：事业预算收入　　　　　　　　　　　　　　　　8 000

（十一）其他应付款

其他应付款是指单位除应交增值税、其他应交税费、应缴财政款、应付职工薪酬、应付票据、应付账款、应付政府补贴款、应付利息、预收账款以外，其他各项偿还期限在 1 年（含 1 年）的应付及暂收款项，如收取的押金、存入保证金、已经报销但尚未偿还银行的本单位公务卡欠款等。同级政府财政部门预拨的下期预算款和没有纳入预算的暂付款项，以及采用实拨资金方式通过本单位转拨给下属单位的财政拨款，也通过

"其他应付款"科目核算。

单位设置"其他应付款"科目核算单位收取的押金、存入保证金、已经报销但尚未偿还银行的本单位公务卡欠款等。

"其他应付款"科目应当按照其他应付款的类别以及债权人等进行明细核算。发生其他应付及暂收款项时,借记"银行存款"等科目,贷记"其他应付款"科目。支付(或退回)其他应付及暂收款项时,借记"其他应付款"科目,贷记"银行存款"等科目。将暂收款项转为收入时,借记"其他应付款"科目,贷记"事业收入"等科目。收到同级政府财政部门预拨的下期预算款和没有纳入预算的暂付款项,按照实际收到的金额,借记"银行存款"等科目,贷记"其他应付款"科目;待到下一预算期或批准纳入预算时,借记"其他应付款"科目,贷记"财政拨款收入"科目。采用实拨资金方式通过本单位转拨给下属单位的财政拨款,按照实际收到的金额,借记"银行存款"科目,贷记"其他应付款"科目;向下属单位转拨财政拨款时,按照转拨的金额,借记"其他应付款"科目,贷记"银行存款"科目。本单位公务卡持卡人报销时,按照审核报销的金额,借记"业务活动费用""单位管理费用"等科目,贷记"其他应付款"科目;偿还公务卡欠款时,借记"其他应付款"科目,贷记"零余额账户用款额度"等科目。涉及质保金形成其他应付款的,相关账务处理参见"固定资产"科目。无法偿付或债权人豁免偿还的其他应付款项,应当按照规定报经批准后进行账务处理。经批准核销时,借记"其他应付款"科目,贷记"其他收入"科目。核销的其他应付款应在备查簿中保留登记。如果涉及资金收付业务的,还需要编制相关的预算会计分录。"其他应付款"科目期末贷方余额,反映单位尚未支付的其他应付款金额。如涉及预算会计业务的,需同时做预算会计处理。

[例3-25] 2×19年5月6日,某事业单位公务卡持卡人李明报销差旅费,审核报销的金额为4 500元,5月15日偿还公务卡欠款4 500元。

(1)持卡人报销时,财务会计分录如下:

借:单位管理费用　　　　　　　　　　　　　　　　　4 500
　　贷:其他应付款　　　　　　　　　　　　　　　　　　4 500

(2)偿还公务卡欠款时,财务会计分录如下:

借:其他应付款　　　　　　　　　　　　　　　　　　4 500
　　贷:零余额账户用款额度　　　　　　　　　　　　　　4 500

预算会计分录如下:

借:事业支出　　　　　　　　　　　　　　　　　　　4 500
　　贷:资金结存——零余额账户用款额度　　　　　　　　4 500

(十二)预提费用

预提费用是指单位预先提取的已经发生但尚未支付的费用,如预提租金费用等。事业单位按规定从科研项目收入中提取的项目间接费用或管理费,也通过"预提费用"科目核算。事业单位计提的借款利息费用,通过"应付利息""长期借款"科目核算,不通过"预提费用"科目核算。

单位设置"预提费用"科目核算单位预先提取的已经发生但尚未支付的费用。

"预提费用"科目应当按照预提费用的种类进行明细核算。对于提取的项目间接费用或管理费,应当在"预提费用"科目下设置"项目间接费用或管理费"明细科目,并按项目进行明细核算。项目间接费用或管理费按规定从科研项目收入中提取项目间接费用或管理费时,按照提取的金额,借记"单位管理费用"科目,贷记"预提费用"科目(项目间接费用或管理费)。实际使用计提的项目间接费用或管理费时,按照实际支付的金额,借"预提费用"科目(项目间接费用或管理费),贷记"银行存款""库存现金"等科目。其他预提费用按期预提租金等费用时,按照预提的金额,借记"业务活动费用""单位管理费用""经营费用"等科目,贷记"预提费用"科目。实际支付款项时,按照支付金额,借记"预提费用"科目,贷记"零余额账户用款额度""银行存款"等科目。如果涉及资金收付业务的,还需要编制相关的预算会计分录。"预提费用"科目期末贷方余额,反映单位已预提但尚未支付的各项费用。如涉及预算会计业务的,需同时做预算会计处理。

[例3-26] 某事业单位于2×19年10月预提按规定计提科研项目A项目间接费用20 000元,按规定使用项目的管理费8 000元。

(1)计提项目间接管理费时,财务会计分录如下:

借:单位管理费用　　　　　　　　　　　　　　　　20 000
　　贷:预提费用——项目间接费用或管理费　　　　　　　　20 000

预算会计分录如下:

借:非财政拨款结转——项目间接费用或管理费　　　　20 000
　　贷:非财政拨款结余——项目间接费用或管理费　　　　　20 000

(2)使用项目管理费时,财务会计分录如下:

借:预提费用——项目间接费用或管理费　　　　　　8 000
　　贷:银行存款　　　　　　　　　　　　　　　　　　　8 000

预算会计分录如下:

借:事业支出　　　　　　　　　　　　　　　　　　8 000
　　贷:资金结存——货币资金　　　　　　　　　　　　　　8 000

第二节

非流动负债

一、非流动负债的含义与内容

非流动负债是指预计超过一年偿还的债务。行政事业单位的非流动负债包括长期借款、长期应付款、预计负债。

二、非流动负债的核算

(一)长期借款

长期借款是指单位向银行等金融机构借入归还期限超过1年(不含1年)的各种

借款。

单位设置"长期借款"科目核算单位向银行等金融机构借入归还期限超过1年（不含1年）的各种借款。

"长期借款"科目应当设置"本金"和"应计利息"明细科目，并按照贷款单位和贷款种类进行明细核算。对于建设项目借款，还应按照具体项目进行明细核算。借入各项长期借款时，按照实际借入的金额，借记"银行存款"科目，贷记"长期借款"科目（本金）。为建造固定资产、公共基础设施等应支付的专门借款利息，按期计提利息时，分别以下情况处理：属于工程项目建设期间发生的利息，计入工程成本，按照计算确定的应支付的利息金额，借记"在建工程"科目，贷记"应付利息"科目；属于工程项目完工交付使用后发生的利息，计入当期费用，按照计算确定的应支付的利息金额，借记"其他费用"科目，贷记"应付利息"科目。按期计提其他长期借款的利息时，按照计算确定的应支付的利息金额，借记"其他费用"科目，贷记"应付利息"科目［分期付息、到期还本借款的利息］或"长期借款"科目（应计利息）［到期一次还本付息借款的利息］。到期归还长期借款本金、利息时，借记"长期借款"科目（本金、应计利息），贷记"银行存款"科目。同时，借记"债务还本支出""其他支出"等，贷记"资金结存"科目。如果涉及资金收付业务的，还需要编制相关的预算会计分录。"长期借款"科目期末贷方余额，反映事业单位尚未偿还的长期借款本息金额。如涉及预算会计业务的，需同时做预算会计处理。

［**例3 -27**］某事业单位经批准，于2×19年1月1日向建设银行借入一笔为期3年的长期借款1 000 000元，用于扩建办公用楼，年利率为9%，每年年末归还借款利息，到期一次性还本，办公楼于2×19年12月31日完工。该事业单位应该编制如下的会计分录：

（1）借款存入银行时，财务会计分录如下：

借：银行存款　　　　　　　　　　　　　　　　　1 000 000
　　贷：长期借款　　　　　　　　　　　　　　　　　1 000 000

预算会计分录如下：

借：资金结存——货币资金　　　　　　　　　　　1 000 000
　　贷：债务预算收入　　　　　　　　　　　　　　　1 000 000

（2）2×19年12月完工交付使用时，计算计入工程的利息：

每年应计利息 = 本金 × 利率 = 1 000 000 × 9% = 90 000（元）

财务会计分录如下：

借：在建工程　　　　　　　　　　　　　　　　　　90 000
　　贷：应付利息　　　　　　　　　　　　　　　　　　90 000

（3）2×19年末支付银行利息时，财务会计分录如下：

借：应付利息　　　　　　　　　　　　　　　　　　90 000
　　贷：银行存款　　　　　　　　　　　　　　　　　　90 000

预算会计分录如下：

借：其他支出　　　　　　　　　　　　　　　　　　90 000
　　贷：资金结存——货币资金　　　　　　　　　　　　90 000

（4）2×19年12月末，计算借款的利息：

每年应计利息 = 本金 × 利率 = 1 000 000 × 9% = 90 000（元）

财务会计分录如下：

借：其他费用　　　　　　　　　　　　　　　　　　　　　　90 000
　　贷：应付利息　　　　　　　　　　　　　　　　　　　　　　90 000

（5）2×21年末支付银行利息时，财务会计分录如下：

借：应付利息　　　　　　　　　　　　　　　　　　　　　　90 000
　　贷：银行存款　　　　　　　　　　　　　　　　　　　　　　90 000

预算会计分录如下：

借：其他支出　　　　　　　　　　　　　　　　　　　　　　90 000
　　贷：资金结存——货币资金　　　　　　　　　　　　　　　　90 000

（6）2×21年12月末计算借款的利息，同时归还利息，财务会计分录如下：

借：其他费用　　　　　　　　　　　　　　　　　　　　　　90 000
　　贷：应付利息　　　　　　　　　　　　　　　　　　　　　　90 000
借：应付利息　　　　　　　　　　　　　　　　　　　　　　90 000
　　贷：银行存款　　　　　　　　　　　　　　　　　　　　　　90 000
借：长期借款　　　　　　　　　　　　　　　　　　　　　1 090 000
　　贷：银行存款　　　　　　　　　　　　　　　　　　　　　1 090 000

预算会计分录如下：

借：其他支出　　　　　　　　　　　　　　　　　　　　　　90 000
　　贷：资金结存——货币资金　　　　　　　　　　　　　　　　90 000
借：债务还本支出　　　　　　　　　　　　　　　　　　　1 000 000
　　贷：资金结存——货币资金　　　　　　　　　　　　　　　1 000 000

（二）长期应付款

长期应付款是指单位发生的偿还期限超过1年（不含1年）的应付款项，如以融资租赁方式取得固定资产应付的租赁费等。

单位设置"长期应付款"科目核算单位发生的偿还期限超过1年（不含1年）的应付款项。

"长期应付款"科目应当按照长期应付款的类别以及债权人进行明细核算。发生长期应付款时，借记"固定资产""在建工程"等科目，贷记"长期应付款"科目。支付长期应付款时，按照实际支付的金额，借记"长期应付款"科目，贷记"财政拨款收入""零余额账户用款额度""银行存款"等科目。涉及增值税业务的，相关账务处理参见"应交增值税"科目。无法偿付或债权人豁免偿还的长期应付款，应当按照规定报经批准后进行账务处理。经批准核销时，借记"长期应付款"科目，贷记"其他收入"科目。核销的长期应付款应在备查簿中保留登记。涉及质保金形成长期应付款的，相关账务处理参见"固定资产"科目。如果涉及资金收付业务的，还需要编制相关的预算会计分录。"长期应付款"科目期末贷方余额，反映单位尚未支付的长期应付款金额。如涉及预算会计业务的，需同时做预算会计处理。

[例3-28] 某事业单位采用分期付款方式购入一项固定资产。按照合同约定，该

事业单位每年年末支付购买价款 25 000 元，连续支付四年，共计支付购买价款 100 000 元。该行政单位采用银行存款支付购买价款。相应固定资产在合同签订日即收到并投入使用。

（1）购入固定资产时，财务会计分录如下：

借：固定资产　　　　　　　　　　　　　　　　　　　　　　　100 000
　　贷：长期应付款　　　　　　　　　　　　　　　　　　　　　　100 000

（2）每年年末支付购买价款时，财务会计分录如下：

借：长期应付款　　　　　　　　　　　　　　　　　　　　　　　25 000
　　贷：银行存款　　　　　　　　　　　　　　　　　　　　　　　25 000

预算会计分录如下：

借：事业支出　　　　　　　　　　　　　　　　　　　　　　　　25 000
　　贷：资金结存——货币资金　　　　　　　　　　　　　　　　25 000

（三）预计负债

预计负债是指单位对因或有事项所产生的现时义务而确认的负债，如对未决诉讼等确认的负债。

单位设置"预计负债"科目核算单位对因或有事项所产生的现时义务而确认的负债。

"预计负债"科目应当按照预计负债的项目进行明细核算。确认预计负债时，按照预计的金额，借记"业务活动费用""经营费用""其他费用"等科目，贷记"预计负债"科目。实际偿付预计负债时，按照偿付的金额，借记"预计负债"科目，贷记"银行存款""零余额账户用款额度"等科目。根据确凿证据需要对已确认的预计负债账面余额进行调整的，按照调整增加的金额，借记有关科目，贷记"预计负债"科目；按照调整减少的金额，借记"预计负债"科目，贷记有关科目。如果涉及资金收付业务的，还需要编制相关的预算会计分录。"预计负债"科目期末贷方余额，反映单位已确认但尚未支付的预计负债金额。如涉及预算会计业务的，需同时做预算会计处理。

［例 3－29］2×19 年 10 月，某事业单位因为一项专利技术侵权事件被甲公司提起诉讼，至 12 月 31 日，法院尚未判决，事业单位咨询了法律专家的意见，单位很可能会败诉，如果败诉，很可能会赔偿 200 000 元。

财务会计分录如下：

借：其他费用　　　　　　　　　　　　　　　　　　　　　　　200 000
　　贷：预计负债　　　　　　　　　　　　　　　　　　　　　　200 000

2×20 年 3 月法院判决下达，该事业单位败诉，因为专利技术侵权事件被判决赔偿 20 万元。事业单位认可此判决，不再上诉，并按判决要求支付赔偿款。

财务会计分录如下：

借：预计负债　　　　　　　　　　　　　　　　　　　　　　　200 000
　　贷：银行存款　　　　　　　　　　　　　　　　　　　　　　200 000

预算会计分录如下：

借：其他支出　　　　　　　　　　　　　　　　　　　　　　　200 000
　　贷：资金结存——货币资金　　　　　　　　　　　　　　　200 000

第三节

受托代理负债

一、受托代理负债的含义

受托代理负债是指行政单位接受委托,取得受托管理资产时形成的负债。受托代理负债应当在行政单位收到受托代理资产并产生受托代理义务时确认。

二、受托代理负债的核算

单位设置"受托代理负债"科目核算受托代理负债业务。本科目应当按照委托人等进行明细核算;属于指定转赠物资和资金的,还应当按照指定受赠人进行明细核算。本科目的账务处理参见"受托代理资产""库存现金""银行存款"等科目。"受托代理负债"科目期末贷方余额,反映行政单位尚未清偿的受托代理负债。

[例3-30] 某事业单位收到委托代理的一笔现金5 600元。根据委托人要求,该笔现金应当转赠给有关的受赠人。之后,该事业单位按照委托人的要求,将受托代理的现金支付给了有关的受赠人。

(1) 收到受托代理的现金时,财务会计分录如下:

借:库存现金——受托代理资产　　　　　　　　　　　　　　5 600
　　贷:受托代理负债　　　　　　　　　　　　　　　　　　　　　　5 600

(2) 支付受托代理的现金时,财务会计分录如下:

借:受托代理负债　　　　　　　　　　　　　　　　　　　　　5 600
　　贷:库存现金——受托代理资产　　　　　　　　　　　　　　　　5 600

单位接受委托方委托管理的各项物资,通过"受托代理资产"和"受托代理负债"科目核算。

[例3-31] 某事业单位接收委托管理一批物资500 000元。

财务会计分录如下:

借:受托代理资产　　　　　　　　　　　　　　　　　　　　500 000
　　贷:受托代理负债　　　　　　　　　　　　　　　　　　　　　　500 000

章节练习

一、单项选择题

1. 某事业单位收到委托代理的一笔现金5 000元。根据委托人要求,该笔现金应当转赠给有关的受赠人。收到受托代理的现金时,其会计分录是(　　)。

A. 借:库存现金——受托代理资产　　　　　　　　　　　　5 600

　　　　贷：受托代理负债　　　　　　　　　　　　　　　　　5 600
　　B. 借：受托代理资产　　　　　　　　　　　　　　　　　5 600
　　　　贷：受托代理负债　　　　　　　　　　　　　　　　　5 600
　　C. 借：资金结存——货币资金　　　　　　　　　　　　　5 600
　　　　贷：其他预算收入　　　　　　　　　　　　　　　　　5 600
　　D. 借：库存现金　　　　　　　　　　　　　　　　　　　5 600
　　　　贷：其他收入　　　　　　　　　　　　　　　　　　　5 600

2. 某事业单位为增值税一般纳税人，购入一批经营用材料，取得增值税专用发票注明材料价款20 000元，增值税进项税额3 200元，增值税发票尚未认证抵扣。材料验收入库，货款尚未支付。其会计分录是（　　）。
　　A. 借：库存物品　　　　　　　　　　　　　　　　　　20 000
　　　　应交增值税——应交税金（进项税额）　　　　　　　3 200
　　　　贷：应付账款　　　　　　　　　　　　　　　　　　23 200
　　B. 借：库存物品　　　　　　　　　　　　　　　　　　20 000
　　　　应交增值税——应交税金（待认证进项税额）　　　　3 200
　　　　贷：应付账款　　　　　　　　　　　　　　　　　　23 200
　　C. 借：库存物品　　　　　　　　　　　　　　　　　　20 000
　　　　应交增值税——应交税金（待抵扣进项税额）　　　　3 200
　　　　贷：应付账款　　　　　　　　　　　　　　　　　　23 200
　　D. 借：库存物品　　　　　　　　　　　　　　　　　　20 000
　　　　应交增值税——应交税金（未交税金）　　　　　　　3 200
　　　　贷：应付账款　　　　　　　　　　　　　　　　　　2 3 200

3. 某事业单位为增值税一般纳税人，将购入的经营用部分商品，作为福利发放给员工，其增值税专用发票注明的增值税进项税额计入的会计科目是（　　）。
　　A. 应交增值税——应交税金（进项税额）
　　B. 应交增值税——应交税金（待认证进项税额）
　　C. 应交增值税——应交税金（待抵扣进项税额）
　　D. 应交增值税——应交税金（进项税额转出）

4. 某事业单位无法偿付一笔的应付账款，应当按照规定报经批准后核销，借记"应付账款"科目，同时计入的会计科目是（　　）。
　　A. 事业收入　　　　　　　　　　B. 经营收入
　　C. 其他收入　　　　　　　　　　D. 其他预算收入

5. 某行政单位发生应付政府补贴业务，按照规定计算出的应付政府补贴金额20 000元，其会计分录是（　　）。
　　A. 借：业务活动费用　　　　　　　　　　　　　　　　20 000
　　　　贷：应付政府补贴款　　　　　　　　　　　　　　　20 000
　　B. 借：业务活动费用　　　　　　　　　　　　　　　　20 000
　　　　贷：应付账款　　　　　　　　　　　　　　　　　　20 000
　　C. 借：其他费用　　　　　　　　　　　　　　　　　　20 000

　　　　　贷：应付政府补贴款　　　　　　　　　　　　　　　　20 000
　　　D. 借：业务活动费用　　　　　　　　　　　　　　　　　20 000
　　　　　贷：其他应付款　　　　　　　　　　　　　　　　　　20 000

6. 项目间接费用或管理费按规定从科研项目收入中提取项目间接费用或管理费时，其会计分录是（　　）。

　　　A. 借：业务活动费用　　　　　　　　　　　　　　　　　20 000
　　　　　贷：预提费用　　　　　　　　　　　　　　　　　　　20 000
　　　B. 借：单位管理费用　　　　　　　　　　　　　　　　　20 000
　　　　　贷：预提费用　　　　　　　　　　　　　　　　　　　20 000
　　　C. 借：业务活动费用　　　　　　　　　　　　　　　　　20 000
　　　　　贷：其他应付款　　　　　　　　　　　　　　　　　　20 000
　　　D. 借：单位管理费用　　　　　　　　　　　　　　　　　20 000
　　　　　贷：其他应付款　　　　　　　　　　　　　　　　　　20 000

7. 融资租入固定资产应付的租赁费，支付期限超过一年所形成的负债计入的会计科目是（　　）。

　　　A. 长期借款　　　　　　　　　　B. 长期应付款
　　　C. 其他应付款　　　　　　　　　D. 长期待摊费用

8. 某事业单位因为一项专利技术侵权事件被A公司提起诉讼，至12月31日，法院尚未判决，事业单位咨询了法律专家的意见，单位很可能会败诉，如果败诉，很可能会赔偿30万元。该单位的会计处理是（　　）。

　　　A. 不做会计处理　　　　　　　　B. 确认其他应付款30万元
　　　C. 确认应付账款30万元　　　　　D. 确认预计负债30万元

9. 银行承兑汇票到期，若单位无力支付票款的，按照应付票据账面余额，其会计分录是（　　）。

　　　A. 借：应付票据
　　　　　贷：短期借款
　　　B. 借：应付票据
　　　　　贷：应付账款
　　　C. 借：应付票据
　　　　　贷：其他应付款
　　　D. 借：应付票据
　　　　　贷：长期应付款

10. 单位按照税法规定代扣职工个人所得税时，会计分录是（　　）。

　　　A. 借：业务活动费用
　　　　　贷：其他应交税费——应交个人所得税
　　　B. 借：单位管理费用
　　　　　贷：其他应交税费——应交个人所得税
　　　C. 借：应付职工薪酬
　　　　　贷：其他应交税费——应交个人所得税

D. 借：应付职工薪酬
　　　贷：其他应付款

二、多项选择题

1. 下列不属于行政单位负债项目的有（　　）。
　A. 应付职工薪酬　　　　　　　　B. 应交财政款
　C. 短期借款　　　　　　　　　　D. 应付票据

2. 事业单位支付银行借款利息费用，应计入以下项目的是（　　）。
　A. 其他费用　　　　　　　　　　B. 其他支出
　C. 业务活动费　　　　　　　　　D. 事业支出

3. 单位通过其他应交税费核算应交纳的税费有（　　）。
　A. 城市维护建设税　　　　　　　B. 车船税
　C. 房产税　　　　　　　　　　　D. 印花税

4. 某事业单位为增值税一般纳税人，按税法规定，本月缴纳经营活动增值税 1 200 元，已通过银行转账支付。月末当月未交增值税 500 元。该单位的会计分录有（　　）。
　A. 借：应交增值税——应交税金（已交税金）　　　1 200
　　　　贷：银行存款　　　　　　　　　　　　　　　　　　1 200
　B. 借：应交增值税——应交税金（转出未交增值税）　500
　　　　贷：应交增值税——未交增税　　　　　　　　　　　500
　C. 借：其他费用　　　　　　　　　　　　　　　　1 200
　　　　贷：银行存款　　　　　　　　　　　　　　　　　　1 200
　D. 借：经营支出　　　　　　　　　　　　　　　　1 200
　　　　贷：资金结存——货币资金　　　　　　　　　　　　1 200

5. 某事业单位通过银行存款支付建设银行一笔借款利息 25 000 元。应计入的会计科目有（　　）。
　A. 业务活动费用　　　　　　　　B. 其他费用
　C. 债务还本支出　　　　　　　　D. 其他支出

6. 某行政单位在执法过程中取得一笔按照规定应当上缴财政的款项 1 000 元，款项已存入开户银行。其会计分录涉及的会计科目有（　　）。
　A. 银行存款　　　　　　　　　　B. 应缴财政款
　C. 资金结存　　　　　　　　　　D. 其他预算收入

7. 应付职工薪酬是指单位按照有关规定应付给职工及为职工支付的各种薪酬，包括的项目有（　　）。
　A. 基本工资　　　　　　　　　　B. 国家统一规定的津贴补贴
　C. 社会保险费　　　　　　　　　D. 住房公积金

8. 某事业单位开出的商业承兑汇票到期，支付到期的票据款 50 000 元，通过单位的银行存款账户支付。其会计分录有（　　）。
　A. 借：应付票据　　　　　　　　　　　　　　　　50 000
　　　　贷：银行存款　　　　　　　　　　　　　　　　　　50 000
　B. 借：应付票据　　　　　　　　　　　　　　　　50 000

第三章 负　债

　　　　贷：零余额账户用款额度　　　　　　　　　　　　　　　　　　50 000
　C. 借：事业支出　　　　　　　　　　　　　　　　　　　　　　　50 000
　　　　贷：资金结存——货币资金　　　　　　　　　　　　　　　　50 000
　D. 借：债务还本支出　　　　　　　　　　　　　　　　　　　　　50 000
　　　　贷：资金结存——货币资金　　　　　　　　　　　　　　　　50 000

9. 单位接受委托，托管资产时会计分录可能涉及的会计科目有（　　）。
　A. 库存现金　　　　　　　　　　　　B. 银行存款
　C. 受托代理资产　　　　　　　　　　D. 受托代理负债

10. 其他应付款是指单位发生的偿还期限在1年（含1年）的应付及暂收款项，包括的项目有（　　）。
　A. 收取的押金
　B. 存入保证金
　C. 已经报销但尚未偿还银行的本单位公务卡欠款
　D. 应付而未付的政府补贴款

三、判断题

1. 一般纳税人单位购买用于增值税应税项目的资产或服务等时，按照当月已认证的可抵扣增值税额，借记"应交增值税"科目（应交税金——进项税额），按照当月未认证的可抵扣增值税额，借记"应交增值税"科目（待认证进项税额）。（　　）

2. 小规模纳税人购买资产或服务等不能抵扣增值税，发生的增值税计入资产成本或相关成本费用。（　　）

3. 应交财政款是指单位取得或应收的按照规定应缴国库的款项。（　　）

4. 某事业单位因经营活动原签发的一张银行承兑汇票到期5万元，因财务困难无力支付到期的票款，由承兑银行现行垫付。由于不涉及现金收支，事业单位只需要做财务会计处理。（　　）

5. 应付票据是指行政事业单位因购买材料、物资等而开出、承兑的商业汇票，包括银行承兑汇票和商业承兑汇票。（　　）

6. 无法偿付或债权人豁免偿还的应付账款，应当按照规定报经批准后进行账务处理。经批准核销时，借记"应付账款"科目，贷记"其他收入"科目。（　　）

7. 应付政府补贴款是指负责发放政府补贴的行政事业单位，按照规定应当支付给政府补贴接受者的各种政府补贴款。（　　）

8. 预提费用是指单位预先提取的已经发生但尚未支付的费用，属于费用类的会计科目。（　　）

9. 预计负债是指单位对因或有事项所产生的现时义务而确认的负债，如对未决诉讼等确认的负债。（　　）

10. 受托代理负债是指行政单位接受委托，取得受托管理资产时形成的负债。（　　）

四、业务题

资料：某事业单位发生如下经济业务。要求：根据以下经济业务编制该事业单位的会计分录。

1. 某事业单位为增值税一般纳税人，购入一项不需要安装的固定资产200 000元，增值税合计为32000元，其中，当月已认证的可抵扣增值税18 000元，当月为认证的可抵扣增值税14 000元。款项232000元，已经通过零余额账户转账支付。

2. 某事业单位经批准，向工商银行借入一笔为期6个月的借款30万元，款项已经收到并转入单位开设的专户。

3. 某事业单位通过银行存款归还建设银行一笔为期6个月的借款本金20万元，利息5 000元。假定利息到期一次性支付。

4. 某事业单位为增值税一般纳税人，本月销售自产产品，开出增值税专用发票注明材料价款50 000元，增值税额8 000元，货款已经收到并存入银行。产品成本32000元。

5. 某事业单位为增值税一般纳税人，按税法规定，缴纳本月经营活动城建税4 000元，教育费附加1 000元。已通过银行转账支付。

6. 某事业单位计算本月业务岗位工作人员的工资费用，计算出的应付职工薪酬金额为53 800元。其中，工资43 000元，津贴补贴4 900元，社会保险费3 300元，住房公积金2600元。该单位从应付职工薪酬中代扣代缴社会保险费2200元和住房公积金2600元，合计4 800元，代扣代缴个人所得税2500元。

7. 某事业单位是小规模纳税人，向甲公司购买专业活动用材料一批，开出一张31 800元的无息商业承兑汇票。

8. 某事业单位购买一批办公桌5 000元，款项尚未支付货已到。之后，该单位通过银行存款支付了相应款项。

9. 某事业单位经批准，2×18年1月1日向建设银行借入一笔为期2年的长期借款2000 000元，用于扩建办公用楼，年利率为9%，每年年末归还借款利息，到期一次性还本，办公楼于2×18年12月31日完工。编制该事业单位应该的会计分录。

10. 某事业单位接收委托管理一批物资300 000元。

五、思考题

1. 什么是行政事业单位的负债？负债的种类有哪些？

2. 什么是行政事业单位的应交增值税？行政事业单位的"应交增值税"总账科目应该设置哪些明细科目？如何理解这些明细科目？

3. 什么是行政事业单位的应缴财政款？

4. 什么是行政事业单位的应付职工薪酬？应当如何进行账务处理？

5. 什么是行政事业单位的应付政府补贴款？应当如何进行账务处理？

6. 什么是行政事业单位的长期应付款？应当如何进行账务处理？

7. 什么是行政事业单位的受托代理负债？应当如何进行账务处理？

第四章

收入与预算收入

【学习目标】
1. 理解行政事业单位的收入和预算收入
2. 掌握拨款收入的内容与核算
3. 掌握事业收入的内容与核算
4. 熟悉经营收入的内容与核算
5. 熟悉其他收入的内容与核算

第一节

收入与预算收入概述

一、收入与预算收入的概念

收入，是政府财务会计的一项要素，财务会计体系下，收入是指报告期内导致政府会计主体净资产增加的、含有服务潜力或者经济利益的经济资源流入。

行政事业单位的收入按取得方式分为：财政拨款收入、业务活动收入、经营活动收入和其他收入。行政单位的业务活动主要是提供公共产品或服务，因此其资金大部分来源于财政拨款。事业单位则主要通过开展专业业务活动，有偿地向社会提供公益性质的各项服务（商品）以取得收入。有的事业单位有时也会通过开展一些专业业务活动及其辅助活动之外的经营活动，获取一定的收入以弥补经费的不足。此外，单位还可能通过对外投资、出租房屋设备等方式来增加自己的收入。

预算收入，是政府预算会计的一项要素，预算会计体系下，预算收入是指政府会计主体在预算年度内依法取得的并纳入预算管理的现金流入。预算收入按来源分为：财政拨款收入、事业预算收入、经营预算收入和其他预算收入。

二、收入与预算收入的确认与计量

（一）收入的确认与计量

财务会计体系下，收入采用权责发生制基础进行核算，收入的确认应当同时满足以下条件：①与收入相关的含有服务潜力或者经济利益的经济资源很可能流入政府会计主体。②含有服务潜力或者经济利益的经济资源流入会导致政府会计主体资产增加或者负债减少。③流入金额能够可靠地计量。收入按实际发生额进行计量。

（二）预算收入的确认与计量

预算会计体系下，预算收入一般采用收付实现制基础进行核算，在实际收到时予以确认，以实际收到的金额计量。

第二节　拨款收入

一、拨款收入的内容

拨款收入是指行政事业单位从财政部门或其他行政事业单位取得的各项拨款、补助。

拨款收入根据拨款单位的不同，可分为财政拨款收入、非同级财政拨款收入和上级补助收入。

财政拨款收入是指行政事业单位从同级财政部门取得的各类财政拨款收入。

非同级财政拨款收入是指行政事业单位从非同级政府财政部门取得的经费拨款，包括从同级政府其他部门取得的横向转拨财政款、从上级或下级政府财政部门取得的经费拨款等。

上级补助收入是指事业单位从主管部门和上级单位取得的非财政拨款收入。上级补助收入不同于财政补助收入，并非来源于同级财政部门，也不是同级财政部门安排的财政预算资金。上级补助收入并不是事业单位的常规性收入，主管部门或者上级单位一般根据自身的资金情况和事业单位的需要进行拨付。

二、拨款收入的核算

（一）财政拨款收入

在财务会计体系下，单位应设置"财政拨款收入"科目核算单位从同级政府财政部门取得的各类财政拨款收入。同级政府财政部门预拨的下期预算款和没有纳入预算的

第四章　收入与预算收入

暂付款项,以及采用实拨资金方式通过本单位转拨给下属单位的财政拨款,通过"其他应付款"科目核算,不通过"财政拨款收入"科目核算。

在预算会计体系下,单位应设置"财政拨款预算收入"科目核算单位从同级政府财政部门取得的各类财政拨款。

"财政拨款收入""财政拨款预算收入"两个总账科目下,应当设置"基本支出"和"项目支出"两个明细科目,并按照《政府收支分类科目》中"支出功能分类科目"的项级科目进行明细核算;同时,在"基本支出"明细科目下按照"人员经费"和"日常公用经费"进行明细核算,在"项目支出"明细科目下按照具体项目进行明细核算。有一般公共预算财政拨款、政府性基金预算财政拨款等两种或两种以上财政拨款的单位,还应当按照财政拨款的种类进行明细核算。

1. 财政直接支付方式

财政直接支付是国库集中支付的一种方式。单位按照部门预算和用款计划确定的资金用途,提出支付申请,经国库执行机构审核批准后,由财政部门签发支付令交代理银行,代理银行通过国库账户直接将财政性资金汇入收款人(或单位)账户。

在财务会计体系下,财政部门以财政直接支付方式为行政事业单位支付工资福利、补助补贴支出、各项服务支出、以政府采购的方式购买资产和支付工程结算的款项等时,行政事业单位应当根据收到的"财政直接支付入账通知书"及相关原始凭证,按照通知书中的直接支付入账金额,借记"库存物品""固定资产""业务活动费用""单位管理费用""应付职工薪酬"等科目,贷记"财政拨款收入"科目。涉及增值税业务的,相关账务处理参见"应交增值税"的账务处理。年末,根据本年度财政直接支付预算指标数与当年财政直接支付实际支付数的差额,借记"财政应返还额度——财政直接支付"科目,贷记"财政拨款收入"科目。

同时,在预算会计体系下,根据上述凭证,按照通知书中的直接支付金额,借记"行政支出""事业支出"等科目,贷记"财政拨款预算收入"科目。年末,根据本年度财政直接支付预算指标数与当年财政直接支付实际支出数的差额,借记"资金结存——财政应返还额度"科目,贷记"财政拨款预算收入"科目。

[例4-1] 某事业单位2×19年10月采用财政直接支付的方式,通过政府集中采购购入办公用品一批,价值20 000元,单位已收到这批办公用品(属于日常办公支出)。

财务会计分录如下:

借:库存物品——办公用品　　　　　　　　　　　　　　　20 000
　　贷:财政拨款收入——基本支出　　　　　　　　　　　　　　20 000

预算会计分录如下:

借:事业支出——财政拨款支出——基本支出　　　　　　　20 000
　　贷:财政拨款预算收入——基本支出　　　　　　　　　　　　20 000

[例4-2] 某事业单位2×19年财政直接支付预算指标1 200 000元,当年财政直接支付实际支出数1 120 000元。

财务会计分录如下:

借:财政返还额度——财政直接支付　　　　　　　　　　1 120 000

贷：财政拨款收入——基本支出　　　　　　　　　　　1 120 000
预算会计分录如下：
借：资金结存——财政应返还额度　　　　　　　　　　　80 000
　　贷：财政拨款预算收入——基本支出　　　　　　　　　80 000

2. 财政授权支付方式

财政授权支付方式是国库集中支付的另一种方式。单位按照部门预算和用款计划确定的资金用途，根据财政部门的授权，自行开具支付令交代理银行，由代理银行通过国库账户将财政性资金汇入收款人（或单位）账户。

在财务会计体系下，在财政授权支付方式下，行政单位根据收到的"财政授权支付额度到账通知书"，按照通知书中的授权支付额度，借记"零余额账户用款额度"科目，贷记"财政拨款收入"科目。年末，本年度财政授权支付预算指标数大于零余额账户用款额度下达数的，根据未下达的用款额度，借记"财政应返还额度——财政授权支付"科目，贷记"财政拨款收入"科目。

在预算会计体系下，根据上述凭证，单位根据收到的"财政授权支付额度到账通知书"，按照通知书中的授权支付额度，借记"资金结存——零余额账户用款额度"科目，贷记"财政拨款预算收入"科目。年末，单位本年度财政授权支付预算指标数大于零余额账户用款额度下达数的，按照两者差额，借记"资金结存——财政应返还额度"科目，贷记"财政拨款预算收入"科目。

[例4-3] 某事业单位2×19年11月1日收到"财政授权支付额度到账通知书"，通知书注明的授权额度50万元，11月11日通过财政授权支付方式购入一台不需要安装的专业设备，价值24万元，设备已运抵单位并验收合格，用于专业活动。

财务会计分录如下：
11月1日：
借：零余额账户用款额度　　　　　　　　　　　　　　500 000
　　贷：财政拨款收入——项目支出　　　　　　　　　　500 000
11月11日：
借：固定资产——专业设备　　　　　　　　　　　　　240 000
　　贷：零余额账户用款额度　　　　　　　　　　　　　240 000
预算会计分录如下：
11月1日：
借：资金结存——零余额账户用款额度　　　　　　　　500 000
　　贷：财政拨款预算收入——项目支出　　　　　　　　500 000
11月11日：
借：事业支出——财政拨款支出——项目支出　　　　　240 000
　　贷：资金结存——零余额账户用款额度　　　　　　　240 000

3. 其他方式

在国库集中收付制度下，除了财政直接支付和财政授权支付两种主要的财政支付方式外，还存在其他支付方式，如财政实拨资金。

在财务会计体系下，其他方式下收到财政拨款收入时，按照实际收到的金额，借记

"银行存款"等科目,贷记"财政拨款收入"科目。

同时,在预算会计体系下,根据上述凭证,单位按照本期预算收到财政拨款预算收入时,按照实际收到的金额,借记"资金结存——货币资金"科目,贷记"财政拨款预算收入"科目。

单位收到下期预算的财政预拨款,应当在下个预算期内,按照预收的金额,借记"资金结存——货币资金"科目,贷记"财政拨款预算收入"科目。

[例4-4] 2×19年12月,某事业单位收到财政部门拨付的本期预算经费600 000元。

(1) 如果收到的项目经费属于当期预算期的,则应当在收到银行的"到账通知书"当日的财务会计分录如下:

借:银行存款　　　　　　　　　　　　　　　　　　　600 000
　　贷:财政拨款收入——基本支出　　　　　　　　　　　600 000

预算会计的分录如下:

借:资金结存——货币资金　　　　　　　　　　　　　600 000
　　贷:财政拨款预算收入——基本支出　　　　　　　　　600 000

(2) 如果收到的项目经费属于下一个预算期的,则当在收到银行的"到账通知书"当日的

财务会计分录如下:

借:银行存款　　　　　　　　　　　　　　　　　　　600 000
　　贷:其他应付款　　　　　　　　　　　　　　　　　600 000

待到下一个预算期,

借:其他应付款　　　　　　　　　　　　　　　　　　600 000
　　贷:财政拨款收入——基本支出　　　　　　　　　　　600 000

预算会计本期不做处理,待到下一个预算期,预算会计分录如下:

借:资金结存——货币资金　　　　　　　　　　　　　600 000
　　贷:财政拨款预算收入——基本支出　　　　　　　　　600 000

4. 因差错更正或购货退回等发生国库直接支付款项退回的收入

在财务会计体系下,因差错更正或购货退回等发生国库直接支付款项退回的,属于以前年度支付的款项,按照退回金额,借记"财政应返还额度——财政直接支付"科目,贷记"以前年度盈余调整""库存物品"等科目;属于本年度支付的款项,按照退回金额,借记"财政拨款收入"科目,贷记"业务活动费用""库存物品"等科目。

在预算会计体系下,因差错更正、购货退回等发生国库直接支付款项退回的,属于本年度支付的款项,按照退回金额,借记"财政拨款预算收入"科目,贷记"行政支出""事业支出"等科目。

[例4-5] 某事业单位2×19年10月通过财政直接支付方式购入一批专用材料,价款20 000元。4月20日,事业单位退回部分专用材料,收回价款5 000元。不考虑相关税费。则该事业单位应该在4月20日的财务会计分录如下:

借:财政拨款收入——项目支出　　　　　　　　　　　5 000
　　贷:库存物品——专用材料　　　　　　　　　　　　　5 000

预算会计分录如下：

借：财政拨款预算收入——项目支出　　　　　　　　　　5 000
　　贷：事业支出——财政拨款支出——项目支出　　　　　　　5 000

5. 期末账务处理

期末，财务会计将"财政拨款收入"科目本期发生额转入"本期盈余"，借记"财政拨款收入"科目，贷记"本期盈余"科目。期末结转后，"财政拨款收入"科目应无余额。

年末，预算会计将"财政拨款预算收入"科目本年发生额转入"财政拨款结转"，借记"财政拨款预算收入"科目，贷记"财政拨款结转——本年收支结转"科目。年末结转后，"财政拨款预算收入"科目应无余额。

（二）非同级财政拨款收入

在财务会计体系下，单位应设置"非同级财政拨款收入"科目核算从非同级政府财政部门取得的经费拨款，包括从同级政府其他部门取得的横向转拨财政款、从上级或下级政府财政部门取得的经费拨款等。事业单位因开展科研及其辅助活动从非同级政府财政部门取得的经费拨款，应当通过"事业收入——非同级财政拨款"科目核算，不通过本科目核算。

在预算会计体系下，单位应设置"非同级财政拨款预算收入"科目核算单位从非同级政府财政部门取得的财政拨款，包括本级横向转拨财政款和非本级财政拨款。对于因开展科研及其辅助活动从非同级政府财政部门取得的经费拨款，应当通过"事业预算收入——非同级财政拨款"科目进行核算，不通过本科目核算。

"非同级财政拨款收入""非同级财政拨款预算收入"科目两个总账科目下，应当按照本级横向转拨财政款和非本级财政拨款进行明细核算，按照收入来源进行明细核算，并按照《政府收支分类科目》中"支出功能分类科目"的项级科目等进行明细核算。非同级财政拨款预算收入中如有专项资金收入，还应按照具体项目进行明细核算。

1. 取得收入时的账务处理

在财务会计体系下，确认非同级财政拨款收入时，按照应收或实际收到的金额，借记"其他应收款""银行存款"等科目，贷记"非同级财政拨款收入"科目。

在预算会计体系下，取得非同级财政拨款预算收入时，按照实际收到的金额，借记"资金结存——货币资金"科目，贷记"非同级财政拨款预算收入"科目。

[例4-6] 某行政单位为区财政所属预算单位，2×19年10月21日确认获得市财政部门拨来的专项经费款100 000元，用于完成指定的A项目。11月10日，行政单位收到开户银行转来的"到账通知书"，款项已经收到。

10月21日，确认收入，财务会计分录如下：

借：其他应收款——市财政局　　　　　　　　　　　　100 000
　　贷：非同级财政拨款收入——专项资金——A项目　　　　100 000

11月10日，收到款项，财务会计分录如下：

借：银行存款　　　　　　　　　　　　　　　　　　　100 000
　　贷：其他应收款——市财政局　　　　　　　　　　　　　100 000

预算会计分录如下：

借：资金结存——货币资金　　　　　　　　　　　　　　　　100 000
　　贷：非同级财政拨款预算收入——专项资金——A项目　　　100 000

2. 期末的账务处理

期末，财务会计将"非同级财政拨款收入"科目本期发生额转入"本期盈余"，借记"非同级财政拨款收入"科目，贷记"本期盈余"科目。期末结转后，"非同级财政拨款收入"科目应无余额。

年末，预算会计对"非同级财政拨款预算收入"科目应区分"专项资金"和"非专项资金"进行不同的账务处理。①本年发生额中的专项资金收入转入"非财政拨款结转"，借记"非同级财政拨款预算收入"科目下各专项资金收入明细科目，贷记"非财政拨款结转——本年收支结转"科目。②本年发生额中的非专项资金收入转入"其他结余"，借记"非同级财政拨款预算收入"科目下各非专项资金收入明细科目，贷记"其他结余"科目。年末结转后，"非同级财政拨款预算收入"科目应无余额。

（三）上级补助收入

在财务会计体系下，单位应设置"上级补助收入"科目核算取得主管部门或上级单位的补助情况。

在预算会计体系下，单位应设置"上级补助预算收入"科目核算行政事业单位从主管部门和上级单位取得的非财政补助现金流入。

在"上级补助收入""上级补助预算收入"两个总账科目下，应当按照发放补助单位、补助项目、《政府收支分类科目》中"支出功能分类科目"的项级科目等进行明细核算。上级补助预算收入中如有专项资金收入，还应按照具体项目进行明细核算。

1. 取得收入时的账务处理

在财务会计体系下，确认上级补助收入时，按照应收或实际收到的金额，借记"其他应收款""银行存款"等科目，贷记"上级补助收入"科目。实际收到应收的上级补助款时，按照实际收到的金额，借记"银行存款"等科目，贷记"其他应收款"科目。

在预算会计体系下，收到上级补助预算收入时，按照实际收到的金额，借记"资金结存——货币资金"科目，贷记"上级补助预算收入"科目。

[例4-7] 某事业单位收到上级主管部门省教育厅拨来的非财政性补助款150 000元，作为该单位开展的一项课题研究经费专项资金收入。

财务会计分录如下：

借：银行存款　　　　　　　　　　　　　　　　　　　　　150 000
　　贷：上级补助收入——教育厅——课题经费　　　　　　　150 000

预算会计分录如下：

借：资金结存——货币资金　　　　　　　　　　　　　　　150 000
　　贷：上级补助预算收入——专项资金——某课题　　　　　150 000

2. 期末的账务处理

期末，财务会计将"上级补助收入"科目本期发生额转入"本期盈余"，借记"上级补助收入"科目，贷记"本期盈余"科目。期末结转后，"上级补助收入"科目应无余额。

年末，预算会计将"上级补助预算收入"科目应区分"专项资金"和"非专项资金"进行不同的账务处理：①将"上级补助预算收入"科目本年发生额中的专项资金收入转入非财政拨款结转，借记"上级补助预算收入"科目下各专项资金收入明细科目，贷记"非财政拨款结转——本年收支结转"科目。②将"上级补助预算收入"科目本年发生额中的非专项资金收入转入其他结余，借记"上级补助预算收入"科目下各非专项资金收入明细科目，贷记"其他结余"科目。年末结转后，"上级补助预算收入"科目应无余额。

第三节 业务活动收入

一、业务活动收入的内容

事业单位为了实现其宗旨所展开的业务活动，称为专业业务活动。专业业务活动是事业单位的主要业务事项，每个事业单位的专业业务活动都有所不同，比如，学校的专业业务活动是教学与科研活动，医院的专业业务活动是医疗服务活动，研究机构的专业业务活动是科研活动等。而事业单位为了支持专业活动所开展的相关活动，称为辅助活动。

事业收入是指事业单位开展专业业务活动及其辅助活动实现的收入，包括提供服务取得的收入和销售商品取得的收入，不包括从同级政府财政部门取得的各类财政拨款。

事业单位的业务活动不以营利为目的，具有公益性质，但仍需要按照成本补偿的原则制定价格，收取相应的服务费用。

事业收入属于非财政补助收入。事业单位应当严格按照经国家批准的收费项目和收费标准进行收费，向交款人开具统一印制的财政票据或税务票据，以加强事业收入的预算管理。

二、业务活动收入的核算

在财务会计体系下，事业单位通过设置"事业收入"科目核算单位开展专业业务活动及辅助活动所取得的收入。对于因开展科研及其辅助活动从非同级政府财政部门取得的经费拨款，应当在本科目下单设"非同级财政拨款"明细科目进行核算。

在预算会计体系下，事业单位通过设置"事业预算收入"科目核算单位开展专业业务活动及其辅助活动取得的现金流入。事业单位因开展科研及其辅助活动从非同级政府财政部门取得的经费拨款，也通过本科目核算。

"事业收入""事业预算收入"科目应当按照事业收入的类别、来源、《政府收支分类科目》中"支出功能分类科目"项级科目等进行明细核算。对于因开展科研及其辅助活动从非同级政府财政部门取得的经费拨款，应当在本科目下单设"非同级财政拨款"明细科目进行明细核算；事业预算收入中如有专项资金收入，还应按照具体项目进

第四章 收入与预算收入

行明细核算。

(一) 采用财政专户返还方式管理的事业收入

采用财政专户返还方式管理的事业收入,须按照"收支两条线"的方式进行管理,事业单位取得的各项事业性收费不能立即安排支出,需上缴同级财政部门设立的财政资金专户,支出由同级财政部门按资金收支计划从财政专户中拨付。事业单位经过审批取得从财政专户核拨的款项时,才可以确认事业收入。

取得收入时的账务处理。在财务会计体系下,实现应上缴财政专户的事业收入时,按照实际收到或应收的金额,借记"银行存款""应收账款"等科目,贷记"应缴财政款"科目。向财政专户上缴款项时,按照实际上缴的款项金额,借记"应缴财政款"科目,贷记"银行存款"等科目。收到从财政专户返还的事业收入时,按照实际收到的返还金额,借记"银行存款"等科目,贷记"事业收入"科目。

采用预收款方式确认的事业收入,应在实际收到预收款项时,按照收到的款项金额,借记"银行存款"等科目,贷记"预收账款"科目。

以合同完成进度确认事业收入时,按照基于合同完成进度计算的金额,借记"预收账款"科目,贷记"事业收入"科目。

采用应收款方式确认的事业收入,应当根据合同完成进度计算本期应收的款项,借记"应收账款"科目,贷记"事业收入"科目。实际收到款项时,借记"银行存款"等科目,贷记"应收账款"科目。

在预算会计体系下,收到从财政专户返还的事业预算收入时,按照实际收到的返还金额,借记"资金结存——货币资金"科目,贷记"事业预算收入"科目。

[例4-8] 某事业单位开展专业业务活动,收到专项服务费80 000元,款项已存入银行账户。此款项纳入财政专户管理,按规定需全额上缴财政专户。

财务会计分录如下:

借:银行存款　　　　　　　　　　　　　　　　　　　　　　　　80 000
　　贷:应缴财政款　　　　　　　　　　　　　　　　　　　　　　　　80 000

[例4-9] 接[例4-8] 月末,该事业单位将本月收到的专业服务费80 000元上缴财政专户。

财务会计分录如下:

借:应缴财政款　　　　　　　　　　　　　　　　　　　　　　　　80 000
　　贷:银行存款　　　　　　　　　　　　　　　　　　　　　　　　80 000

[例4-10] 接[例4-9] 该事业单位收到开户银行通知,申请财政专户核拨的基本经费70 000元已经到账。

财务会计分录如下:

借:银行存款　　　　　　　　　　　　　　　　　　　　　　　　70 000
　　贷:事业收入——专项资金——财政专户返还收入　　　　　　　　　70 000

预算会计分录如下:

借:资金结存——货币资金　　　　　　　　　　　　　　　　　　　70 000
　　贷:事业预算收入——专项资金——财政专户返还收入　　　　　　　70 000

（二）未采用财政专户返还方式管理的事业收入

事业单位未采用财政专户返还方式管理的事业收入的确认，在收讫价款时即可确认。

1. 取得收入时的账务处理

在财务会计体系下，按照实际收到的金额，借记"银行存款""库存现金"等科目，贷记"事业收入"科目。

在预算会计体系下，收到其他事业预算收入时，按照实际收到的款项金额，借记"资金结存——货币资金"科目，贷记"事业预算收入"科目。

上述业务中涉及增值税业务的，相关账务处理参见"应交增值税"的账务处理。

[例4-11] 某事业单位为培训中心，为企业举办三期业务培训班，共收取培训费66 000元。已收到第一期培训费22000元，款项已经存入银行，不考虑相关税费。

财务会计分录如下：

借：银行存款　　　　　　　　　　　　　　　　　　　22000
　　贷：事业收入——非专项资金——培训收入　　　　　　　　22000

预算会计分录如下：

借：资金结存——货币资金　　　　　　　　　　　　　　22000
　　贷：事业预算收入——非专项资金——培训收入　　　　　　22000

2. 期末的账务处理

期末，财务会计将"事业收入"科目本期发生额转入本期盈余，借记"事业收入"科目，贷记"本期盈余"科目。期末结转后，"事业收入"科目应无余额。

年末，预算会计对"事业预算收入"科目应区分"专项资金"和"非专项资金"进行不同的账务处理：将"事业预算收入"科目本年发生额中的专项资金收入转入非财政拨款结转，借记"事业预算收入"科目下各专项资金收入明细科目，贷记"非财政拨款结转——本年收支结转"科目。将"事业预算收入"科目本年发生额中的非专项资金收入转入其他结余，借记"事业预算收入"科目下各非专项资金收入明细科目，贷记"其他结余"科目。年末结转后，"事业预算收入"科目应无余额。

第四节　经营收入

一、经营收入的内容

经营收入是指事业单位在专业业务活动及其辅助活动之外开展非独立核算经营活动取得的收入。经营收入是事业单位在经营活动中，通过收费等方式取得的一种有偿收入。事业单位常见的经营活动包括销售商品、提供服务和租赁业务等。

二、经营收入的核算

在财务会计体系下,事业单位通过设置"经营收入"科目核算经营业务的收入情况。经营收入采用权责发生制基础确认,事业单位应当在提供服务或发出存货,同时收讫价款或者取得索取价款的凭据时,按照实际收到或应收的金额予以确认。

在预算会计体系下,事业单位通过设置"经营预算收入"科目核算事业单位在专业业务活动及其辅助活动之外开展非独立核算经营活动取得的现金流入。经营预算收入采用收付实现制基础确认,事业单位在收讫价款时,按照实际收到的金额予以确认。

"经营收入""经营预算收入"科目应当按照经营活动类别、项目、《政府收支分类科目》中"支出功能分类科目"的项级科目等进行明细核算。

1. 取得收入时的账务处理

在财务会计体系下,实现经营收入时,按照确定的收入金额,借记"银行存款""应收账款""应收票据"等科目,贷记"经营收入"科目。涉及增值税业务的,参见"应交增值税"的账务处理。

在预算会计体系下,收到经营预算收入时,按照实际收到的金额,借记"资金结存——货币资金"科目,贷记"经营预算收入"科目。

[例 4-12] 某高校下设培训机构为社会在职人员提供专业培训课程,该培训机构没有实行独立核算。该机构 2×19 年 11 月份取得培训收入 318 000 元(含增值税 18 000 元),款项已到账。

财务会计分录如下:

借:银行存款   318 000
  贷:经营收入——培训收入   300 000
    应交增值税——应交税金——销项税额   18 000

预算会计分录如下:

借:资金结存——货币资金   318 000
  贷:经营预算收入——培训收入   318 000

[例 4-13] 某事业单位利用其专利技术生产甲产品对外销售。该事业单位没有实行独立核算,但要求实行内部成本核算,销售商品的适用税率为 16%。2×19 年 12 月 5 日,甲产品实现销售 100 件,每件售价 600 元。12 月 10 日,该事业单位收到对方单位转入价税款。

12 月 5 日,确认收入。

财务会计分录如下:

借:应收账款   69 600
  贷:经营收入——产品销售收入   60 000
    应交增值税——应交税金——销项税额   9 600

12 月 10 日,收到款项。

财务会计分录如下:

借:银行存款   69 600
  贷:应收账款   69 600

预算会计分录如下：
借：资金结存——货币资金　　　　　　　　　　　　　　69 600
　　贷：经营预算收入——产品销售收入　　　　　　　　　　69 600

2. 期末的账务处理

期末，财务会计将"经营收入"科目本期发生额转入本期盈余，借记"经营收入"科目，贷记"本期盈余"科目。期末结转后，"经营收入"科目应无余额。

年末，预算会计将"经营预算收入"科目本年发生额转入经营结余，借记"经营预算收入"科目，贷记"经营结余"科目。年末结转后，"经营预算收入"科目应无余额。

第五节　其他各类收入

一、其他各类收入的内容

单位除了拨款收入、专业活动收入以及经营收入外，还有如附属单位上缴收入、投资收益、借款收入、利息收入、租金收入、捐赠收入等其他形式的收入。

附属单位上缴收入是指事业单位取得的附属独立核算单位按照有关规定上缴的收入。附属单位是指事业单位内部设立的实行独立核算的下级单位。附属单位缴款是指事业单位收到的附属单位上缴的款项，不包括事业单位与附属单位之间的往来款项，也不包括事业单位对外投资获得的投资收益。

投资收益是指单位通过进行股权投资或者债权投资所获得的利得或损失。

二、其他各类收入的核算

(一) 附属单位上缴收入

在财务会计体系下，事业单位应设置"附属单位上缴收入"科目核算取得的附属独立核算单位缴款情况。事业单位与附属单位之间的往来款项，不通过该科目核算。

在预算会计体系下，事业单位应设置"附属单位上缴预算收入"科目核算事业单位取得附属独立核算单位根据有关规定上缴的现金流入。

"附属单位上缴收入""附属单位上缴预算收入"科目应当按照附属单位、缴款项目、《政府收支分类科目》中"支出功能分类科目"的项级科目等进行明细核算。附属单位上缴预算收入中如有专项资金收入，还应按照具体项目进行明细核算。

1. 取得收入时的账务处理

在财务会计体系下，确认附属单位上缴收入时，按照应收或收到的金额，借记"其他应收款""银行存款"等科目，贷记"附属单位上缴收入"科目。实际收到应收附属单位上缴款时，按照实际收到的金额，借记"银行存款"等科目，贷记"其他应收款"

科目。

在预算会计体系下,收到上级补助预算收入时,按照实际收到的金额,借记"资金结存——货币资金"科目,贷记"附属单位上缴预算收入"科目。

[例4-14] 某事业单位下属的招待所为独立核算的附属单位。按该事业单位与招待所签订的收入分配办法规定,9月份招待所应缴纳分成给该事业单位30 000元。10月9日,该事业单位收到招待所上缴的款项。

财务会计分录如下:

9月30日,确认9月份附属单位上缴收入

借:其他应收款——招待所　　　　　　　　　　　　30 000
　　贷:附属单位上缴收入——非专项资金——招待所　　30 000

10月9日,收到上缴款

借:银行存款　　　　　　　　　　　　　　　　　　30 000
　　贷:其他应收款——招待所　　　　　　　　　　　　30 000

预算会计分录如下:

10月9日,收到上缴款

借:资金结存——货币资金　　　　　　　　　　　　30 000
　　贷:附属单位上缴预算收入——非专项资金——招待所　30 000

2. 期末的账务处理

期末,财务会计将"附属单位上缴收入"科目本期发生额转入本期盈余,借记"附属单位上缴收入"科目,贷记"本期盈余"科目。期末结转后,"附属单位上缴收入"科目应无余额。

年末,预算会计对"附属单位上缴预算收入"科目应区分"专项资金"和"非专项资金"进行不同的账务处理:①将"附属单位上缴预算收入"科目本年发生额中的专项资金收入转入非财政拨款结转,借记"附属单位上缴预算收入"科目下各专项资金收入明细科目,贷记"非财政拨款结转——本年收支结转"科目。②将"附属单位上缴预算收入"科目本年发生额中的非专项资金收入转入其他结余,借记"附属单位上缴预算收入"科目下各非专项资金收入明细科目,贷记"其他结余"科目。年末结转后,"附属单位上缴预算收入"科目应无余额。

(二)投资收益

在财务会计体系下,单位应设置"投资收益"科目核算事业单位股权投资和债券投资所实现的收益或发生的损失。"投资收益"科目应当按照投资的种类等进行明细核算。

在预算会计体系下,单位应设置"投资预算收益"科目核算事业单位取得的按照规定纳入部门预算管理的属于投资收益性质的现金流入,包括股权投资收益、出售或收回债券投资所取得的收益和债券投资利息收入。"投资预算收益"科目应当按照《政府收支分类科目》中"支出功能分类科目"的项级科目等进行明细核算。

投资收益采用权责发生制基础进行确认。而投资预算收益采用收付实现制基础进行确认。

在财务会计体系下,投资收益的主要账务处理如下:

1. 收到短期投资的利息

收到短期投资持有期间的利息，按照实际收到的金额，借记"银行存款"科目，贷记"投资收益"科目。

2. 出售或到期收回短期债券本息

出售或到期收回短期债券本息，按照实际收到的金额，借记"银行存款"科目，按照出售或收回短期投资的成本，贷记"短期投资"科目，按照其差额，贷记或借记"投资收益"科目。涉及增值税业务的，参见"应交增值税"的账务处理。

3. 确认长期债券利息

持有的分期付息、一次还本的长期债券投资，按期确认利息收入时，按照计算确定的应收未收利息，借记"应收利息"科目，贷记"投资收益"科目；持有的到期一次还本付息的债券投资，按期确认利息收入时，按照计算确定的应收未收利息，借记"长期债券投资——应计利息"科目，贷记"投资收益"科目。

4. 出售长期债券投资或到期收回长期债券投资本息

出售长期债券投资或到期收回长期债券投资本息，按照实际收到的金额，借记"银行存款"等科目，按照债券初始投资成本和已计未收利息金额，贷记"长期债券投资——成本、应计利息"科目［到期一次还本付息债券］或"长期债券投资""应收利息"科目［分期付息债券］，按照其差额，贷记或借记"投资收益"科目。涉及增值税业务的，参见"应交增值税"的账务处理。

5. 被投资单位宣告发放股利

采用成本法核算的长期股权投资持有期间，被投资单位宣告分派现金股利或利润时，按照宣告分派的现金股利或利润中属于单位应享有的份额，借记"应收股利"科目，贷记"投资收益"科目。

采用权益法核算的长期股权投资持有期间，按照应享有或应分担的被投资单位实现的净损益的份额，借记或贷记"长期股权投资——损益调整"科目，贷记或借记"投资收益"科目；被投资单位发生净亏损，但以后年度又实现净利润的，单位在其收益分享额弥补未确认的亏损分担额等后，恢复确认投资收益，借记"长期股权投资——损益调整"科目，贷记"投资收益"科目。

6. 按照规定处置长期股权投资时有关投资收益的账务处理，参见"长期股权投资"的账务处理。

期末，将本科目本期发生额转入本期盈余，借记或贷记"投资收益"科目，贷记或借记"本期盈余"科目。期末结转后，本科目应无余额。

在预算会计体系下，投资预算收益的主要账务处理如下：

（1）出售或到期收回本年度取得的短期、长期债券，按照实际取得的价款或实际收到的本息金额，借记"资金结存——货币资金"科目，按照取得债券时"投资支出"科目的发生额，贷记"投资支出"科目，按照其差额，贷记或借记"投资预算收益"科目。

出售或到期收回以前年度取得的短期、长期债券，按照实际取得的价款或实际收到的本息金额，借记"资金结存——货币资金"科目，按照取得债券时"投资支出"科目的发生额，贷记"其他结余"科目，按照其差额，贷记或借记"投资预算收益"科目。

第四章　收入与预算收入

出售、转让以货币资金取得的长期股权投资的，其账务处理参照出售或到期收回债券投资的账务处理。

（2）持有的短期投资以及分期付息、一次还本的长期债券投资收到利息时，按照实际收到的金额，借记"资金结存——货币资金"科目，贷记"投资预算收益"科目。

（3）持有长期股权投资取得被投资单位分派的现金股利或利润时，按照实际收到的金额，借记"资金结存——货币资金"科目，贷记"投资预算收益"科目。

（4）出售、转让以非货币性资产取得的长期股权投资时，按照实际取得的价款扣减支付的相关费用和应缴财政款后的余额（按照规定纳入单位预算管理的），借记"资金结存——货币资金"科目，贷记"投资预算收益"科目。

（5）年末，将本科目本年发生额转入"其他结余"，借记或贷记"投资预算收益"科目，贷记或借记"其他结余"科目。年末结转后，本科目应无余额。

具体内容参照第二章"短期投资""长期股权投资""长期债券投资"等资产的账务处理。

（三）借款收入

在财务会计体系下，单位通过"短期借款""长期借款"科目核算单位经批准向银行或其他金融机构等借入的各种借款。具体明细设置参照第三章内容。

在预算会计体系下，单位通过"债务预算收入"科目核算事业单位按照规定从银行和其他金融机构等借入的、纳入部门预算管理的、不以财政资金作为偿还来源的债务本金。"债务预算收入"科目应当按照贷款单位、贷款种类、《政府收支分类科目》中"支出功能分类科目"的项级科目等进行明细核算。债务预算收入中如有专项资金收入，还应按照具体项目进行明细核算。

1. 取得收入时的账务处理

在财务会计体系下，借入各项短期或长期借款时，按照实际借入的金额，借记"银行存款"科目，贷记"短期借款""长期借款——本金"科目。

在预算会计体系下，借入各项短期或长期借款时，按照实际借入的金额，借记"资金结存——货币资金"科目，贷记"债务预算收入"科目。

2. 期末的账务处理

"短期借款""长期借款"科目期末余额在贷方，反映单位尚未偿还的借款本金（和利息）。

年末，"债务预算收入"科目应区分"专项资金"和"非专项资金"进行不同的账务处理：将"债务预算收入"科目本年发生额中的专项资金收入转入非财政拨款结转，借记"债务预算收入"科目下各专项资金收入明细科目，贷记"非财政拨款结转——本年收支结转"科目；将"债务预算收入"科目本年发生额中的非专项资金收入转入"其他结余"，借记"债务预算收入"科目下各非专项资金收入明细科目，贷记"其他结余"科目。年末结转后，"债务预算收入"科目应无余额。

具体内容参照第三章"短期借款""长期借款"等负债的账务处理。

（四）利息收入

在财务会计体系下，单位应设置"利息收入"科目核算单位取得的银行存款利息收入。

在预算会计体系下,单位通过"其他预算收入"科目核算单位取得的银行存款利息的现金流入。单位发生的利息收入金额较大或业务较多的,也可单独设置"利息预算收入"科目进行核算。

1. 取得收入时的账务处理

在财务会计体系下,取得银行存款利息时,按照实际收到的金额,借记"银行存款"科目,贷记"利息收入"科目。

在预算会计体系下,取得银行存款利息时,按照实际收到的现金流入,借记"资金结存——货币资金"科目,贷记"其他预算收入"科目。

[例4-15] 某事业单位2×19年取得银行存款的利息收入700元。

财务会计分录如下:

借:银行存款　　　　　　　　　　　　　　　　　　　700
　　贷:利息收入　　　　　　　　　　　　　　　　　　　700

预算会计分录如下:

借:资金结存——货币资金　　　　　　　　　　　　　700
　　贷:其他预算收入——利息收入　　　　　　　　　　700

2. 期末的账务处理

期末,将"利息收入"科目本期发生额转入"本期盈余"科目,借记"利息收入"科目,贷记"本期盈余"科目。期末结转后,"利息收入"科目应无余额。

(五)租金收入

在财务会计体系下,单位应设置"租金收入"科目核算单位经批准利用国有资产出租取得并按照规定纳入本单位预算管理的租金收入。本科目应当按照出租国有资产类别和收入来源等进行明细核算。

在预算会计体系下,单位通过"其他预算收入"科目核算单位经批准利用国有资产出租取得并按照规定纳入本单位预算管理的现金流入。单位发生的租金收入金额较大或业务较多的,也可单独设置"租金预算收入"科目进行核算。

1. 取得收入时的账务处理

在财务会计体系下,国有资产出租收入,应当在租赁期内各个期间按照直线法予以确认。

(1) 采用预收租金方式的,预收租金时,按照收到的金额,借记"银行存款"等科目,贷记"预收账款"科目;分期确认租金收入时,按照各期租金金额,借记"预收账款"科目,贷记"租金收入"科目。

(2) 采用后付租金方式的,每期确认租金收入时,按照各期租金金额,借记"应收账款"科目,贷记"租金收入"科目;收到租金时,按照实际收到的金额,借记"银行存款"等科目,贷记"应收账款"科目。

(3) 采用分期收取租金方式的,每期收取租金时,按照租金金额,借记"银行存款"等科目,贷记"租金收入"科目。涉及增值税业务的,参见"应交增值税"的账务处理。

在预算会计体系下,国有资产出租收入,应当在收取租金时,按照实际收到的金额,借记"资金结存——货币资金"科目,贷记"其他预算收入"科目。

第四章 收入与预算收入

[例 4-16] 某事业单位将一处暂时闲置的房子出租给一家公司，租期一年，租赁期为 2×19 年 1 月 1 日至 12 月 31 日，租金 300 000 元。该公司已于 2×19 年 1 月 1 日交清款项。不考虑相关税费。

财务会计分录如下：

1 月 1 日，收到租金

借：银行存款　　　　　　　　　　　　　　　　　　　　300 000
　　贷：预收账款——某公司　　　　　　　　　　　　　　　　300 000

每月月末，确认租金收入

借：预收账款——某公司　　　　　　　　　　　　　　　25 000
　　贷：租金收入　　　　　　　　　　　　　　　　　　　　　25 000

预算会计分录如下：

1 月 1 日，收到租金

借：资金结存——货币资金　　　　　　　　　　　　　300 000
　　贷：其他预算收入——租金预算收入　　　　　　　　　　300 000

2. 期末的账务处理

期末，将"租金收入"科目本期发生额转入"本期盈余"科目，借记"租金收入"科目，贷记"本期盈余"科目。期末结转后，"租金收入"科目应无余额。

（六）捐赠收入

在财务会计体系下，单位通过"捐赠收入"科目核算单位接受其他单位或者个人捐赠取得的收入。本科目应当按照捐赠资产的用途和捐赠单位等进行明细核算。

在预算会计体系下，单位通过"其他预算收入"科目核算单位接受其他单位或者个人捐赠取得的现金流入。单位发生的捐赠收入金额较大或业务较多的，也可单独设置"捐赠预算收入"科目进行核算。

1. 取得收入时的账务处理

在财务会计体系下，取得收入时的账务处理如下：①如果接受捐赠的是货币资金，按照实际收到的金额，借记"银行存款""库存现金"等科目，贷记"捐赠收入"科目。②如果接受捐赠的是存货、固定资产等非现金资产，按照确定的成本，借记"库存物品""固定资产"等科目，按照发生的相关税费、运输费等，贷记"银行存款"等科目，按照其差额，贷记"捐赠收入"科目。③如果接受捐赠的资产是按照名义金额入账的，按照名义金额，借记"库存物品""固定资产"等科目，贷记"捐赠收入"科目；同时，按照发生的相关税费、运输费等，借记"其他费用"科目，贷记"银行存款"等科目。

在预算会计体系下，如果接受捐赠的是货币资金，按照实际收到的金额，借记"资金结存——货币资金"科目，贷记"其他预算收入"科目。

[例 4-17] 某事业单位收到社会捐赠的一台专用设备，由于该设备没有市场价值，只能以名义价值入账。将设备运抵单位过程中，发生运输费 500 元，保险费 100 元。

财务会计分录如下：

借：固定资产——检测设备　　　　　　　　　　　　　　　1
　　贷：捐赠收入　　　　　　　　　　　　　　　　　　　　　1

借：其他费用　　　　　　　　　　　　　　　　　　　　　　600
　　　贷：银行存款　　　　　　　　　　　　　　　　　　　　　600
预算会计分录如下：
借：其他支出——其他资金支出　　　　　　　　　　　　　　600
　　　贷：资金结存　　　　　　　　　　　　　　　　　　　　　600

2. 期末的账务处理

期末，将"捐赠收入"科目本期发生额转入"本期盈余"科目，借记"捐赠收入"科目，贷记"本期盈余"科目。期末结转后，"捐赠收入"科目应无余额。

（七）其他收入

其他收入是指行政事业单位除上述各项收入以外的收入。

在财务会计体系下，行政事业单位通过"其他收入"科目核算单位取得的除财政拨款收入、事业收入、上级补助收入、附属单位上缴收入、经营收入、非同级财政拨款收入、投资收益、捐赠收入、利息收入、租金收入以外的各项收入，包括现金盘盈收入，按照规定纳入单位预算管理的科技成果转化收入，行政单位收回已核销的其他应收款，无法偿付的应付及预收款项，置换换出资产评估增值等。本科目应当按照其他收入的类别、来源等进行明细核算。

1. 取得其他收入的账务处理

（1）现金盘盈收入。每日现金账款核对中发现的现金溢余，属于无法查明原因的部分，报经批准后，借记"待处理财产损溢"科目，贷记"其他收入"科目。

（2）科技成果转化收入。行政事业单位科技成果转化所取得的收入，按照规定留归本单位的，按照所取得收入扣除相关费用之后的净收益，借记"银行存款"等科目，贷记"其他收入"科目。

（3）收回已核销的其他应收款。行政单位已核销的其他应收款在以后期间收回的，按照实际收回的金额，借记"银行存款"等科目，贷记"其他收入"科目。

（4）无法偿付的应付及预收款项。无法偿付或债权人豁免偿还的应付账款、预收账款、其他应付款及长期应付款，借记"应付账款""预收账款""其他应付款""长期应付款"等科目，贷记"其他收入"科目。

（5）置换换出资产评估增值。资产置换过程中，换出资产评估增值的，按照评估价值高于资产账面价值或账面余额的金额，借记有关科目，贷记"其他收入"科目。具体账务处理参见"库存物品"等的账务处理。

以未入账的无形资产取得的长期股权投资，按照评估价值加相关税费作为投资成本，借记"长期股权投资"科目，按照发生的相关税费，贷记"银行存款""其他应交税费"等科目，按其差额，贷记"其他收入"科目。

（6）其他。确认上述（1）至（5）以外的其他收入时，按照应收或实际收到的金额，借记"其他应收款""银行存款""库存现金"等科目，贷记"其他收入"科目。涉及增值税业务的，相关账务处理参见"应交增值税"的账务处理。

2. 期末的账务处理

期末，将"其他收入"科目本期发生额转入"本期盈余"科目，借记"其他收入"科目，贷记"本期盈余"科目。期末结转后，"其他收入"科目应无余额。

(八) 其他预算收入

在预算会计体系下，事业单位通过"其他预算收入"科目核算单位除财政拨款预算收入、事业预算收入、上级补助预算收入、附属单位上缴预算收入、经营预算收入、债务预算收入、非同级财政拨款预算收入、投资预算收益之外的纳入部门预算管理的现金流入，包括捐赠预算收入、利息预算收入、租金预算收入、现金盘盈收入等。

本科目应当按照其他收入类别、《政府收支分类科目》中"支出功能分类科目"的项级科目等进行明细核算。其他预算收入中如有专项资金收入，还应按照具体项目进行明细核算。

（1）接受捐赠现金资产、收到银行存款利息、收到资产承租人支付的租金时，按照实际收到的金额，借记"资金结存——货币资金"科目，贷记"其他预算收入"科目。

（2）每日现金账款核对中如发现现金溢余，按照溢余的现金金额，借记"资金结存——货币资金"科目，贷记"其他预算收入"科目。经核实，属于应支付给有关个人和单位的部分，按照实际支付的金额，借记"其他预算收入"科目，贷记"资金结存——货币资金"科目。

（3）收到其他预算收入时，按照收到的金额，借记"资金结存——货币资金"科目，贷记"其他预算收入"科目。

（4）年末，预算会计对"其他预算收入"科目应区分"专项资金"和"非专项资金"进行不同的账务处理：①将"其他预算收入"科目本年发生额中的专项资金收入转入非财政拨款结转，借记"其他预算收入"科目下各专项资金收入明细科目，贷记"非财政拨款结转——本年收支结转"科目。②将"其他预算收入"科目本年发生额中的非专项资金收入转入其他结余，借记"其他预算收入"科目下各非专项资金收入明细科目，贷记"其他结余"科目。年末结转后，"其他预算收入"科目应无余额。

[例 4-18] 某事业单位核对现金账款时发现现金溢余 50 元，无法查明原因。报经批准后，转入其他收入。财务会计分录如下：

借：待处理财产损溢　　　　　　　　　　　　　　　50
　　贷：其他收入——现金盘盈　　　　　　　　　　　　50

预算会计分录如下：

借：资金结存——货币资金　　　　　　　　　　　　50
　　贷：其他预算收入——现金盘盈　　　　　　　　　　50

章节练习

一、单项选择题

1. 财政拨款收入是指行政单位从（　　）取得的各类财政拨款。
   A. 上级主管部门　　　　　　　　B. 同级政府财政部门
   C. 下级单位　　　　　　　　　　D. 非同级政府财政部门

2. 非同级财政拨款收入是指行政事业单位从（　　）取得的经费拨款。

A. 上级主管部门　　　　　　　　　B. 同级政府财政部门
C. 下级单位　　　　　　　　　　　D. 非同级政府财政部门

3. 事业单位核算从主管部门或上级单位取得的非财政拨款，应设置的账户是（　　）。
A. "财政拨款收入"　　　　　　　　B. "财政补助收入"
C. "附属单位上缴收入"　　　　　　D. "上级补助收入"

4. 事业单位核算单位开展专业业务活动和辅助活动所取得的收入，应设置的账户是（　　）。
A. "事业收入"　　　　　　　　　　B. "专业业务收入"
C. "经营收入"　　　　　　　　　　D. "其他收入"

5. 事业单位实现应上缴财政专户的事业收入时，应按照实际收到或应收的金额，贷记的科目是（　　）。
A. "财政拨款收入"　　　　　　　　B. "应缴财政款"
C. "经营收入"　　　　　　　　　　D. "资金结存"

6. （　　）是指事业单位在专业业务活动及其辅助活动之外，开展非独立核算经营活动取得的收入。
A. 事业收入　　　　　　　　　　　B. 财政拨款收入
C. 经营收入　　　　　　　　　　　D. 其他收入

7. 下列各项中，不属于高校事业收入的项目是（　　）。
A. 收取的学生学费　　　　　　　　B. 收取的学生住宿费
C. 收取的食堂商铺上交的承包款　　D. 收取的专业咨询费用

8. 事业单位通过（　　）科目核算事业单位股权投资和债权投资所实现的收益或发生的损失。
A. 投资收益　　　　　　　　　　　B. 利息收入
C. 经营收入　　　　　　　　　　　D. 其他收入

9. 与"租金收入"收入平行记账的账户是（　　）。
A. 租金预算收入　　　　　　　　　B. 附属单位上缴预算收入
C. 事业收入　　　　　　　　　　　D. 其他预算收入

10. 对于无法偿付或者债权人豁免偿还的应付账款，应贷记（　　）科目。
A. 财政拨款收入　　　　　　　　　B. 事业收入
C. 经营收入　　　　　　　　　　　D. 其他收入

二、多项选择题

1. 行政事业单位的收入按取得的方式可以分为（　　）。
A. 财政拨款收入　　　　　　　　　B. 业务活动收入
C. 经营活动收入　　　　　　　　　D. 其他收入

2. 下列各项，属于拨款收入的有（　　）。
A. 财政拨款收入　　　　　　　　　B. 非同级财政拨款收入
C. 附属单位上缴收入　　　　　　　D. 上级补助收入

3. 国库集中支付的方式包括（　　）。
   A. 实拨资金　　　　　　　　　　B. 财政直接支付
   C. 财政授权支付　　　　　　　　D. 限额拨款
4. 非同级财政拨款收入包括（　　）。
   A. 从同级政府财政部门取得的经费拨款
   B. 从同级政府其他部门取得的横向转拨财政款
   C. 从上级政府财政部门取得的经费拨款
   D. 从下级政府财政部门取得的经费拨款
5. 在"财政拨款收入"总账科目下，应当设置的明细科目包括（　　）。
   A. "基本支出"　　　　　　　　　B. "财政专户返还收入"
   C. "项目支出"　　　　　　　　　D. "专项资金"
6. 下列各项中，属于事业单位业务活动的有（　　）。
   A. 高校的科研收入　　　　　　　B. 文物事业单位的门票收入
   C. 医院的医疗服务收入　　　　　D. 文化事业单位的演出收入
7. 事业单位收到上级财政部门拨来的专项补助款，应（　　）。
   A. 贷记非同级财政拨款收入　　　B. 贷记非同级财政拨款预算收入
   C. 贷记上级补助收入　　　　　　D. 贷记上级补助预算收入
8. 事业单位常见的经营活动包括（　　）。
   A. 投资股票　　　　　　　　　　B. 销售商品
   C. 提供劳务　　　　　　　　　　D. 租赁业务
9. 下列各项中，应计入"其他预算收入"的有（　　）。
   A. 销货退回　　　　　　　　　　B. 附属单位上缴收入
   C. 接受捐赠　　　　　　　　　　D. 现金盘盈
10. 下列各项中，属于收入科目的有（　　）。
    A. "利息收入"　　　　　　　　　B. "租金收入"
    C. "捐赠收入"　　　　　　　　　D. "投资收益"

三、判断题

1. 预算收入采用权责发生制进行核算。（　　）
2. 经营收入是指事业单位在专业及其辅助活动之外，开展独立核算经营活动所取得的收入。（　　）
3. 财政直接支付方式中，签发支付令的单位是财政部门。（　　）
4. "非同级财政拨款预算收入"科目既核算本级横向转拨财政款，又核算非本级财政拨款。（　　）
5. 事业单位不能从事以营利为目的的活动。（　　）
6. 科研机构和高校从事科研活动都属于专业业务活动。（　　）
7. 某事业单位的事业收入若采用财政专户返还方式管理，在从事专业业务活动时发生费用，可以从开展业务活动所取得的收入中列支。（　　）
8. "附属单位上缴收入"科目不得用来核算事业单位与附属单位之间的往来款项。（　　）

9. "租金收入"科目是用来核算单位经批准利用国有资产出租取得并按照规定纳入本单位预算管理的租金收入。   （ ）

10. 事业单位的科技成果转换所取得的收入，应记入"事业收入"科目。（ ）

四、业务题

（一）某事业单位2×19年发生如下经济业务

（1）通过政府采购方式，购入小汽车一辆，价值20万元，增值税税额为3.2万元，车辆购置附加税2万元。全部价款由财政直接支付。

（2）收到"财政授权支付到账通知书"，通知书所列金额为30万元。

（3）收到同级财政部门从财政专户核拨的用于专项业务活动的资金20万元。

（4）收到上级财政部门拨来的专项经费资金10万元。

（5）收到主管部门拨入的用于某科研课题的专项经费12万元。

要求：根据以上经济业务，为该事业单位编制有关的会计分录。

（二）某事业单位2×19年发生如下经济业务

（1）开展专业业务活动取得收入6万元，款项已存入银行。

（2）按合同约定从付款方预收一笔专业业务活动款项18万元，款项已存入银行。此款项纳入财政专户管理。

（3）按合同完成进度计算确认上述预收账款中实现的事业收入为9万元。

要求：根据以上经济业务，为该事业单位编制有关的会计分录。

（三）某事业单位2×19年发生如下经济业务

（1）开展经营活动销售货物，取得收入2万元，开出的增值税专用发票上注明增值税税额0.32万元，款项已存入银行。

（2）出租设备一台，取得收入6万元，款项已存入银行。

要求：根据以上经济业务，为该事业单位编制有关的会计分录。

（四）某事业单位2×19年发生如下经济业务

（1）收到附属的培训中心上交承包款15万元。

（2）收到银行存款利息0.3万元。

（3）接受个人捐赠款100万元。

（4）有一笔价值3.48万元的应付账款因对方原因无法偿付。

（5）现金账款核对中发现现金溢余100元，原因无法查明。报经批准，转入其他收入。

要求：根据以上经济业务，为该事业单位编制有关的会计分录。

五、思考题

1. 收入和预算收入的核算基础有何不同？

2. 拨款收入有几种？分别核算什么？

3. 如何区分"事业收入"科目和"经营收入"科目的核算范围？

4. 哪些经济业务需要同时进行财务会计和预算会计的账务处理？哪些业务只需要进行财务会计的账务处理？哪些业务只需要进行预算会计的账务处理？

第五章

费用与预算支出

【学习目标】
1. 理解行政事业单位的费用和预算支出
2. 掌握业务活动费用、行政支出的内容与核算
3. 掌握单位管理费用、事业支出的内容与核算
4. 熟悉经营费用、经营支出的内容与核算
5. 熟悉其他费用、其他支出的内容与核算

第一节 费用与预算支出概述

一、费用与预算支出的概念

费用,是政府财务会计的一项要素,在财务会计体系下,费用是指报告期内导致政府会计主体净资产减少的、含有服务潜力或者经济利益的经济资源的流出。包括业务活动费用、单位管理费用、经营费用和其他费用。费用采用权责发生制基础进行费用的核算。

预算支出,是政府预算会计的一项要素。在预算会计体系下,预算支出是指政府会计主体在预算年度内依法发生并纳入预算管理的现金流出。预算支出包括行政支出、事业支出、经营支出和其他支出。预算支出一般采用收付实现制基础进行核算。

二、费用与预算支出的确认与计量

(一) 费用的确认与计量

在财务会计体系下,费用的确认应当同时满足以下条件:①与费用相关的含有服务潜力或者经济利益的经济资源很可能流出政府会计主体。②含有服务潜力或者经济利益的经济资源流出会导致政府会计主体资产减少或者负债增加。③流出金额能够可靠地计量。费用按实际发生额进行计量。

(二) 预算支出的确认与计量

在预算会计体系下,预算支出一般在实际支付时予以确认,按实际发生额进行计量。

第二节 业务活动费用

一、业务活动费用的内容

在财务会计体系下,业务活动费用是指单位为实现其职能目标,依法履职或开展专业业务活动及其辅助活动所发生的各项费用。业务活动费包括工资福利费用、商品和服务费用、对个人和家庭的补助费用、对企业补助费用、固定资产折旧费、无形资产摊销费、公共基础设施折旧(摊销)费、保障性住房折旧费、计提专用基金等项目。

在预算会计体系下,发生的业务支出分为行政支出和事业支出,行政支出是指行政单位履行其职责实际发生的各项现金流出。事业支出是指事业单位开展专业业务活动及其辅助活动实际发生的各项现金流出。行政支出和事业支出按预算管理要求分为基本支出和项目支出,按照不同的经费性质分为财政拨款支出、非财政专项资金支出和其他资金支出。

二、业务活动费用的核算

(一) 科目设置

在财务会计体系下,行政事业单位设置"业务活动费用"科目核算单位为实现其职能目标,依法履职或开展专业业务活动及其辅助活动所发生的各项费用。本科目应当按照项目、服务或者业务类别、支付对象等进行明细核算。为了满足成本核算需要,"业务活动费用"科目下还可按照"工资福利费用""商品和服务费用""对个人和家庭的补助费用""对企业补助费用""固定资产折旧费""无形资产摊销费""公共基础设施折旧(摊销)费""保障性住房折旧费""计提专用基金"等成本项目设置明细科目,归集能够直接计入业务活动或采用一定方法计算后计入业务活动的费用。

在预算会计体系下,行政单位设置"行政支出"科目核算行政单位履行其职责实际发生的各项现金流出。"行政支出"科目应当分别按照"财政拨款支出""非财政专项资金支出"和"其他资金支出""基本支出"和"项目支出"等进行明细核算,并按照《政府收支分类科目》中"支出功能分类科目"的项级科目进行明细核算;"基本支出"和"项目支出"明细科目下应当按照《政府收支分类科目》中"部门预算支出经济分类科目"的款级科目进行明细核算,同时在"项目支出"明细科目下按照具体项目进行明细核算。

有一般公共预算财政拨款、政府性基金预算财政拨款等两种或两种以上财政拨款的行政单位,还应当在"财政拨款支出"明细科目下按照财政拨款的种类进行明细核算。

对于预付款项,可通过在"行政支出"科目下设置"待处理"明细科目进行核算,待确认具体支出项目后再转入"行政支出"科目下相关明细科目。年末结账前,应将本科目"待处理"明细科目余额全部转入该科目下相关明细科目。

在预算会计体系下,事业单位设置"事业支出"科目核算事业单位开展专业业务活动及其辅助活动实际发生的各项现金流出。单位发生教育、科研、医疗、行政管理、后勤保障等活动的,可在"事业支出"科目下设置相应的明细科目进行核算,或单设"教育支出""科研支出""医疗支出""行政管理支出""后勤保障支出"等一级会计科目进行核算。该科目应当分别按照"财政拨款支出""非财政专项资金支出"和"其他资金支出","基本支出"和"项目支出"等进行明细核算,并按照《政府收支分类科目》中"支出功能分类科目"的项级科目进行明细核算;"基本支出"和"项目支出"明细科目下应当按照《政府收支分类科目》中"部门预算支出经济分类科目"的项级科目进行明细核算,同时在"项目支出"明细科目下按照具体项目进行明细核算。

有一般公共预算财政拨款、政府性基金预算财政拨款等两种或两种以上财政拨款的事业单位,还应当在"财政拨款支出"明细科目下按照财政拨款的种类进行明细核算。

对于预付款项,可通过在"事业支出"科目下设置"待处理"明细科目进行明细核算,待确认具体支出项目后再转入该科目下相关明细科目。年末结账前,应将本科目"待处理"明细科目余额全部转入"事业支出"科目下相关明细科目。

(二)账务处理

业务活动费用的主要账务处理如下:

(1)为履职或开展业务活动人员计提的薪酬,财务会计按照计算确定的金额,借记"业务活动费用"科目,贷记"应付职工薪酬"科目。预算会计按照实际支付给外部人员个人的金额,借记"行政支出"或"事业支出"科目,贷记"财政拨款预算收入""资金结存"科目。(具体账务处理见[例3-17])

(2)为履职或开展业务活动发生的外部人员劳务费,财务会计按照计算确定的金额,借记"业务活动费用"科目,按照代扣代缴个人所得税的金额,贷记"其他应交税费——应交个人所得税"科目,按照扣税后应付或实际支付的金额,贷记"其他应付款""财政拨款收入""零余额账户用款额度""银行存款"等科目。预算会计借记"行政支出"或"事业支出"科目,贷记"财政拨款预算收入""资金结存"科目。按照规定代扣代缴个人所得税以及代扣代缴或为职工缴纳职工社会保险费、住房公积金等时,按照实际缴纳的金额,借记"行政支出"或"事业支出"科目,贷记"财政拨款预算收入""资金结存"科目。

[**例 5 - 1**] 某事业单位计算 2×19 年 10 月份应付临时聘用人员的劳务费。本月应付临时聘用人员的劳务费为 100 000 元,代扣代缴个人所得税 2000 元。该事业单位已经通过开户银行将实付款项 98 000 元转入临时聘用人员的工资卡中,所用资金为非财政拨款资金。

财务会计分录如下:

借:业务活动费用——商品和服务费用——劳务费　　　100 000
　　贷:银行存款　　　　　　　　　　　　　　　　　　98 000
　　　　其他应交税费——个人所得税　　　　　　　　　2000

预算会计分录如下:

借:事业支出——非财政专项资金支出——基本支出　　　98 000
　　贷:资金结存——货币资金——银行存款　　　　　　98 000

(3) 为履职或开展业务活动领用库存物品,以及动用发出相关政府储备物资,财务会计按照领用库存物品或发出相关政府储备物资的账面余额,借记"业务活动费用"科目,贷记"库存物品""政府储备物资"科目。

[**例 5 - 2**] 某事业单位 10 月为开展业务活动,领用材料一批,经计算价值为 6 000 元。

财务会计分录如下:

借:业务活动费用——商品及服务费用——专用材料费　　6 000
　　贷:库存物品——专用材料　　　　　　　　　　　　6 000

(4) 为履职或开展业务活动所使用的固定资产、无形资产以及为所控制的公共基础设施、保障性住房计提的折旧、摊销,财务会计按照计提金额,借记"业务活动费用"科目,贷记"固定资产累计折旧""无形资产累计摊销""公共基础设施累计折旧(摊销)""保障性住房累计折旧"等科目。

[**例 5 - 3**] 某事业单位 2×19 年 9 月购入一台价值 240 000 元的专业设备用于开展业务活动,预计使用年限为 10 年,预计净残值为 0,采用直线法计提折旧。2×19 年 10 月应计提折旧 2000 元。

财务会计分录如下:

借:业务活动费用——固定资产折旧费　　　　　　　　2000
　　贷:固定资产累计折旧　　　　　　　　　　　　　　2000

(5) 为履职或开展业务活动发生的城市维护建设税、教育费附加、地方教育费附加、车船税、房产税、城镇土地使用税等,财务会计按照计算确定应交纳的金额,借记"业务活动费用"科目,贷记"其他应交税费"等科目。预算会计借记"行政支出"或"事业支出"科目,贷记"财政拨款预算收入""资金结存"科目。

(6) 为履职或开展业务活动发生其他各项费用时,财务会计按照费用确认金额,借记"业务活动费用"科目,贷记"财政拨款收入""零余额账户用款额度""银行存款""应付账款""其他应付款""其他应收款"等科目。预算会计按照支出确认金额借记"行政支出"或"事业支出"科目,贷记"财政拨款预算收入""资金结存"科目。

[**例 5 - 4**] 某事业单位 2×19 年通过财政授权支付方式支付水费 72000 元,电费

120 000元。

财务会计分录如下：

借：业务活动费用——商品和服务支出——水费　　　　　72000
　　　　　　　——商品和服务支出——电费　　　　　120 000
　　贷：零余额账户用款额度　　　　　　　　　　　　192000

预算会计分录如下：

借：行政支出——财政拨款支出——基本支出　　　　　192000
　　贷：资金结存——零余额账户用款额度　　　　　　192000

（7）按照规定从收入中提取专用基金并计入费用的，一般按照预算会计下基于预算收入计算提取的金额，财务会计借记"业务活动费用"科目，贷记"专用基金"科目。国家另有规定的，从其规定。

（8）发生当年购货退回等业务，对于已计入本年业务活动费用的，财务会计按照收回或应收的金额，借记"财政拨款收入""零余额账户用款额度""银行存款""其他应收款"等科目，贷记"业务活动费用"科目。预算会计按照收回或更正金额，借记"财政拨款预算收入""资金结存"科目，贷记"行政支出"或"事业支出"科目。

期末，财务会计将"业务活动费用"科目本期发生额转入"本期盈余"科目，借记"本期盈余"科目，贷记"业务活动费用"科目。期末结转后，"业务活动费用"科目应无余额。

年末，预算会计将"行政支出"或"事业支出"科目本年发生额中的财政拨款支出转入"财政拨款结转科目"，借记"财政拨款结转——本年收支结转"科目，贷记"行政支出"或"事业支出"科目下各财政拨款支出明细科目；将"行政支出"或"事业支出"科目本年发生额中的非财政专项资金支出转入"非财政拨款结转"科目，借记"非财政拨款结转——本年收支结转"科目，贷记"行政支出"或"事业支出"科目下各非财政专项资金支出明细科目；将本"行政支出"或"事业支出"科目本年发生额中的其他资金支出（非财政非专项资金支出）转入"其他结余"科目，借记"其他结余"科目，贷记"行政支出"或"事业支出"科目下其他资金支出明细科目。年末结转后，"行政支出"或"事业支出"科目应无余额。

第三节

单位管理费用

一、单位管理费用的内容

单位管理费用是指事业单位本级行政及后勤管理部门开展管理活动发生的各项费用，包括单位行政及后勤管理部门发生的人员经费、公用经费、资产折旧（摊销）等费用，以及由单位统一负担的离退休人员经费、工会经费、诉讼费、中介费等项目。

二、单位管理费用的核算

在财务会计体系下,事业单位设置"单位管理费用"科目核算单位本级行政及后勤管理部门开展管理活动发生的各项费用。"单位管理费用"科目应当按照项目、费用类别、支付对象等进行明细核算。为了满足成本核算需要,"单位管理费用"科目下还可按照"工资福利费用""商品和服务费用""对个人和家庭的补助费用""固定资产折旧费""无形资产摊销费"等成本项目设置明细科目,归集能够直接计入单位管理活动或采用一定方法计算后计入单位管理活动的费用。

在预算会计体系下,事业单位设置"事业支出"科目核算单位开展专业业务活动及其辅助活动实际发生的各项现金流出。

单位管理费用的主要账务处理如下:

(1) 为管理活动人员计提的薪酬,财务会计按照计算确定的金额,借记"单位管理费用"科目,贷记"应付职工薪酬"科目。预算会计按照实际支付给外部人员个人的金额,借记"事业支出"科目,贷记"财政拨款预算收入""资金结存"等科目。

[例 5 - 5] 某事业单位 2×19 年管理部门职工应付工资总额为 1 800 000 元,按工资总额计提的社会保险费 240 000 元、住房公积金 216 000 元和工会经费 120 000 元。个人应承担的社会保险费 180 000 元、住房公积金为 204 000 元和个人所得税为 72000 元。该单位采用财政授权支付方式发放职工工资,并上缴医疗保险、住房公积金和工会经费等。

计算工资时,财务会计分录如下:

借:单位管理费用——工资福利费用	2376 000
贷:应付职工薪酬——工资	1 800 000
——社会保险费	240 000
——住房公积金	216 000
——工会经费	120 000
借:应付职工薪酬——工资	456 000
贷:应付职工薪酬——社会保险费	180 000
——住房公积金	204 000
其他应交税费——应交个人所得税	72000

发放工资、上缴医疗保险、住房公积金、工会经费和个人所得税时,财务会计分录如下:

借:应付职工薪酬——工资	1 344 000
贷:零余额账户用款额度	1 344 000
借:应付职工薪酬——社会保险费	420 000
——住房公积金	420 000
——工会经费	120 000
其他应交税费——应交个人所得税	72000
贷:零余额账户用款额度	1 032000

预算会计分录如下:

借：事业支出——其他资金支出——基本支出　　　　　　　1 344 000
　　　贷：资金结存——货币资金　　　　　　　　　　　　　　　1 344 000
借：事业支出——其他资金支出——基本支出　　　　　　　1 032000
　　　贷：资金结存——货币资金　　　　　　　　　　　　　　　1 032000

（2）为开展管理活动发生的外部人员劳务费，按照计算确定的费用金额，借记"单位管理费用"科目，按照代扣代缴个人所得税的金额，贷记"其他应交税费——应交个人所得税"科目，按照扣税后应付或实际支付的金额，贷记"其他应付款""财政拨款收入""零余额账户用款额度""银行存款"等科目。预算会计借记"事业支出"科目，贷记"财政拨款预算收入""资金结存"科目。按照规定代扣代缴个人所得税以及代扣代缴或为职工缴纳职工社会保险费、住房公积金等时，按照实际缴纳的金额，借记"事业支出"科目，贷记"财政拨款预算收入""资金结存"等科目。

（3）开展管理活动内部领用库存物品，财务会计按照领用物品实际成本，借记"单位管理费用"科目，贷记"库存物品"科目。

（4）为管理活动所使用固定资产、无形资产计提的折旧、摊销，财务会计按照应提折旧、摊销额，借记"单位管理费用"科目，贷记"固定资产累计折旧""无形资产累计摊销"等科目。

[例5-6] 某事业单位2×19年11月购入一套财务系统软件，价款66 000元（其中增值税金额6 000元），预计使用4年。2×19年，对该无形资产进行摊销。

财务会计分录如下：
借：单位管理费用——无形资产摊销费　　　　　　　　　　15 000
　　　贷：无形资产累计摊销　　　　　　　　　　　　　　　　　15 000

（5）为开展管理活动发生城市维护建设税、教育费附加、地方教育费附加、车船税、房产税、城镇土地使用税等，按照计算确定应交纳的金额，借记"单位管理费用"科目，贷记"其他应交税费"等科目。预算会计按照实际缴纳的金额，借记"事业支出"科目，贷记"财政拨款预算收入""资金结存"等科目。

（6）为开展管理活动发生的其他各项费用，财务会计按照费用确认金额，借记"单位管理费用"科目，贷记"财政拨款收入""零余额账户用款额度""银行存款""其他应付款""其他应收款"等科目。预算会计按照实际缴纳的金额，借记"事业支出"科目，贷记"财政拨款预算收入""资金结存"等科目。

[例5-7] 某事业单位租用某宾馆综合厅举办工作会议，发生会议费20 000元，款项以银行存款支付，所用款项为非财政补助、非专项资金。

财务会计分录如下：
借：单位管理费——商品和服务支出——会议费　　　　　　20 000
　　　贷：银行存款　　　　　　　　　　　　　　　　　　　　　20 000
预算会计分录如下：
借：事业支出——其他资金支出——基本支出　　　　　　　20 000
　　　贷：资金结存——货币资金　　　　　　　　　　　　　　　20 000

（7）发生当年购货退回等业务，对于已计入本年单位管理费用的，按照收回或应收的金额，借记"财政拨款收入""零余额账户用款额度""银行存款""其他应收款"

等科目,贷记"单位管理费用"科目。预算会计按照收回或更正金额,借记"财政拨款预算收入""资金结存"等科目,贷记"行政支出"或"事业支出"科目。

(8) 期末,将本科目本期发生额转入"本期盈余"科目,借记"本期盈余"科目,贷记"单位管理费用"科目。期末结转后,本科目应无余额。

第四节 经营费用

一、经营费用的内容

经营费用是指事业单位在专业业务活动及其辅助活动之外开展非独立核算经营活动发生的各项费用。经营费用按经济性质分为工资福利费用、商品和服务费用、对个人和家庭的补助费用、固定资产折旧费、无形资产摊销费等项目。

二、经营费用的核算

在财务会计体系下,事业单位设置"经营费用"科目核算单位在专业业务活动及其辅助活动之外开展非独立核算经营活动发生的各项费用。"经营费用"科目应当按照经营活动类别、项目、支付对象等进行明细核算。为了满足成本核算需要,"经营费用"科目下还可按照"工资福利费用""商品和服务费用""对个人和家庭的补助费用""固定资产折旧费""无形资产摊销费"等成本项目设置明细科目,归集能够直接计入单位经营活动或采用一定方法计算后计入单位经营活动的费用。

在预算会计体系下,事业单位设置"经营支出"科目核算单位在专业业务活动及其辅助活动之外开展非独立核算经营活动实际发生的各项现金流出。"经营支出"科目应当按照经营活动类别、项目、《政府收支分类科目》中"支出功能分类科目"的项级科目和"部门预算支出经济分类科目"的款级科目等进行明细核算。对于预付款项,可通过在本科目下设置"待处理"明细科目进行明细核算,待确认具体支出项目后再转入本科目下相关明细科目。年末结账前,应将本科目"待处理"明细科目余额全部转入"经营支出"科目下相关明细科目。

经营费用的主要账务处理如下:

(1) 为经营活动人员计提的薪酬,按照计算确定的金额,借记"经营费用"科目、贷记"应付职工薪酬"科目。

向职工个人支付薪酬时,按照实际的金额,财务会计借记"应付职工薪酬"科目、贷记"银行存款"科目。预算会计借记"经营支出"科目、贷记"资金结存"科目。

按照规定代扣代缴个人所得税以及代扣代缴或为职工缴纳职工社会保险费、住房公积金时,按照实际缴纳的金额,财务会计借记"经营支出"科目,贷记"银行存款"科目。预算会计借记"经营支出"科目,贷记"资金结存"科目。

(2) 开展经营活动领用或发出库存物品,财务会计按照物品实际成本,借记"经营费用"科目,贷记"库存物品"科目。

(3) 为经营活动所使用固定资产、无形资产计提的折旧、摊销,财务会计按照应提折旧、摊销额,借记"经营费用"科目,贷记"固定资产累计折旧""无形资产累计摊销"科目。

(4) 开展经营活动发生城市维护建设税、教育费附加、地方教育费附加、车船税、房产税、城镇土地使用税等,财务会计按照计算确定应交纳的金额,借记"经营费用"科目,贷记"其他应交税费"等科目。预算会计按照实际缴纳的金额,借记"经营支出"科目,贷记"资金结存"科目。

(5) 发生与经营活动相关的其他各项费用时,财务会计按照费用确认金额,借记"经营费用"科目,贷记"银行存款""其他应付款""其他应收款"等科目。参见"应交增值税"科目的账务处理。预算会计按照实际发生的金额,借记"经营支出"科目,贷记"资金结存"科目。

(6) 发生当年购货退回等业务,对于已计入本年经营费用的,财务会计按照收回或应收的金额,借记"银行存款""其他应收款"等科目,贷记"经营费用"科目。预算会计按照收回的金额,借记"资金结存"科目,贷记"经营支出"科目。

(7) 期末,将本科目本期发生额转入本期盈余,财务会计借记"本期盈余"科目,贷记"经营费用"科目。期末结转后,"经营费用"科目应无余额。预算会计借记"经营结余"科目,贷记"经营支出"科目。年末结转后,"经营支出"科目应无余额。

[例 5-8] 某事业单位所属非独立核算的招待所发生维修费用 15 000 元。

财务会计分录如下:

借:经营费用　　　　　　　　　　　　　　　　　　　15 000
　　贷:银行存款　　　　　　　　　　　　　　　　　　　15 000

预算会计分录如下:

借:经营支出　　　　　　　　　　　　　　　　　　　15 000
　　贷:资金结存——货币资金　　　　　　　　　　　　15 000

[例 5-9] 某事业单位为开展经营活动领用一批库存物品,该批库存物品的实际成本为 9 280 元。

财务会计分录如下:

借:经营费用　　　　　　　　　　　　　　　　　　　9 280
　　贷:库存物品——专用材料　　　　　　　　　　　　9 280

第五节

其他费用

一、资产处置费用的核算

资产处置费用是指单位经批准处置资产时发生的费用,包括转销的被处置资产价值，以及在处置过程中发生的相关费用或者处置收入小于相关费用形成的净支出。资产处置的形式按照规定包括无偿调拨、出售、出让、转让、置换、对外捐赠、报废、毁损以及货币性资产损失核销等。

单位在资产清查中查明的资产盘亏、毁损以及资产报废等，应当先通过"待处理财产损溢"科目进行核算，再将处理资产价值和处理净支出计入资产处置费用。

行政事业单位设置"资产处置费用"科目核算单位经批准处置资产时发生的费用，本科目应当按照处置资产的类别、资产处置的形式等进行明细核算。

短期投资、长期股权投资、长期债券投资的处置，参见第二章相关业务的账务处理。

资产处置费用的主要账务处理如下：

1. 不通过"待处理财产损溢"科目核算的资产处置

（1）按照规定报经批准处置资产时，财务会计按照处置资产的账面价值，借记"资产处置费用"科目［处置固定资产、无形资产、公共基础设施、保障性住房的，还应借记"固定资产累计折旧""无形资产累计摊销""公共基础设施累计折旧（摊销）""保障性住房累计折旧"等科目］，按照处置资产的账面余额，贷记"库存物品""固定资产""无形资产""公共基础设施""政府储备物资""文物文化资产""保障性住房""其他应收款""在建工程"等科目。

（2）处置资产过程中仅发生相关费用的，财务会计按照实际发生金额，借记"资产处置费用"科目，贷记"银行存款""库存现金"等科目。预算会计借记"其他支出"科目，贷记"资金结存"科目。

（3）处置资产过程中取得收入的，财务会计按照取得的价款，借记"库存现金""银行存款"等科目，按照处置资产过程中发生的相关费用，贷记"银行存款""库存现金"等科目，按照其差额，借记"资产处置费用"科目或贷记"应缴财政款"等科目。涉及增值税业务的，参见"应交增值税"科目的账务处理。

［例5-10］某事业单位将一台不需用设备对外出售。设备原值为10万元，已计提折旧20 000元，出售价款70 000元，增值税税金为11 200元。款已收存银行。

财务会计分录如下：

借：资产处置费用　　　　　　　　　　　　　　　80 000
　　固定资产累计折旧　　　　　　　　　　　　　20 000
　　贷：固定资产　　　　　　　　　　　　　　　　　　　100 000
借：银行存款　　　　　　　　　　　　　　　　　81 200
　　贷：应缴财政款　　　　　　　　　　　　　　　　　　70 000
　　　　应交增值税——应交税金——销项税额　　　　　　11 200

2. 通过"待处理财产损溢"科目核算的资产处置

（1）行政事业单位在账款核对中发现的现金短缺，属于无法查明原因的，在报经批准核销时，借记"资产处置费用"科目，贷记"待处理财产损溢"科目。

（2）行政事业单位在单位资产清查过程中盘亏或者毁损、报废的存货、固定资产、无形资产、公共基础设施、政府储备物资、文物文化资产、保障性住房等，在报经批准处理时，财务会计按照处理资产价值，借记"资产处置费用"科目，贷记"待处理财产损溢——待处理财产价值"科目。处理收支结清时,处理过程中所取得收入小于所发生相关费用的,按照相关费用减去处理收入后的净支出,借记"资产处置费用"科目,贷记"待处理财产损溢——处理净收入"科目。预算会计按处理过程中所发生的费用大于所取得收入的净支出,借记"其他支出"科目,贷记"资金结存"科目。

[例5-11] 某事业单位年末盘点时发现少了一台设备,该设备原值3 000元,已计提折旧2 000元,预计净残值100元。

财务会计分录如下:

借:待处理财产损溢——待处理财产价值	1 000
固定资产累计折旧	2 000
贷:固定资产——设备	3 000
借:资产处置费用	1 000
贷:待处理财产损溢——待处理财产价值	1 000

期末,将"资产处置费用"科目本期发生额转入"本期盈余"科目,借记"本期盈余"科目,贷记"资产处置费用"科目。期末结转后,"资产处置费用"科目应无余额。

二、上缴上级费用的核算

上缴上级费用是指事业单位按照财政部门和主管部门的规定上缴上级单位款项发生的费用。在财务会计体系下,事业单位设置"上缴上级费用"科目核算单位按照财政部门和主管部门的规定上缴上级单位款项发生的费用,本科目应当按照收缴款项单位、缴款项目等进行明细核算。在预算会计体系下,事业单位设置"上缴上级支出"科目核算单位按照财政部门和主管部门的规定上缴上级单位款项发生的现金流出。该科目应当按照收缴款项单位、缴款项目、《政府收支分类科目》中"支出功能分类科目"的项级科目和"部门预算支出经济分类科目"的款级科目等进行明细核算。

上缴上级费用的主要账务处理如下:

单位发生上缴上级支出的,财务会计按照实际上缴的金额或者按照规定计算出应当上缴上级单位的金额,借记"上缴上级费用"科目,贷记"银行存款""其他应付款"等科目。预算会计按照实际上缴的金额,借记"上缴上级支出"科目,贷记"资金结存"科目。

[例5-12] 某事业单位根据本年收入情况,按规定比例计算出上缴上级单位的费用为200 000元。

财务会计分录如下:

借:上缴上级费用——上级单位	200 000
贷:银行存款	200 000

预算会计分录如下:

借:上缴上级支出——上级单位	200 000
贷:资金结存——资金结存	200 000

期末,财务会计将本科目本期发生额转入"本期盈余",借记"本期盈余"科目,贷记"上缴上级费用"科目。期末结转后,"上缴上级费用"科目应无余额。预算会计

年末本科目本年发生额转入"其他结余",借记"其他结余"科目,贷记"上缴上级支出"科目。年末结转后,"上缴上级支出"科目应无余额。

三、对附属单位补助费用的核算

对附属单位补助费用是指事业单位用财政拨款收入之外的收入对附属单位补助发生的费用。在财务会计体系下,事业单位设置"对附属单位补助费用"核算单位用财政拨款收入之外的收入对附属单位补助发生的费用。本科目按照接受补助单位、补助项目等进行明细核算。预算会计体系下事业单位设置"附属单位补助支出"科目核算单位用财政拨款预算收入之外的收入对附属单位补助发生的现金流出。"对附属单位补助费用"科目应当按照接受补助单位、补助项目、《政府收支分类科目》中"支出功能分类科目"的项级科目和"部门预算支出经济分类科目"的款级科目等进行明细核算。

对附属单位补助费用的主要账务处理如下:

单位发生对附属单位补助支出的,财务会计按照实际补助的金额或者按照规定计算出应当对附属单位补助的金额,借记"对附属单位补助费用"科目,贷记"银行存款""其他应付款"等科目。预算会计按照实际补助的金额,借记"对附属单位补助支出"科目、贷记"资金结存"科目。

[例5-13] 某事业单位用自有经费,对所属独立核算的招待所补助100 000元,以银行存款支付。

财务会计分录如下:
借:对附属单位补助费用——招待所　　　　　　　　100 000
　　贷:银行存款　　　　　　　　　　　　　　　　　　100 000
预算会计分录如下:
借:对附属单位补助支出——招待所　　　　　　　　100 000
　　贷:资金结存——货币资金　　　　　　　　　　　　100 000

期末,财务会计将"对附属单位补助费用"科目的本期发生额转入"本期盈余"科目,借记"本期盈余"科目,贷记"对附属单位补助费用"科目。期末结转以后,"对附属单位补助费用"科目应无余额。年末,预算会计将"对附属单位补助支出"科目的本年发生额转入"其他结余"科目,借记"其他结余"科目、贷记"对附属单位补助支出"科目。年末结转后,"对附属单位补助支出"科目应无余额。

四、所得税费用的核算

所得税费用是指有企业所得税缴纳义务的事业单位按规定缴纳企业所得税所形成的费用。

所得税费用的主要账务处理如下:

(1) 发生企业所得税纳税义务的,按照税法规定计算的应交税金数额,借记"所得税费用"科目,贷记"其他应交税费——单位应交所得税"科目。

实际缴纳时,按照缴纳金额,财务会计借记"其他应交税费——单位应交所得税"科目,贷记"银行存款"科目。预算会计借记"非财政拨款结余——累计结余",贷记"资金结存——货币资金"。

第五章　费用与预算支出

（2）年末，将"所得税费用"科目的本年发生额转入"本期盈余"，借记"本期盈余"科目，贷记"所得税费用"科目。年末结转后，"所得税费用"科目应无余额。

五、其他费用的核算

其他费用是指单位发生的除业务活动费用、单位管理费用、经营费用、资产处置费用、上缴上级费用、附属单位补助费用、所得税费用以外的各项费用，包括利息费用、坏账损失、罚没支出、现金资产捐赠支出以及相关税费、运输费等。单位设置"其他费用"科目核算利息费用、坏账损失、罚没支出、现金资产捐赠支出以及相关税费、运输费等。"其他费用"科目应当按照其他费用的类别等进行明细核算。单位发生的利息费用较多的，可以单独设置"利息费用"科目。

其他费用的主要账务处理如下：

1. 利息费用

按期计算确认借款利息费用时，财务会计按照计算确定的金额，借记"在建工程"科目或"其他费用"科目，贷记"应付利息""长期借款——应计利息"等科目。

[例5－14] 某事业单位因业务专业业务发展需要，于2×19年1月从银行借入了一笔5年期的长期借款，利息按年支付。2×20年5月计提利息60 000元。

财务会计分录如下：

借：其他费用——利息费用　　　　　　　　　　　　　　60 000
　　贷：应付利息　　　　　　　　　　　　　　　　　　　　60 000

2. 坏账损失

年末，事业单位按照规定对收回后不需上缴财政的应收账款和其他应收款计提坏账准备金时，财务会计按照计提金额，借记"其他费用"科目，贷记"坏账准备"科目；冲减多提的坏账准备金时，按照冲减金额，借记"坏账准备"科目，贷记"其他费用"科目。

3. 罚没支出

单位发生罚没支出的，财务会计按照实际缴纳或应当缴纳的金额，借记"其他费用"科目，贷记"银行存款""库存现金""其他应付款"等科目。预算会计按照实际缴纳或应当缴纳的金额借记"其他支出"科目，贷记"资金结存"科目。

4. 现金资产捐赠

单位对外捐赠现金资产的，按照实际捐赠的金额，借记"其他费用"科目，贷记"银行存款""库存现金"等科目。预算会计按照实际缴纳或应当缴纳的金额借记"其他支出"科目，贷记"资金结存"科目。

5. 其他相关费用

单位接受捐赠（或无偿调入）以名义金额计量的存货、固定资产、无形资产，以及成本无法可靠取得的公共基础设施、文物文化资产等发生的相关税费、运输费等，按照实际支付的金额，借记"其他费用"科目，贷记"财政拨款收入""零余额账户用款额度""银行存款""库存现金"等科目。预算会计按照实际支出的金额借记"其他支出"科目，贷记"资金结存"科目。

单位发生的与受托代理资产相关的税费、运输费、保管费等，财务会计按照实际支付或应付的金额，借记"其他费用"科目，贷记"零余额账户用款额度""银行存款""库存现金""其他应付款"等科目。预算会计按照实际支出的金额借记"其他支出"科目，贷记"资金结存"科目。

[例 5-15] 某事业单位接受某社会团体捐赠的一台设备，按规定应缴纳税费 5 100 元。

财务会计分录如下：

借：其他费用——税费支出　　　　　　　　　　　　　　　5 100
　　贷：其他应交税费　　　　　　　　　　　　　　　　　　　　5 100

预算会计分录如下：

借：其他支出——其他资金支出　　　　　　　　　　　　　5 100
　　贷：资金结存——零余额账户用款额度　　　　　　　　　　　5 100

6. 期末

财务会计将"其他费用"科目的本期发生额转入"本期盈余"科目，借记"本期盈余"科目，贷记"其他费用"科目。期末结转后，"其他费用"科目应无余额。

年末，预算会计将"其他支出"科目本年发生额中的财政拨款支出转入"财政拨款结转"科目，借记"财政拨款结转——本年收支结转"科目，贷记"其他支出"科目下各财政拨款支出明细科目；将"其他支出"科目本年发生额中的非财政专项资金支出转入非财政拨款结转，借记"非财政拨款结转——本年收支结转"科目，贷记"其他支出"科目下各非财政专项资金支出明细科目；将"其他支出"科目本年发生额中的其他资金支出（非财政非专项资金支出）转入"其他结余"科目，借记"其他结余"科目，贷记"其他支出"科目下各其他资金支出明细科目。年末结转后，"其他支出"科目应无余额。

章节练习

一、单项选择题

1. （　　）是指行政单位履行其职责实际发生的各项现金流出。
   A. 经营支出　　　　　　　　　　B. 行政支出
   C. 事业支出　　　　　　　　　　D. 其他支出

2. 财务会计体系下，核算事业单位为实现其职能目标，依法履职或开展专业业务活动及其辅助活动所发生的各项费用的科目是（　　）。
   A. 单位管理费用　　　　　　　　B. 经营费用
   C. 业务活动费用　　　　　　　　D. 其他费用

3. 与"单位管理费用"科目平行核算事业单位本级行政及后勤管理部门开展管理活动发生的各项支出的预算会计科目是（　　）。
   A. 事业支出　　　　　　　　　　B. 行政支出
   C. 专项支出　　　　　　　　　　D. 经营支出

4. 高校支付临时外聘教师的课酬，应记入的科目是（　　）。

A. "业务活动费用" B. "单位管理费用"
C. "经营费用" D. "行政管理费用"

5. 为管理活动所使用的固定资产计提的折旧，应借计的科目是（　　）。
A. "业务活动费用" B. "单位管理费用"
C. "经营费用" D. "资产处置费用"

6. （　　）是指事业单位在专业业务活动及其辅助活动之外，开展非独立核算经营活动发生的各项费用。
A. 业务活动费用 B. 单位管理费用
C. 经营费用 D. 上缴上级费用

7. 事业单位的资产处置损失应计入（　　）。
A. "业务活动费用" B. "资产处置费用"
C. "单位管理费用" D. "其他费用"

8. 事业单位对附属单位补助的资金来源是（　　）。
A. 专项拨款
B. 财政补助收入
C. 单位组织的或集中附属单位上缴的收入
D. 以上答案都不对

9. 事业单位用自有经费对所属独立核算的下属单位进行补助，属于（　　）。
A. 上级上缴支出 B. 事业支出
C. 经营支出 D. 对附属单位补助支出

10. 事业单位从金融机构借款所需支付的利息，应通过（　　）科目核算。
A. 业务活动费用 B. 经营费用
C. 管理费用 D. 其他费用

二、多项选择题

1. 在预算会计体系下，发生的业务支出可分为（　　）。
A. 上缴上级支出 B. 事业支出
C. 对附属单位补助支出 D. 行政支出

2. 财务会计体系下，事业单位使用的会计科目有（　　）。
A. "单位管理费用" B. "上缴上级支出"
C. "经营费用" D. "所得税费用"

3. 下列各项支出中，属于行政事业单位基本支出的有（　　）。
A. 商品和服务支出 B. 基本建设支出
C. 工资福利支出 D. 对个人和家庭的补助支出

4. "事业支出"科目可以核算的业务活动包括（　　）。
A. 教育培训活动 B. 科研讲学活动
C. 医疗服务活动 D. 生产经营活动

5. 事业单位为履职所使用的固定资产，年末计提折旧时，应（　　）。
A. 借记"业务活动费用" B. 借记"事业支出"
C. 贷记"固定资产累计折旧" D. 贷记"资金结存"

6. 下列各项中,属于单位管理费用核算范围的有（　　）。
A. 公共经费　　　　　　　　　　B. 工会经费
C. 诉讼费　　　　　　　　　　　D. 中介费
7. 资产处置费用包括（　　）。
A. 资产的预计净残值
B. 转销的被处置资产价值
C. 在处置过程中发生的相关费用
D. 处置收入小于相关费用所形成的净支出
8. 属于其他费用的有（　　）。
A. 利息费用　　　　　　　　　　B. 资产处置费用
C. 上缴上级费用　　　　　　　　D. 单位管理费用
9. 行政单位的行政支出包括（　　）。
A. 财政拨款支出　　　　　　　　B. 非财政专项资金支出
C. 非同级财政拨款支出　　　　　D. 其他资金支出
10. 下列是科目中,属于行政单位和事业单位共用的科目有（　　）。
A. "经营支出"　　　　　　　　　B. "事业支出"
C. "业务活动费用"　　　　　　　D. "上缴上级费用"

三、判断题

1. 行政支出是行政单位特有的会计科目。（　　）
2. "经营支出"是事业单位财务会计使用的科目,"经营费用"是事业单位预算会计使用的科目。（　　）
3. 行政单位、事业单位都需要计算缴纳企业所得税。（　　）
4. 事业支出和事业收入不存在匹配的关系。（　　）
5. 事业单位本级行政及后勤管理部门开展管理活动所发生的费用,应通过"业务活动费用"科目核算。（　　）
6. 单位管理费用,是指事业单位本级行政及后勤管理部门因开展管理活动所发生的各项费用。（　　）
7. 事业单位固定资产的处置,通过"固定资产清理"科目进行核算。（　　）
8. 对附属单位补助支出与上级补助预算收入,在上下级单位之间的业务内容上,存在对应关系。（　　）
9. 在预算会计体系下,预算支出一般在实际支付时予以确认,按实际发生额进行计量。（　　）
10. 事业单位对附属单位的补助款项属于财政资金。（　　）

四、业务题

（一）某事业单位2×19年发生如下经济业务

（1）通过政府采购电脑10台,价款7万元,增值税1.12万元,由财政直接支付。电脑已收到并验收交付使用。

（2）通过财政直接支付方式购入一批专用材料,实际支付价款为3万元。

（3）为履职从仓库领用材料1万元。

(4) 开出授权支付凭证，支付专业设备维修费 0.5 万元。

(5) 为履职所用的固定资产计提折旧 15 万元。

要求：根据以上经济业务，为该事业单位编制有关的会计分录。

(二) 某事业单位 2×19 年发生如下经济业务

(1) 为单位开展专业业务活动人员计提职工薪酬 25 万元，为单位行政及后勤管理人员计提职工薪酬 6.84 万元。

(2) 通过财政直接支付的方式向单位开展专业业务活动以及从事行政及后勤管理的职工个人支付薪酬 23.6 万元。

(3) 通过财政直接支付方式为单位开展专业业务活动以及从事行政及后勤管理职工代扣代缴个人所得税 0.64 万元，同时通过财政直接支付的方式为这些职工代扣代缴和缴纳职工社会保险费和住房公积金共计 7.6 万元。

要求：根据以上经济业务，为该事业单位编制有关的会计分录。

(三) 某事业单位 2×19 年发生如下经济业务

(1) 为开展经营活动领用一批库存物品，该批物品的实际成本为 0.8 万元。

(2) 开展经营活动发生城市维护建设税 0.1 万元，教育费附加 0.06 万元。

(3) 通过银行存款缴纳城市维护建设税 0.1 万元，教育费附加 0.06 万元。

(4) 为经营活动所使用的固定资产计提折旧 6 万元。

要求：根据以上经济业务，为该事业单位编制有关的会计分录。

(四) 某事业单位 2×19 年发生如下经济业务

(1) 按照规定报经批准报废一台设备。该设备的账面余额为 9 万元，已计提折旧 8.5 万元，账面价值为 5 000 元。处理报废该设备时发生相关费用 800 元，款项以银行存款支付。

(2) 按财政部门和主管部门的规定上缴上级单位款项 3 万元，款项以银行存款支付。

(3) 对附属单位补助 12 万元，款项以银行存款支付。

(4) 接受其他单位无偿调入一项固定资产，发生相关费用 1 500 元，款项通过财政授权支付方式支付。

要求：根据以上经济业务，为该事业单位编制有关的会计分录。

五、思考题

1. 费用和预算支出的核算基础有何不同？
2. 什么是业务活动费用？业务活动包括哪些种类？
3. 什么是单位管理费用？单位管理费用包括哪些种类？
4. 费用、支出的哪些经济业务需要同时进行财务会计和预算会计的账务处理？
5. 费用、支出的哪些业务只需要进行财务会计的账务处理？
6. 费用、支出的哪些业务只需要进行预算会计的账务处理？

第六章

净资产与预算结余

【学习目标】
1. 理解政府财务会计净资产的含义和内容
2. 理解政府预算会计预算结余的含义和内容
3. 掌握政府财务净资产的核算
4. 掌握政府预算会计预算结余的核算

净资产是财务会计要素，指政府会计主体资产扣除负债后的净额。财务会计净资产包括本期盈余、累计盈余、专用基金、权益法调整、无偿调拨净资产、以前年度盈余调整。预算结余是预算会计要素，包括资金结存、财政拨款结转、财政拨款结余、其他资金结转结余。

第一节

净资产

一、盈余结转与分配的含义与内容

盈余结转是指对本期发生的各项收入和费用进行结转，归集本期盈余，按照相关规定进行盈余分配后，结转至累计盈余，反映单位历年未分配盈余（或未弥补亏损）以及无偿调拨净资产的累计数。

二、盈余结转与分配的核算

(一) 无偿调拨净资产

无偿调拨净资产是指单位无偿调入或调出非现金资产所引起的净资产变动金额。按照规定取得无偿调入的存货、长期股权投资、固定资产、无形资产、公共基础设施、政府储备物资、文物文化资产、保障性住房等，按照确定的成本，借记"库存物品""长期股权投资""固定资产""无形资产""公共基础设施""政府储备物资""文物文化资产""保障性住房"等科目，按照调入过程中发生的归属于调入方的相关费用，贷记"零余额账户用款额度""银行存款"等科目，按照其差额，贷记"无偿调拨净资产"科目。

按照规定经批准无偿调出存货、长期股权投资、固定资产、无形资产、公共基础设施、政府储备物资、文物文化资产、保障性住房等，按照调出资产的账面余额或账面价值，借记"无偿调拨净资产"科目，按照固定资产累计折旧、无形资产累计摊销、公共基础设施累计折旧或摊销、保障性住房累计折旧的金额，借记"固定资产累计折旧""无形资产累计摊销""公共基础设施累计折旧（摊销）""保障性住房累计折旧"科目，按照调出资产的账面余额，贷记"库存物品""长期股权投资""固定资产""无形资产""公共基础设施""政府储备物资""文物文化资产""保障性住房"等科目；同时，按照调出过程中发生的归属于调出方的相关费用，借记"资产处置费用"科目，贷记"零余额账户用款额度""银行存款"等科目。

年末，将无偿调拨净资产科目余额转入累计盈余，借记或贷记"无偿调拨净资产"科目，贷记或借记"累计盈余"科目。年末结账后，"无偿调拨净资产"科目应无余额。

[例 6-1] 某事业单位 2×19 年 5 月 6 日从外单位调入帐篷作为储备物资一批，发票上注明价值 500 000 元，已经验收入库。当年 8 月 6 日因救灾需要调出帐篷一批，价值 300 000 元。

财务会计分录如下：

(1) 20×9 年 5 月 6 日调入：

借：政府储备物资——救灾物资（帐篷）   500 000
  贷：无偿调拨净资产   500 000

(2) 2×19 年 8 月 6 日调出：

借：无偿调拨净资产——救灾物资（帐篷）   300 000
  贷：政府储备物资   300 000

(3) 2×19 年 12 月 31 日结转：

借：无偿调拨净资产——救灾物资（帐篷）   200 000
  贷：累计盈余   200 000

(二) 权益法调整

权益法调整是指事业单位持有的长期股权投资采用权益法核算时，按照被投资单位除净损益和利润分配以外的所有者权益变动份额，调整长期股权投资账面余额而计入净资产的金额。

年末，按照被投资单位除净损益和利润分配以外的所有者权益变动应享有（或应分担）的份额，借记或贷记"长期股权投资——其他权益变动"科目，贷记或借记"权益法调整"科目。采用权益法核算的长期股权投资，因被投资单位除净损益和利润分配以外的所有者权益变动而将应享有（或应分担）的份额计入单位净资产的，处置该项投资时，按照原计入净资产的相应部分金额，借记或贷记"权益法调整"科目，贷记或借记"投资收益"科目。应当按照被投资单位进行明细核算，"权益法调整"科目期末余额，反映事业单位在被投资单位除净损益和利润分配以外的所有者权益变动中累积享有（或分担）的份额。

（三）以前年度盈余调整

以前年度盈余调整核算单位本年度发生的调整以前年度盈余的事项，包括本年度发生的重要前期差错更正涉及调整以前年度盈余的事项。主要事项如下：

（1）调整增加以前年度收入时，按照调整增加的金额，借记有关科目，贷记"以前年度盈余调整"科目。调整减少的，做相反会计分录。

（2）调整增加以前年度费用时，按照调整增加的金额，借记"以前年度盈余调整"科目，贷记有关科目。调整减少的，做相反会计分录。

（3）盘盈的各种非流动资产，报经批准后处理时，借记"待处理财产损溢"科目，贷记"以前年度盈余调整"科目。

经上述调整后，应将以前年度盈余调整科目的余额转入累计盈余，借记或贷记"累计盈余"科目，贷记或借记"以前年度盈余调整"科目。

以前年度盈余调整科目结转后应无余额。

[例6-2] 某事业单位年末盘点，盘盈打印机一台，其重置成本为3 000元，预计八成新，经确定为以前年度购入。

财务会计分录如下：

（1）借：固定资产——办公设备（打印机）　　　　　　2400
　　　　贷：待处理财产损溢——待处理固定资产损溢　　2400
（2）借：待处理财产损溢——待处理固定资产损溢　　　2400
　　　　贷：以前年度盈余调整　　　　　　　　　　　　2400

（四）本期盈余

本期盈余是指单位本期各项收入、费用相抵后的余额。期末，将各类收入科目的本期发生额转入本期盈余，借记"财政拨款收入""事业收入""上级补助收入""附属单位上缴收入""经营收入""非同级财政拨款收入""投资收益""捐赠收入""利息收入""租金收入""其他收入"科目，贷记"本期盈余"科目；将各类费用科目本期发生额转入本期盈余，借记"本期盈余"科目，贷记"业务活动费用""单位管理费用""经营费用""所得税费用""资产处置费用""上缴上级费用""对附属单位补助费用""其他费用"科目。年末，完成上述结转后，将本科目余额转入"本年盈余分配"科目，借记或贷记"本期盈余"科目，贷记或借记"本年盈余分配"科目。本科目期末如为贷方余额，反映单位自年初至当期期末累计实现的盈余；如为借方余额，反映单位自年初至当期期末累计发生的亏损。年末结账后，本科目应无余额。

[例6-3] 某事业单位2×19年12月31日，汇总全年收入、费用科目发生额见表

第六章 净资产与预算结余

6-1：

表6-1　　　　　　　　　　收入费用发生额汇总表

会计科目	借方发生额	贷方发生额
财政拨款收入		2 000 000
事业收入		12 000 000
上级补助收入		200 000
附属单位上缴收入		160 000
经营收入		600 000
非同级财政拨款收入		100 000
投资收益		80 000
利息收入		40 000
租金收入		250 000
其他收入		30 000
业务活动费用	6 000 000	
单位管理费用	4 000 000	
经营费用	400 000	
所得税费用	30 000	
资产处置费用	12 000	
对附属单位补助费用	80 000	
其他费用	15 000	

财务会计分录如下：

（1）结转收入科目：

借：财政拨款收入　　　　　　　　　　　　　　　　　　　　2 000 000
　　事业收入　　　　　　　　　　　　　　　　　　　　　　12 000 000
　　上级补助收入　　　　　　　　　　　　　　　　　　　　　 200 000
　　附属单位上缴收入　　　　　　　　　　　　　　　　　　　 160 000
　　经营收入　　　　　　　　　　　　　　　　　　　　　　　 600 000
　　非同级财政拨款收入　　　　　　　　　　　　　　　　　　 100 000
　　投资收益　　　　　　　　　　　　　　　　　　　　　　　　80 000
　　利息收入　　　　　　　　　　　　　　　　　　　　　　　　40 000
　　租金收入　　　　　　　　　　　　　　　　　　　　　　　 250 000
　　其他收入　　　　　　　　　　　　　　　　　　　　　　　　30 000
　　贷：本期盈余　　　　　　　　　　　　　　　　　　　　15 460 000

如果投资收益科目为发生额借方净额时，做相反会计分录。

（2）结转费用类科目：

借：本期盈余　　　　　　　　　　　　　　　　　　　　　10 537 000
　　贷：业务活动费用　　　　　　　　　　　　　　　　　　 6 000 000

单位管理费用	4 000 000
经营费用	400 000
资产处置费用	30 000
对附属单位补助费用	80 000
所得税费用	15 000
其他费用	12000

（五）本年盈余分配

本年盈余分配反映单位本年度盈余分配的情况和结果。年末，将"本期盈余"科目余额转入"本年盈余分配"科目，借记或贷记"本期盈余"科目，贷记或借记"本年盈余分配"科目。

年末，根据有关规定从本年度非财政拨款结余或经营结余中提取专用基金的，按照预算会计下计算的提取金额，借记"本年盈余分配"科目，贷记"专用基金"科目。

年末，按照规定完成上述分配处理后，将"本年盈余分配"科目余额转入累计盈余，借记或贷记"本年盈余分配"科目，贷记或借记"累计盈余"科目。

年末结账后，本年盈余分配科目应无余额。

[例6-4] 承[例6-3]资料，将某事业单位2×19年12月31日收入与费用相抵的本期盈余转入本期盈余分配，并按规定从其他结余中计提科技成果转换基金560 000元。

财务会计分录如下：

（1）借：本期盈余　　　　　　　　　　　　　　　4 923 000
　　　　贷：本年盈余分配　　　　　　　　　　　　　　　4 923 000

（2）借：本年盈余分配　　　　　　　　　　　　　560 000
　　　　贷：专用基金——科技成果转换基金　　　　　　　560 000

（3）借：本年盈余分配　　　　　　　　　　　　　4 363 000
　　　　贷：累计盈余　　　　　　　　　　　　　　　　　4 363 000

预算会计分录如下：

（4）借：非财政拨款结余分配　　　　　　　　　　560 000
　　　　贷：专用结余　　　　　　　　　　　　　　　　　560 000

（六）专用基金

专用基金是指事业单位按照规定提取或设置的具有专门用途的净资产，主要包括职工福利基金、科技成果转换基金等。

年末，根据有关规定从本年度非财政拨款结余或经营结余中提取专用基金的，按照预算会计下计算的提取金额，借记"本年盈余分配"科目，贷记"专用基金"科目。

根据有关规定从收入中提取专用基金并计入费用的，一般按照预算会计下基于预算收入计算提取的金额，借记"业务活动费用"等科目，贷记"专用基金"科目。国家另有规定的，从其规定。

根据有关规定设置的其他专用基金，按照实际收到的基金金额，借记"银行存款"等科目，贷记"专用基金"科目。

按照规定使用提取的专用基金时，借记"专用基金"科目，贷记"银行存款"等科目。使用提取的专用基金购置固定资产、无形资产的，按照固定资产、无形资产成本金额，借记"固定资产""无形资产"科目，贷记"银行存款"等科目；同时，按照专用基金使用金额，借记"专用基金"科目，贷记"累计盈余"科目。

"专用基金"本科目期末贷方余额，反映事业单位累计提取或设置的尚未使用的专用基金。该科目应当按照专用基金的类别进行明细核算。

[例 6-5] 某事业单位 2×19 年 12 月 31 日非财政拨款结余为 500 000 元，提取 150 000 元作为职工福利基金。

财务会计分录如下：

借：本年盈余分配　　　　　　　　　　　　　　　　　150 000
　　贷：专用基金——职工福利基金　　　　　　　　　　　　　150 000

预算会计分录如下：

借：非财政拨款结余分配　　　　　　　　　　　　　　150 000
　　贷：专用结余　　　　　　　　　　　　　　　　　　　　　150 000

[例 6-6] 某事业单位用职工福利基金购置健身设备 1 台用于职工身体锻炼，增值税发票注明价款 20 000 元，增值税 3 400 元，款项已转账支付。

财务会计分录如下：

（1）借：固定资产——其他设备　　　　　　　　　　　23 400
　　　　贷：银行存款　　　　　　　　　　　　　　　　　　　23 400

（2）借：专用基金——职工福利基金　　　　　　　　　23 400
　　　　贷：累计盈余　　　　　　　　　　　　　　　　　　　23 400

预算会计分录如下：

（3）借：专用结余　　　　　　　　　　　　　　　　　23 400
　　　　贷：资金结存——货币资金　　　　　　　　　　　　　23 400

（七）累计盈余

累计盈余包括单位历年实现的盈余扣除盈余分配后滚存的金额，以及因无偿调入调出资产产生的净资产变动额，按照规定上缴、缴回、单位间调剂结转结余资金产生的净资产变动额，以及对以前年度盈余的调整金额。

累计盈余的核算内容包括以下项目：

1. 本年盈余分配的结转

年末，将"本年盈余分配"科目的余额转入累计盈余，借记或贷记"本年盈余分配"科目，贷记或借记"累计盈余"科目。

2. 无偿调拨净资产的结转

如果存在无偿调拨净资产的，年末，将"无偿调拨净资产"科目的余额转入累计盈余，借记或贷记"无偿调拨净资产"科目，贷记或借记"累计盈余"科目。

3. 财政拨款结转结余及其他资金结转结余的结转

按照规定上缴财政拨款结转结余、缴回非财政拨款结转资金、向其他单位调出财政拨款结转资金时，按照实际上缴、缴回、调出金额，借记"累计盈余"科目，贷记"财政应返还额度""零余额账户用款额度""银行存款"等科目。

按照规定从其他单位调入财政拨款结转资金时，按照实际调入金额，借记"零余额账户用款额度""银行存款"等科目,贷记"累计盈余"科目。

4. 以前年度盈余调整的结转

将"以前年度盈余调整"科目的余额转入"累计盈余"科目,借记或贷记"以前年度盈余调整"科目,贷记或借记"累计盈余"科目。

5. 专用基金的结转

按照规定使用专用基金购置固定资产、无形资产的,按照固定资产、无形资产成本金额,借记"固定资产""无形资产"科目,贷记"银行存款"等科目;同时,按照专用基金使用金额,借记"专用基金"科目,贷记"累计盈余"科目。

累计盈余科目期末余额,反映单位未分配盈余(或未弥补亏损)的累计数以及截至上年末无偿调拨净资产变动的累计数。

[**例6-7**] 某事业单位2×19年12月31日有关科目的余额见表6-2:

表 6-2　　　　　　　　　　　科目余额表

会计科目	借方余额	贷方余额
本年盈余分配		360 000
无偿调拨净资产		200 000
以前年度盈余调整	15 000	

该行政单位应编制会计分录如下:
(1) 借:本年盈余分配:　　　　　　　　　　　　　360 000
　　　　无偿调拨净资产　　　　　　　　　　　　 200 000
　　　贷:累计盈余　　　　　　　　　　　　　　　　　　　560 000
(2) 借:累计盈余:　　　　　　　　　　　　　　　 15 000
　　　贷:以前年度盈余调整　　　　　　　　　　　　　　　 15 000

第二节

预算结余

一、资金结存

(一) 资金结存的含义与内容

政府会计制度将行政事业单位纳入部门预算管理的资金的流入、流出、调整和滚存作为资金结存核算。资金结存包括零余额账户用款额度、货币资金、财政应返还额度。

(二) 资金结存的核算

资金结存科目设置。资金结存科目设置零余额账户用款额度、货币资金和财政应返还额度三个明细科目。

第六章 净资产与预算结余

（1）零余额账户用款额度。"零余额账户用款额度"明细科目核算实行国库集中支付的单位根据财政部门批复的用款计划收到和支用的零余额账户用款额度。年末结账后，该明细科目应无余额。

（2）货币资金。"货币资金"明细科目核算单位以库存现金、银行存款、其他货币资金形态存在的金。该明细科目年末借方余额，反映单位尚未使用的货币资金。

（3）财政应返还额度。"财政应返还额度"明细科目核算实行国库集中支付的单位可以使用的以前年度财政直接支付资金额度和财政应返还的财政授权支付资金额度。该明细科目下可设置"财政直接支付""财政授权支付"两个明细科目进行明细核算。该明细科目年末借方余额，反映单位应收财政返还的资金额度。

（三）资金结存的主要账务处理

因资金结存的业务内容，在其他章节都有涉及，本章不再重复。

二、财政拨款结转

（一）财政拨款结转的含义与内容

财政拨款结转是指单位当年预算已执行但尚未完成，或因故未执行，下一年度需要按照原用途继续使用的财政拨款滚存资金。

（二）财政拨款结转的核算

1. 财政拨款结转的科目设置

设置"财政拨款结转"科目核算单位取得的同级财政拨款结转资金的调整、结转和滚存情况。该科目应当设置下列明细科目：

（1）与会计差错更正、以前年度支出收回相关的明细科目。"年初余额调整"明细科目核算单位因发生会计差错更正、以前年度支出收回等原因，需要调整财政拨款结转的金额。年末结账后，"年初余额调整"明细科目应无余额。

（2）与财政拨款调拨业务相关的明细科目。

①"归集调入"明细科目核算按照规定从其他单位调入财政拨款结转资金时，实际调增的额度数额或调入的资金数额。年末结账后，本明细科目应无余额。

②"归集调出"明细科目核算按照规定向其他单位调出财政拨款结转资金时，实际调减的额度数额或调出的资金数额。年末结账后，本明细科目应无余额。

③"归集上缴"明细科目核算按照规定上缴财政拨款结转资金时，实际核销的额度数额或上缴的资金数额。年末结账后，本明细科目应无余额。

④"单位内部调剂"明细科目核算经财政部门批准对财政拨款结余资金改变用途，调整用于本单位其他未完成项目等的调整金额。年末结账后，本明细科目应无余额。

（3）与年末财政拨款结转业务相关的明细科目。①"本年收支结转"明细科目核算单位本年度财政拨款收支相抵后的余额。年末结账后，本明细科目应无余额。②"累计结转"明细科目核算单位滚存的财政拨款结转资金。本明细科目年末贷方余额，反映单位财政拨款滚存的结转资金数额。

"累计结转"科目还应当设置"基本支出结转""项目支出结转"两个明细科目，并在"基本支出结转"明细科目下按照"人员经费""日常公用经费"进行明细核算，在"项目支出结转"明细科目下按照具体项目进行明细核算；同时，本科目还应按照

《政府收支分类科目》中"支出功能分类科目"的相关科目进行明细核算。有一般公共预算财政拨款、政府性基金预算财政拨款等两种或两种以上财政拨款的,还应当在本科目下按照财政拨款的种类进行明细核算。

2. 财政拨款结转的主要账务处理

(1) 与会计差错更正、以前年度支出收回相关的账务处理。①因发生会计差错更正退回以前年度国库直接支付、授权支付款项或财政性货币资金,或者因发生会计差错更正增加以前年度国库直接支付、授权支付支出或财政性货币资金支出,属于以前年度财政拨款结转资金的,借记或贷记"资金结存——财政应返还额度、零余额账户用款额度、货币资金"科目,贷记或借记"财政拨款结转"科目(年初余额调整)。②因购货退回、预付款项收回等发生以前年度支出又收回国库直接支付、授权支付款项或收回财政性货币资金,属于以前年度财政拨款结转资金的,借记"资金结存——财政应返还额度、零余额账户用款额度、货币资金"科目,贷记"财政拨款结转"科目(年初余额调整)。

[例6-8] 某事业单位通过授权支付方式支付上一年度因计算错误而少付的设备检测费8 000元。

财务会计分录如下:
借:以前年度盈余调整　　　　　　　　　　　　　　　8 000
　　贷:零余额账户用款额度　　　　　　　　　　　　　8 000

预算会计分录如下:
借:财政拨款结转——年初余额调整　　　　　　　　　8 000
　　贷:资金结存——零余额账户用款额度　　　　　　　8 000

(2) 与财政拨款结转结余资金调整业务相关的账务处理。

①按照规定从其他单位调入财政拨款结转资金的,按照实际调增的额度数额或调入的资金数额,借记"资金结存——财政应返还额度、零余额账户用款额度、货币资金"科目,贷记"财政拨款结转"科目(归集调入)。

[例6-9] 某事业单位从上级单位调入财政拨款结余资金50 000元,用于补助本单位的项目支出。

财务会计分录如下:
借:零余额账户用款额度　　　　　　　　　　　　　　50 000
　　贷:累计盈余　　　　　　　　　　　　　　　　　　50 000

预算会计分录如下:
借:资金结存——零余额账户用款额度　　　　　　　　50 000
　　贷:财政拨款结转——归集调入——项目支出结转　　50 000

②按照规定向其他单位调出财政拨款结转资金的,按照实际调减的额度数额或调出的资金数额,借记"财政拨款结转"科目(归集调出),贷记"资金结存——财政应返还额度、零余额账户用款额度、货币资金"科目。

③按照规定上缴财政拨款结转资金或注销财政拨款结转资金额度的,按照实际上缴资金数额或注销的资金额度数额,借记"财政拨款结转"科目(归集上缴),贷记"资金结存——财政应返还额度、零余额账户用款额度、货币资金"科目。

[例 6 – 10] 某事业单位根据上级单位的安排，将尚未使用的财政应返还额度 63 000元上缴上级单位。

财务会计分录如下：
借：累计盈余　　　　　　　　　　　　　　　　　　　　　　63 000
　　贷：财政应返还额度　　　　　　　　　　　　　　　　　　　63 000

预算会计分录如下：
借：财政拨款结转——归集上缴——基本支出结转　　　　　　63 000
　　贷：资金结存——财政应返还额度　　　　　　　　　　　　63 000

④经财政部门批准对财政拨款结余资金改变用途，调整用于本单位基本支出或其他未完成项目支出的，按照批准调剂的金额，借记"财政拨款结余——单位内部调剂"科目，贷记"财政拨款结转"科目（单位内部调剂）。

[例 6 – 11] 某事业单位经财政部门批准对某项目的财政拨款结余 45 000 元，调整用于本单位的基本支出。

财务会计分录如下：
借：财政拨款结余——单位内部调剂　　　　　　　　　　　　45 000
　　贷：财政拨款结转——单位内部调剂　　　　　　　　　　　　45 000

（3）与年末财政拨款结转和结余业务相关的账务处理。

①年末，将财政拨款预算收入本年发生额转入本科目，借记"财政拨款预算收入"科目，贷记"财政拨款结转"科目（本年收支结转）；将各项支出中财政拨款支出本年发生额转入本科目，借记"财政拨款结转"科目（本年收支结转），贷记各项支出（财政拨款支出）科目。

②年末冲销有关明细科目余额。将本科目（本年收支结转、年初余额调整、归集调入、归集调出、归集上缴、单位内部调剂）余额转入"财政拨款结转"科目（累计结转）。结转后，本科目除"累计结转"明细科目外，其他明细科目应无余额。

③年末完成上述结转后，应当对财政拨款结转各明细项目执行情况进行分析，按照有关规定将符合财政拨款结余性质的项目余额转入财政拨款结余，借记"财政拨款结转"科目（累计结转），贷记"财政拨款结余——结转转入"科目。财政拨款结转科目年末贷方余额，反映单位滚存的财政拨款结转资金数额。

[例 6 – 12] 某事业单位年末进行本年财政拨款预算收入和支出的结转，本年度"财政拨款预算收入——基本支出"科目的贷方累计发生额 1 260 000 元，"财政拨款预算收入——项目支出"科目的贷方累计发生额 850 000 元；事业支出——财政拨款支出——基本支出"累计借方发生额 1 150 000 元，"行政支出——财政拨款支出——项目支出"累计借方发生额 835 000 元。

财务会计分录如下：
（1）借：财政拨款预算收入——基本支出　　　　　　　　　1 260 000
　　　　　　　　　　　　　——项目支出　　　　　　　　　　850 000
　　　　贷：财政拨款结转——本年收支结转　　　　　　　　2 110 000
（2）借：财政拨款结转——本年收结转　　　　　　　　　　1 985 000
　　　　贷：事业支出——财政拨款支出——基本支出　　　　1 150 000

————财政拨款支出——项目支出　　　　　　　　　835 000

[**例6-13**] 承[例6-8]至[例6-12]，年末冲销财政拨款结转、财政拨款结余相关明细科目余额。

财务会计分录如下：

（1）借：财政拨款结转——归集调入——项目支出结转　　　50 000
　　　　　　　　　　　——单位内部调剂　　　　　　　　　45 000
　　　　　　　　　　　——本年收支结转　　　　　　　　2 110 000
　　　　贷：财政拨款结转——累计结转　　　　　　　　　2 205 000

（2）借：财政拨款结转——累计结转　　　　　　　　　　2 056 000
　　　　贷：财政拨款结转——年初余额调整　　　　　　　　8 000
　　　　　　　　　　　　——归集上缴——基本支出结转　　63 000
　　　　　　　　　　　　——本年收支结转　　　　　　　1 985 000

（3）借：财政拨款结余——累计结余　　　　　　　　　　　45 000
　　　　贷：财政拨款结余——单位内部调剂　　　　　　　　45 000

三、财政拨款结余

（一）财政拨款结余的含义与内容

财政拨款结余是指单位当年预算工作目标已完成，或因故终止，剩余的财政拨款滚存资金。

（二）财政拨款结余的核算

1. 财政拨款结余的科目设置

设置"财政拨款结余"科目核算单位取得的同级财政拨款项目支出结余资金的调整、结转和滚存情况。

财政拨款结余科目应当设置下列明细科目：

（1）与会计差错更正、以前年度支出收回相关的明细科目。"年初余额调整"：本明细科目核算单位因发生会计差错更正、以前年度支出收回等原因，需要调整财政拨款结余的金额。年末结账后，本明细科目应无余额。

（2）与财政拨款结余资金调整业务相关的明细科目。

①"归集上缴"：本明细科目核算按照规定上缴财政拨款结余资金时，实际核销的额度数额或上缴的资金数额。年末结账后，本明细科目应无余额。

②"单位内部调剂"：本明细科目核算经财政部门批准对财政拨款结余资金改变用途，调整用于本单位其他未完成项目等的调整金额。年末结账后，本明细科目应无余额。

（3）与年末财政拨款结余业务相关的明细科目。

①"结转转入"：本明细科目核算单位按照规定转入财政拨款结余的财政拨款结转资金。年末结账后，本明细科目应无余额。

②"累计结余"：本明细科目核算单位滚存的财政拨款结余资金。本明细科目年末贷方余额，反映单位财政拨款滚存的结余资金数额。

"累计结余"科目还应当按照具体项目、《政府收支分类科目》中"支出功能分类科目"的相关科目等进行明细核算。

有一般公共预算财政拨款、政府性基金预算财政拨款等两种或两种以上财政拨款的，还应当在本科目下按照财政拨款的种类进行明细核算。

2. 财政拨款结余的主要账务处理

（1）与会计差错更正、以前年度支出收回相关的账务处理。

①因发生会计差错更正退回以前年度国库直接支付、授权支付款项或财政性货币资金，或者因发生会计差错更正增加以前年度国库直接支付、授权支付支出或财政性货币资金支出，属于以前年度财政拨款结余资金的，借记或贷记"资金结存——财政应返还额度、零余额账户用款额度、货币资金"科目，贷记或借记"财政拨款结余"科目（年初余额调整）。

②因购货退回、预付款项收回等发生以前年度支出又收回国库直接支付、授权支付款项或收回财政性货币资金，属于以前年度财政拨款结余资金的，借记"资金结存——财政应返还额度、零余额账户用款额度、货币资金"科目，贷记"财政拨款结余"科目（年初余额调整）。

[例 6-14] 某事业单位财政拨款的 M 项目上年度已经结转，其剩余的项目资金已经转入该项目的结余资金中。项目审查时发现，误将一项应当计入基本支出的业务活动费计入了 M 项目，该笔费用支出为 65 000 元，需要调整上年度的财政拨款结余和财政拨款结转。

预算会计分录如下：

借：财政拨款结余——年初余额调整——M 项目　　　　　65 000
　　贷：财政拨款结转——年初余额调整——基本支出结转　　　65 000

（2）与财政拨款结余资金调整业务相关的账务处理。

①经财政部门批准对财政拨款结余资金改变用途，调整用于本单位基本支出或其他未完成项目支出的，按照批准调剂的金额，借记"财政拨款结余"科目（单位内部调剂），贷记"财政拨款结转——单位内部调剂"科目。

②按照规定上缴财政拨款结余资金或注销财政拨款结余资金额度的，按照实际上缴资金数额或注销的资金额度数额，借记"财政拨款结余"科目（归集上缴），贷记"资金结存——财政应返还额度、零余额账户用款额度、货币资金"科目。

[例 6-15] 某事业单位通过零余额账户，按规定归集上缴上级单位某环境监测项目的结余资金 38 000 元，财务会计分录如下：

借：累计盈余　　　　　　　　　　　　　　　　　　　　38 000
　　贷：零余额账户用款额度　　　　　　　　　　　　　　38 000

预算会计分录如下：

借：财政拨款结余——归集上缴　　　　　　　　　　　　38 000
　　贷：资金结存——零余额账户用款额度　　　　　　　　38 000

（3）与年末财政拨款结转和结余业务相关的账务处理。

①年末，对财政拨款结转各明细项目执行情况进行分析，按照有关规定将符合财政拨款结余性质的项目余额转入财政拨款结余，借记"财政拨款结转——累计结转"科目，贷记"财政拨款结余"科目（结转转入）。

②年末冲销有关明细科目余额。将"财政拨款结余"科目（年初余额调整、归集上缴、单位内部调剂、结转转入）余额转入"财政拨款结余"科目（累计结余）。结转后，本"财政拨款结余"科目除"累计结余"明细科目外，其他明细科目应无余额。

"财政拨款结余"科目年末贷方余额，反映单位滚存的财政拨款结余资金数额。

［例6-16］承［例6-14］至［例6-15］，年末，某事业单位进行结余转账等处理后，进行财政拨款结余明细科目余额的冲销处理。

预算会计分录如下：

借：财政拨款结余——累计结余　　　　　　　　　　　　65 000
　　贷：财政拨款结余——年初余额调整——M项目　　　　　　65 000
借：财政拨款结余——累计结余　　　　　　　　　　　　38 000
　　贷：财政拨款结余——归集上缴　　　　　　　　　　　　38 000

四、非财政拨款结转

（一）非财政拨款结转的含义

非财政拨款结转是指单位除财政拨款收支、经营收支以外各非同级财政拨款专项资金的调整、结转和滚存情况。

（二）非财政拨款结转的核算

1. 非财政拨款结转的科目设置

设置"非财政拨款结转"科目单位除财政拨款收支、经营收支以外各非同级财政拨款专项资金的调整、结转和滚存，该科目应当设置下列明细科目：

（1）"年初余额调整"：本明细科目核算因发生会计差错更正、以前年度支出收回等原因，需要调整非财政拨款结转的资金。年末结账后，本明细科目应无余额。

（2）"缴回资金"：本明细科目核算按照规定缴回非财政拨款结转资金时，实际缴回的资金数额。年末结账后，本明细科目应无余额。

（3）"项目间接费用或管理费"：本明细科目核算单位取得的科研项目预算收入中，按照规定计提项目间接费用或管理费的数额。年末结账后，本明细科目应无余额。

（4）"本年收支结转"：本明细科目核算单位本年度非同级财政拨款专项收支相抵后的余额。年末结账后，本明细科目应无余额。

（5）"累计结转"：本明细科目核算单位滚存的非同级财政拨款专项结转资金。本明细科目年末贷方余额，反映单位非同级财政拨款滚存的专项结转资金数额。

本科目还应当按照具体项目、《政府收支分类科目》中"支出功能分类科目"的相关科目等进行明细核算。

2. 非财政拨款结转的主要账务处理

（1）按照规定从科研项目预算收入中提取项目管理费或间接费时，按照提取金额，借记"非财政拨款结转"科目（项目间接费用或管理费），贷记"非财政拨款结余——项目间接费用或管理费"科目。

［例6-17］某事业单位按照规定从某科研项目预算收入中提取项目管理费30 000元。

第六章 净资产与预算结余

财务会计分录如下:

借: 单位管理费用　　　　　　　　　　　　　　　　　30 000
　　贷: 预提费用——项目管理费　　　　　　　　　　　　　　30 000

预算会计分录如下:

借: 非财政拨款结转——项目管理费　　　　　　　　　　30 000
　　贷: 非财政拨款结余——项目管理费　　　　　　　　　　　30 000

(2) 因会计差错更正收到或支出非同级财政拨款货币资金,属于非财政拨款结转资金的,按照收到或支出的金额,借记或贷记"资金结存——货币资金"科目,贷记或借记"非财政拨款结转"科目(年初余额调整)。

因收回以前年度支出等收到非同级财政拨款货币资金,属于非财政拨款结转资金的,按照收到的金额,借记"资金结存——货币资金"科目,贷记"非财政拨款结转"科目(年初余额调整)。

(3) 按照规定缴回非财政拨款结转资金的,按照实际缴回资金数额,借记"非财政拨款结转"科目(缴回资金),贷记"资金结存——货币资金"科目。

(4) 年末,将事业预算收入、上级补助预算收入、附属单位上缴预算收入、非同级财政拨款预算收入、债务预算收入、其他预算收入本年发生额中的专项资金收入转入"非财政拨款结转"科目,借记"事业预算收入""上级补助预算收入""附属单位上缴预算收入""非同级财政拨款预算收入""债务预算收入""其他预算收入"科目下各专项资金收入明细科目,贷记"非财政拨款结转"科目(本年收支结转);将行政支出、事业支出、其他支出本年发生额中的非财政拨款专项资金支出转入本科目,借记"非财政拨款结转"科目(本年收支结转),贷记"行政支出""事业支出""其他支出"科目下各非财政拨款专项资金支出明细科目。

[例 6-18] 某事业单位 2×19 年 12 月 31 日除预算收支以外科目账户发生额见表 6-3:

表 6-3　　　　　　　　　　科目发生额汇总表

会计科目	借方发生额	贷方发生额
事业预算收入——专项资金收入		5 600 000
上级补助预算收入——专项资金收入		500 000
附属单位上缴预算收入——专项资金收入		40 000
其他预算收入——专项资金收入		12000
事业支出——非财政专项资金支出	3 200 000	
其他支出——非财政专项资金支出	650 000	

预算会计分录如下:

①结转非财政拨款专项收入:

借: 事业预算收入——专项资金收入　　　　　　　　　5 600 000
　　上级补助预算收入——专项资金收入　　　　　　　　　500 000
　　附属单位上缴预算收入——专项资金收入　　　　　　　　40 000

　　　　其他预算收入——专项资金收入　　　　　　　　　12 000
　　　　　贷：非财政拨款结转——本年收支结转　　　　　　　　　6 152 000
②结转非财政拨款专项支出：
　　借：非财政拨款结转——本年收支结转　　　　　　　　3 850 000
　　　　贷：事业支出——非财政专项资金支出　　　　　　　　　3 200 000
　　　　　　其他支出——非财政专项资金支出　　　　　　　　　　650 000

（5）年末冲销有关明细科目余额。将"非财政拨款结转"科目（年初余额调整、项目间接费用或管理费、缴回资金、本年收支结转）余额转入"非财政拨款结转"科目（累计结转）。结转后，"非财政拨款结转"科目除"累计结转"明细科目外，其他明细科目应无余额。

[例6-19] 承[例6-17]、[例6-18] 资料某事业单位年末冲销"非财政拨款结转"科目相关明细科目余额。

预算会计分录如下：

　　借：非财政拨款结转——本年收支结转　　　　　　　　2 302 000
　　　　贷：非财政拨款结转——累计结转　　　　　　　　　　　2 302 000
　　借：非财政拨款结转——累计结转　　　　　　　　　　　　30 000
　　　　贷：非财政拨款结转——项目管理费　　　　　　　　　　　30 000

（6）年末完成上述结转后，应当对非财政拨款专项结转资金各项目情况进行分析，将留归本单位使用的非财政拨款专项（项目已完成）剩余资金转入非财政拨款结余，借记"非财政拨款结转"科目（累计结转），贷记"非财政拨款结余——结转转入"科目。

"非财政拨款结转"科目年末贷方余额，反映单位滚存的非同级财政拨款专项结转资金数额。

[例6-20] 承[例6-19] 资料某事业单位对非财政拨款专项结转资金各项目情况进行分析，D项目已经完成，结余的15 000元，按规定留归本单位使用。

预算会计分录如下：

　　借：非财政拨款结转——累计结转　　　　　　　　　　　　15 000
　　　　贷：非财政拨款结余——结转转入　　　　　　　　　　　　15 000

五、非财政拨款结余

（一）非财政拨款结余的含义

非财政拨款结余是指单位历年滚存的非限定用途的非同级财政拨款结余资金，主要为非财政拨款结余扣除结余分配后滚存的金额。

（二）非财政拨款结余的核算

非财政拨款结余的科目设置。设置"非财政拨款结余"科目核算单位历年滚存的非限定用途的非同级财政拨款结余资金。该科目设置下列明细科目：

（1）"年初余额调整"：本明细科目核算因发生会计差错更正、以前年度支出收回等原因，需要调整非财政拨款结余的资金。年末结账后，本明细科目应无余额。

（2）"项目间接费用或管理费"：本明细科目核算单位取得的科研项目预算收入中，

第六章 净资产与预算结余

按照规定计提的项目间接费用或管理费数额。年末结账后,本明细科目应无余额。

(3)"结转转入":本明细科目核算按照规定留归单位使用,由单位统筹调配,纳入单位非财政拨款结余的非同级财政拨款专项剩余资金。年末结账后,本明细科目应无余额。

(4)"累计结余":本明细科目核算单位历年滚存的非同级财政拨款、非专项结余资金。本明细科目年末贷方余额,反映单位非同级财政拨款滚存的非专项结余资金数额。本科目还应当按照《政府收支分类科目》中"支出功能分类科目"的相关科目进行明细核算。

(三)非财政拨款结余的主要账务处理

(1)按照规定从科研项目预算收入中提取项目管理费或间接费时,借记"非财政拨款结转——项目间接费用或管理费"科目,贷记"非财政拨款结余"科目(项目间接费用或管理费)。

(2)有企业所得税缴纳义务的事业单位实际缴纳企业所得税时,按照缴纳金额,借记"非财政拨款结余"科目(累计结余),贷记"资金结存——货币资金"科目。

[例6-21] 某事业单位2×19年12月因科研项目收入应交所得税5 200元,税款于当月末从银行转账支付。

财务会计分录如下:

借:其他应交税费——单位应交所得税　　　　　　　　　　　　5 200
　　贷:银行存款　　　　　　　　　　　　　　　　　　　　　　5 200

预算会计分录如下:

借:非财政拨款结余——累计结余　　　　　　　　　　　　　　5 200
　　贷:资金结存——货币资金　　　　　　　　　　　　　　　　5 200

(3)因会计差错更正收到或支出非同级财政拨款货币资金,属于非财政拨款结余资金的,按照收到或支出的金额,借记或贷记"资金结存——货币资金"科目,贷记或借记"非财政拨款结余"科目(年初余额调整)。

因收回以前年度支出等收到非同级财政拨款货币资金,属于非财政拨款结余资金的,按照收到的金额,借记"资金结存——货币资金"科目,贷记"非财政拨款结余"科目(年初余额调整)。

[例6-22] 某事业单位2×19年2月2日,收到上年采购项目所需材料结算错误多收的款项3 000元,款项已经存入银行,该研究项目已经完成。

财务会计分录如下:

借:银行存款　　　　　　　　　　　　　　　　　　　　　　　3 000
　　贷:以前年度盈余调整　　　　　　　　　　　　　　　　　　3 000

预算会计分录如下:

借:资金结存——货币资金　　　　　　　　　　　　　　　　　3 000
　　贷:非财政拨款结余——年初余额调整　　　　　　　　　　　3 000

(4)年末,将留归本单位使用的非财政拨款专项(项目已完成)剩余资金转入"非财政拨款结余"科目,借记"非财政拨款结转——累计结转"科目,贷记"非财政拨款结余"科目(结转转入)。

[例6-23] 某事业单位由上级拨款研发的B项目已经完成，验收合格，结余资金20 000元，按规定留归本研究所使用。

预算会计分录如下：

借：非财政拨款结转——累计结转　　　　　　　　　　　　　20 000
　　贷：非财政拨款结余——结转转入　　　　　　　　　　　　　20 000

（5）年末冲销有关明细科目余额。将"非财政拨款结余"科目（年初余额调整、项目间接费用或管理费、结转转入）余额结转入"非财政拨款结余"科目（累计结余）。结转后，本科目除"累计结余"明细科目外，其他明细科目应无余额。

[例6-24] 承[例6-17]、[例6-21]、[例6-22]、[例6-23]，年末冲销非财政拨款结余有关明细科目的余额。

预算会计分录如下：

借：非财政拨款结余——年初余额调整　　　　　　　　　　　　3 000
　　　　　　　　　——项目管理费　　　　　　　　　　　　　30 000
　　　　　　　　　——结转转入　　　　　　　　　　　　　　20 000
　　贷：非财政拨款结余——累计结余　　　　　　　　　　　　　53 000

（6）年末，事业单位将"非财政拨款结余分配"科目余额转入非财政拨款结余。"非财政拨款结余分配"科目为借方余额的，借记"非财政拨款结余"科目（累计结余），贷记"非财政拨款结余分配"科目；"非财政拨款结余分配"科目为贷方余额的，借记"非财政拨款结余分配"科目，贷记"非财政拨款结余"科目（累计结余）。年末，行政单位将"其他结余"科目余额转入非财政拨款结余。"其他结余"科目为借方余额的，借记"非财政拨款结余"科目（累计结余），贷记"其他结余"科目；"其他结余"科目为贷方余额的，借记"其他结余"科目，贷记"非财政拨款结余"科目（累计结余）。

"非财政拨款结余"科目年末贷方余额，反映单位非同级财政拨款结余资金的累计滚存数额。

六、专用结余

（一）专用结余的含义

专用结余是事业单位按照规定从非财政拨款结余中提取的具有专门用途的资金的变动和滚存情况。

（二）专用结余的核算

专用结余按类别进行明细核算，主要账务处理如下：

（1）根据有关规定从本年度非财政拨款结余或经营结余中提取基金的，按照提取金额，借记"非财政拨款结余分配"科目，贷记"专用结余"科目。

（2）根据规定使用从非财政拨款结余或经营结余中提取的专用基金时，按照使用金额，借记"专用结余"科目，贷记"资金结存——货币资金"科目。

[例6-25] 某事业单位按规定从非财政拨款结余中提取职工福利基金65 000元。

财务会计分录如下：

借：本年盈余分配　　　　　　　　　　　　　　　　　　　　65 000

　　　　贷：专用基金——职工福利基金　　　　　　　　　　　　　　65 000
　　预算会计分录如下：
　　　　借：非财政拨款结余分配　　　　　　　　　　　　　　　　65 000
　　　　贷：专用结余　　　　　　　　　　　　　　　　　　　　　　65 000
　　[例6-26] 用上述提取的职工福利基金购买职工集体福利设施45 000元，款项以银行存款支付，购入的设施作为固定资产管理，该事业单位应编制如下会计分录：
　　财务会计分录如下：
　　　　①借：固定资产——其他设备　　　　　　　　　　　　　　45 000
　　　　　贷：银行存款　　　　　　　　　　　　　　　　　　　　45 000
　　　　②借：专用基金——职工福利基金　　　　　　　　　　　　45 000
　　　　　贷：累计盈余　　　　　　　　　　　　　　　　　　　　45 000
　　预算会计分录如下：
　　　　借：专用结余　　　　　　　　　　　　　　　　　　　　　45 000
　　　　贷：资金结存——货币资金　　　　　　　　　　　　　　　45 000
　　"专用结余"科目年末贷方余额，反映事业单位从非同级财政拨款结余中提取的专用基金的累计滚存数额。

七、经营结余

（一）经营结余的含义

　　经营结余是指事业单位本年度经营活动收支相抵后余额弥补以前年度经营亏损后的余额。

（二）经营结余的核算

　　经营结余按照经营活动类别进行明细核算。主要账务处理如下：
　　(1) 年末，将经营预算收入本年发生额转入本科目，借记"经营预算收入"科目，贷记"经营结余"科目；将经营支出本年发生额转入"经营结余"科目，借记"经营结余"科目，贷记"经营支出"科目。
　　(2) 年末，完成上述结转后，如本科目为贷方余额，将本科目贷方余额转入"非财政拨款结余分配"科目，借记"经营结余"科目，贷记"非财政拨款结余分配"科目；如本科目为借方余额，为经营亏损，不予结转。
　　年末结账后，该科目一般无余额；如为借方余额，反映事业单位累计发生的经营亏损。
　　[例6-27] 某事业单位20×9年12月31日有关经营收入和经营支出本年发生额如下：
　　本期经营收入200万元、结转本期经营支出160万元。
　　财务会计分录如下：
　　　　①借：经营收入　　　　　　　　　　　　　　　　　　　2 000 000
　　　　　贷：本期盈余　　　　　　　　　　　　　　　　　　　2 000 000
　　　　②借：本期盈余　　　　　　　　　　　　　　　　　　　1 600 000
　　　　　贷：经营费用　　　　　　　　　　　　　　　　　　　1 600 000

预算会计分录如下：

①借：经营预算收入　　　　　　　　　　　　2 000 000
　　贷：经营结余　　　　　　　　　　　　　　　　　　2 000 000
②借：经营结余　　　　　　　　　　　　　　1 600 000
　　贷：经营支出　　　　　　　　　　　　　　　　　　1 600 000

八、其他结余

（一）其他结余的含义

其他结余是指单位本年度除财政拨款收支、非同级财政专项资金收支和经营收支以外各项收支相抵后的余额。

（二）其他结余的核算

（1）年末，将事业预算收入、上级补助预算收入、附属单位上缴预算收入、非同级财政拨款预算收入、债务预算收入、其他预算收入本年发生额中的非专项资金收入以及投资预算收益本年发生额转入本科目，借记"事业预算收入""上级补助预算收入""附属单位上缴预算收入""非同级财政拨款预算收入""债务预算收入""其他预算收入"科目下各非专项资金收入明细科目和"投资预算收益"科目，贷记"其他结余"科目（"投资预算收益"科目本年发生额为借方净额时，借记"其他结余"科目，贷记"投资预算收益"科目）；将行政支出、事业支出、其他支出本年发生额中的非同级财政、非专项资金支出，以及上缴上级支出、对附属单位补助支出、投资支出、债务还本支出本年发生额转入本科目，借记"其他结余"科目，贷记"行政支出""事业支出""其他支出"科目下各非同级财政、非专项资金支出明细科目和"上缴上级支出""对附属单位补助支出""投资支出""债务还本支出"科目。

（2）年末，完成上述结转后，行政单位将本科目余额转入"非财政拨款结余——累计结余"科目；事业单位将本科目余额转入"非财政拨款结余分配"科目。当本科目为贷方余额时，借记"其他结余"科目，贷记"非财政拨款结余——累计结余"或"非财政拨款结余分配"科目；当本科目为借方余额时，借记"非财政拨款结余——累计结余"或"非财政拨款结余分配"科目，贷记"其他结余"科目。

年末结账后，该科目应无余额。

［例6-28］某事业单位20×9年有关收入支出的发生额见表6-4：

表6-4　　　　　　　　　　　收入支出发生额汇总表

会计科目	借方发生额	贷方发生额
事业预算收入——非专项资金收入		12 000 000
上级补助预算收入——非专项资金收入		2 600 000
附属单位上缴预算收入——非专项资金收入		500 000
非同级财政拨款预算收入——非专项资金收入		600 000
其他预算收入——非专项资金收入		200 000
投资预算收益		60 000
事业支出——其他资金支出	8 000 000	

续表

会计科目	借方发生额	贷方发生额
其他支出——其他资金支出	1 200 000	
对附属单位补助支出——其他资金支出	300 000	

预算会计分录如下：

借：事业预算收入——非专项资金收入　　　　　　　　12 000 000
　　补助预算收入——非专项资金收入　　　　　　　　　2 600 000
　　附属单位上缴收入——非专项资金收入　　　　　　　　500 000
　　非同级财政拨款预算收入——非专项资金收入　　　　　600 000
　　其他预算收入——非专项资金收入　　　　　　　　　　200 000
　　投资预算收益　　　　　　　　　　　　　　　　　　　 60 000
　　贷：其他结余　　　　　　　　　　　　　　　　　　15 960 000
借：其他结余　　　　　　　　　　　　　　　　　　　　9 500 000
　　贷：事业支出——其他资金支出　　　　　　　　　　8 000 000
　　　　其他支出——其他资金支出　　　　　　　　　　1 200 000
　　　　对附属单位补助支出——其他资金支出　　　　　　300 000

九、非财政拨款结余分配

（一）非财政拨款结余分配的含义

非财政拨款结余分配是指事业单位本年度非财政拨款结余分配的情况和结果。

（二）非财政拨款结余分配的核算

非财政拨款结余分配的主要账务处理如下：

（1）年末，将"其他结余"科目余额转入"非财政拨款结余分配"科目，当"其他结余"科目为贷方余额时，借记"其他结余"科目，贷记"非财政拨款结余分配"科目；当"其他结余"科目为借方余额时，借记"非财政拨款结余分配"科目，贷记"其他结余"科目。年末，将"经营结余"科目贷方余额转入"非财政拨款结余分配"科目，借记"经营结余"科目，贷记"非财政拨款结余分配"科目。

（2）根据有关规定提取专用基金的，按照提取的金额，借记"非财政拨款结余分配"科目，贷记"专用结余"科目。

（3）年末，按照规定完成上述（1）至（2）处理后，将本科目余额转入非财政拨款结余。当本科目为借方余额时，借记"非财政拨款结余——累计结余"科目，贷记"非财政拨款结余分配"科目；当本科目为贷方余额时，借记"非财政拨款结余分配"科目，贷记"非财政拨款结余——累计结余"科目。年末结账后，该科目应无余额。

[例6-29] 承[例6-27]、[例6-28]的资料，年末将其他结余和经营结余结转至非财政拨款结余分配。从非财政拨款结余中提取风险基金100 000元。

财务会计分录如下：

借：本年盈余分配　　　　　　　　　　　　　　　　　　100 000
　　贷：专用基金　　　　　　　　　　　　　　　　　　100 000

预算会计分录如下：

①借：其他结余　　　　　　　　　　　　　　　　6 460 000
　　贷：非财政拨款结余分配　　　　　　　　　　　　　　6 460 000
②借：经营结余　　　　　　　　　　　　　　　　　400 000
　　贷：非财政拨款结余分配　　　　　　　　　　　　　　　400 000
③借：非财政拨款结余分配　　　　　　　　　　　　100 000
　　贷：专用结余　　　　　　　　　　　　　　　　　　　　100 000
④借：非财政拨款结余分配　　　　　　　　　　　6 760 000
　　贷：非财政拨款结余——累计结余　　　　　　　　　6 760 000

章节练习

一、单项选择题

1. 如果行政事业单位存在无偿调拨净资产的，年末，将"无偿调拨净资产"科目的余额转入（　　）。

　A. 累计盈余　　　　　　　　　　　B. 本期盈余
　C. 本期盈余分配　　　　　　　　　D. 非财政拨款结余分配

2. 年末结转收支以后，应将"本期盈余"账户余额转入（　　）。

　A. 专用基金　　　　　　　　　　　B. 累计盈余
　C. 本期盈余分配　　　　　　　　　D. 非财政拨款结余分配

3. "财政拨款结余"科目核算单位取得的（　　）项目支出结余资金的调整、结转和滚存情况。

　A. 非同级财政拨款　　　　　　　　B. 同级财政拨款
　C. 非财政拨款　　　　　　　　　　D. 其他经费

4. 净资产是指政府会计主体资产扣除（　　）的净额。

　A. 费用　　　　　　　　　　　　　B. 支出
　C. 负债　　　　　　　　　　　　　D. 收入

5. 累计盈余包括单位历年实现的盈余扣除（　　）后滚存的金额，以及因无偿调入调出资产产生的净资产变动额，按照规定上缴、缴回、单位间调剂结转结余资金产生的净资产变动额，以及对以前年度盈余的调整金额。

　A. 专用基金　　　　　　　　　　　B. 专用结余
　C. 盈余分配　　　　　　　　　　　D. 其他结余

6. 年末在结转经营收支以后，如"经营结余"科目为贷方余额，将本科目贷方余额转入"非财政拨款结余分配"科目；如本科目为借方余额，为经营亏损，则（　　）。

　A. 转入"非财政拨款结余分配"的借方
　B. 转入"非财政拨款结余"
　C. 转入"其他结余"

第六章 净资产与预算结余

D. 不予结转

7. 无偿调拨净资产是指行政事业单位无偿调入或调出的（　　）所引起的净资产变动。

A. 现金资产　　　　　　　　　　B. 非现金资产
C. 存货　　　　　　　　　　　　D. 固定资产

8. 期末转入财政拨款结余的账户是（　　）。

A. 财政拨款基本支出结余　　　　B. 财政拨款项目支出结余
C. 非财政拨款专项资金结余　　　D. 其他资金结余

9. 年末某事业单位"事业收入"科目本年发生额为 860 000 元，其中，专项资金收入 450 000 元，非专项资金收入 410 000 元，转入"非财政拨款结转——本年收支结转"的金额是（　　）元。

A. 860 000　　　　　　　　　　B. 410 000
C. 450 000　　　　　　　　　　D. 0

10. 有单位所得税缴纳义务的事业单位，实际缴纳单位所得税时，财务会计的账户处理是"借：其他应交税费，贷：银行存款等"；预算会计的账务处理是"借：（　　），贷：资金结存"。

A. 事业支出　　　　　　　　　　B. 经营支出
C. 非财政拨款结余　　　　　　　D. 经营结余

二、多项选择题

1. 行政事业单位净资产包括（　　）。

A. 本期盈余　　　　　　　　　　B. 累计盈余
C. 专用基金　　　　　　　　　　D. 无偿调拨净资产

2. 资金结存是指行政事业单位核算纳入预算管理资金的流入、流出、调整和滚存情况，包括（　　）。

A. 零余额账户用款额度　　　　　B. 货币资金
C. 财政应返还额度　　　　　　　D. 其他结余

3. 事业单位的科技成果转换基金是按（　　）的一定比例提取的。

A. 财政拨款结余　　　　　　　　B. 非财政补款结余
C. 其他结余　　　　　　　　　　D. 经营结余

4. 事业单位的结余包括（　　）。

A. 财政拨款结余　　　　　　　　B. 非财政拨款结余
C. 经营结余　　　　　　　　　　D. 其他结余

5. 行政单位的结余包括（　　）。

A. 财政拨款结余　　　　　　　　B. 非财政拨款结余
C. 经营结余　　　　　　　　　　D. 其他结余

6. 期末将事业单位（　　）账户余额转入"非财政拨款结转"账户的贷方。

A. 事业预算收入——专项资金收入
B. 非同级财政拨款预算收入——专项资金收入
C. 事业预算收入——非专项资金收入

D. 经营预算收入

7. 无偿调拨净资产包括无偿调入的（　　）。
A. 存货
B. 固定资产
C. 公共基础设施
D. 保障性住房

8. 累计盈余包括单位历年实现的盈余扣除盈余分配后滚存的金额以及（　　）。
A. 无偿调拨净资产
B. 以前年度盈余调整
C. 权益法调整
D. 其他结余

9. 年末，行政单位转入"非财政拨款结转"的账户有（　　）。
A. 上级补助收入——专项资金收入
B. 财政拨款预算收入
C. 行政支出——非财政专项资金支出
D. 非同级财政拨款预算收入——专项资金收入

10. 年末，事业单位将（　　）账户余额转入"非财政拨款结余分配"账户。
A. 财政拨款结余
B. 非财政拨款结转
C. 经营结余
D. 其他结余

三、判断题

1. 在行政事业单位中，净资产属于财务会计要素，预算结余属于预算会计要素，净资产和预算结余在基本概念、确认和计量方法方面虽有一定的联系，但存在明细的区别。（　　）

2. 累计盈余包括单位历年实现的盈余扣除盈余分配后滚存的金额，以及因无偿调入调出资产产生净资产变动额。（　　）

3. 专用基金是行政事业单位按照规定提取或设置的具有专门用途的净资产，使用专用基金购置固定资产、无形资产时应将专用基金转至累计盈余。（　　）

4. 事业单位按年终形成的其他结余和经营结余的一定比例计算缴纳所得税。（　　）

5. 非财政拨款结转是指事业单位期末将除财政拨款收支以外的各项收入支出进行结转。（　　）

6. 行政单位的结余和事业单位的财政拨款结余不能进行分配。（　　）

7. 经营结余是事业单位本年度经营活动收支相抵后弥补以前年度亏损的余额，年末如为贷方余额，应转入"非财政拨款结余分配"科目；如为借方余额，则表示经营亏损，也要进行结转。（　　）

8. 其他结余是行政事业单位本年度除财政拨款收支、非同级财政专项资金收支和经营收支以外的各项收支相抵后的余额。（　　）

9. 行政单位由非财政非专项资金预算收支形成的其他结余不进行分配，因此，"其他结余"科目余额直接转入"非财政拨款结转"科目，而不转入"非财政拨款结余分配"科目。（　　）

10. 事业单位的非财政专项资金结余也要进行分配，因此，"非财政拨款结转"应转入"非财政拨款结余分配"科目。（　　）

第六章 净资产与预算结余

四、业务题

（一）行政事业单位的本期盈余的核算

资料：某事业单位 2×19 年末各类收入和费用科目的本期发生额如表 6-5 所示。

表 6-5

会计科目	本年借方发生额	本年贷方发生额
财政拨款收入		8 000 000
事业收入		14 000 000
非同级财政拨款收入		500 000
投资收益		80 000
利息收入		40 000
其他收入		30 000
业务活动费用	16 000 000	
单位管理费用	5 000 000	
资产处置费用	12000	
其他费用	18 000	

本年无偿调拨净资产借方余额为：56 000 元，按规定从其他结余中提取科技成果转换基金 120 000 元。

要求：1. 编制收入费用年末结转的会计分录。

2. 编制年末结转本期盈余的会计分录。

3. 编制盈余分配的会计分录。

4. 编制结转累计盈余的会计分录。

（二）行政事业单位预算结转结余的核算

资料：某事业单位 2×19 年末各类预算收入和预算支出科目的本期发生额如表 6-6 所示。

表 6-6

会计科目	本年借方发生额	本年贷方发生额
财政拨款预算收入		8 000 000
事业预算收入——专项资金收入		4 000 000
事业预算收入——非专项资金收入		12000 000
经营预算收入		600 000
其他预算收入——非财政非专项资金收入		136 000
事业支出——基本支出	18 000 000	
其中：财政拨款支出	6 000 000	
其他资金支出	12000 000	
事业支出——项目支出（项目均未完成）	6 000 000	

续表

会计科目	本年借方发生额	本年贷方发生额
其中：财政拨款支出	2 000 000	
专项资金支出	4 000 000	
经营支出	400 000	
其他支出——非财政非专项资金支出	12 000	

要求：根据上述资料进行期末结转。

五、思考题

1. 什么是政府财务会计净资产？
2. 政府财务会计净资产包括哪些内容？
3. 政府预算会计预算结余包括哪些内容？
4. 什么是单位的财政拨款结余和财政拨款结转？两者有什么区别？
5. 政府财务会计净资产与政府预算会计预算结余有什么区别和联系？
6. 财政拨款结余和财政拨款结转如何进行账务处理？

第七章

决算报告及财务报告

【学习目标】
1. 了解行政事业单位财务报告的分类和构成
2. 掌握行政事业单位各类预算报表的内容结构和基本编制方法
3. 掌握行政事业单位各类财务报表的内容结构和基本编制方法
4. 了解行政事业单位报表附注的功能及基本构成内容

政府会计由预算会计和财务会计构成,根据《政府会计准则——基本准则》第五条规定,政府会计主体应当编制决算报告和财务报告。因此,行政事业单位要按照政府会计准则的要求,定期编制决算报告和财务报告。

第一节 政府会计决算报告及财务报告概述

一、政府决算报告的内容

(一)政府决算报告的目标

政府决算报告的目标是向决算报告使用者提供与政府预算执行情况和现金流量有关信息,综合反映政府会计主体预算收支的年度执行结果,有助于决算报告使用者进行监督和管理，并为编制后续年度预算提供参考和依据。政府决算报告的使用者包括各级人民代表大会及其常务委员会、各级政府及其有关部门、政府会计主体自身、社会公众和其他利益相关者。

（二）政府决算报告的含义及构成

政府决算报告是反映政府会计主体年度预算收支执行结果的文件，包括决算报表和其他应当在决算报告中反映的相关信息和资料。其中以决算报表为主要构成，包括预算收入支出表、预算结转结余变动表、财政拨款预算收入支出表。

二、政府财务报告的内容

（一）政府财务报告的目标

政府财务报告的目标是向财务报告的使用者提供与政府财务状况、运行情况（含运行成本，下同）和现金流量等有关信息，反映政府会计主体受托责任履行情况，有助于财务报告使用者做出决策或者进行监督和管理。政府财务报告使用者包括各级人民代表大会常务委员会、债权人、各级政府及有关部门、政府会计主体自身和其他利益相关者。

（二）政府财务报告的含义及其构成

政府财务报告是反映政府会计主体某一特定日期的财务状况和某一会计期间的运行情况和现金流量等信息的文件。

政府财务报告按编制主体不同，分为政府综合财务报告和政府部门财务报告。政府综合财务报告即由政府财政部门编制的，反映各级政府整体财务状况，运行情况和财政中长期可持续性的报告；政府部门报告是指政府各部门、各单位按规定编制的财务报告。

政府财务报告按内容构成，包含财务报表和其他应当在财务报告中披露的相关信息和资料。其中，财务报表是对政府会计主体财务状况、运行和现金流量等信息的结构性表述，是政府财务报告的主要组成部分，包括会计报表和附注。会计报表则至少包括资产负债表、收入费用表和现金流量表，政府会计主体应当根据相关规定编制并财务报表。本教材将重点介绍决算报表及财务报表相关内容。

三、政府决算报表及财务报表的编制基础及基本要求

（一）编制基础

政府决算报表的编制主要以收付实现制为基础，以预算会计核算生成的数据为准；政府财务报表的编制主要以权责发生制为基础，以财务会计核算生成的数据为准。

（二）编制时间

政府财务报表、决算报表应当定期编制，定期反映主体情况，一般分为月报和年报。一般情况下，政府财务会计报表中资产负债表、收入费用表须按月、年进行编制；净资产变动表、附注则按年度编制；现金流量表各单位可根据本单位实际情况，选择编制也可不编，若编制则按年度进行。政府预算报表则按年度编制。各报表编制时间见表7-1。

第七章 决算报告及财务报告

表 7-1

编号	报表名称	编制期
财务报表		
会政财 01 表	资产负债表	月度、年度
会政财 02 表	收入费用表	月度、年度
会政财 03 表	净资产变动表	年度
会政财 04 表	现金流量表	年度
	附注	年度
预算会计报表		
会政预 01 表	预算收入支出表	年度
会政预 02 表	预算结转结余变动表	年度
会政预 03 表	财政拨款预算收入支出表	年度

（三）政府会计信息质量要求

政府会计报表需按各项要求定期编制，同时要求其呈现的信息能达到真实性、全面性、相关性、及时性、可比性、清晰性、实质重于形式七个方面的质量要求（具体内容参见第一章总论），从而达到政府会计报告的目标。

第二节　资产负债表

一、资产负债表的含义

资产负债表是反映政府会计主体在某一特定日期的财务状况的报表，能为会计信息使用者提供会计主体全面的财务及运行情况。

二、资产负债表的内容和结构

资产负债表结构为账户式，见表 7-2，反映行政事业单位在某一时点占用或使用的经济资源、负担债务、净资产等情况的分布和结构，便于了解行政事业单位的财务实力、资产负债变化情况及财务状况的发展趋势，其中报表左右两边需满足："资产＝净资产＋负债"这一平衡公式，即"资产总计"项目期末（年初）余额应当与"负债和净资产总计"项目期末（年初）余额相等。

表 7-2　　　　　　　　　　　　　　　　资产负债表　　　　　　　　　　　　　　　　会政财 01 表

编制单位：×事业单位　　　　　　　　2×19 年 12 月 31 日　　　　　　　　　　　　单位：元

资产	期末余额	年初余额	负债和净资产	期末余额	年初余额
流动资产：			流动负债：		
货币资金			短期借款		
短期投资			应交增值税		
财政应返还额度			其他应交税费		
应收票据			应缴财政款		
应收账款净额			应付职工薪酬		
预付账款			应付票据		
应收股利			应付账款		
应收利息			应付政府补贴款		
其他应收款净额			应付利息		
存货			预收账款		
待摊费用			其他应付款		
一年内到期的非流动资产			预提费用		
其他流动资产			一年内到期的非流动负债		
流动资产合计			其他流动负债		
非流动资产：			流动负债合计：		
长期股权投资			非流动负债：		
长期债券投资			长期借款		
固定资产原值			长期应付款		
减：固定资产累计折旧			预计负债		
固定资产净值			其他非流动负债		
工程物资			非流动负债合计：		
在建工程			受托代理负债		
无形资产原值			负债合计：		
减：无形资产累计摊销					
无形资产净值					
研发支出					
公共基础设施原值					
减：公共基础设施累计折旧（摊销）					
公共基础设施净值					
政府储备物资					
文物文化资产					
保障性住房原值					

续表

资产	期末余额	年初余额	负债和净资产	期末余额	年初余额
减：保障性住房累计折旧			净资产：		
保障性住房净值			累计盈余		
长期待摊费用			专用基金		
待处理财产损溢			权益法调整		
其他非流动资产			无偿调拨净资产*		
非流动资产合计			本期盈余*		
受托代理资产			净资产合计		
资产总计			负债和净资产总计		

注："*"标识项目为月报项目，年报不需列示。

三、资产负债表的编制方法

（一）本表"年初余额"填列方法

本表大多数项目"年初余额"栏内各项数字，应当根据上年年末资产负债表"期末余额"栏内数字填列，如果本年度资产负债表规定的项目的名称和内容同上年度不一致，应当对上年年末资产负债表项目的名称和数字按照本年度的规定进行调整，将调整后数字填入本表"年初余额"栏内。

如果本年度单位发生了因前期差错更正、会计政策变更等调整以前年度盈余的事项，还应当对"年初余额"栏中的有关项目金额进行相应调整。

（二）本表"期末余额"栏各项目的内容和填列方法

资产负债表"期末余额"栏填列方法一般可分为按账户期末余额数直接填列、按账户期末余额数合计填列、按账户余额与其备抵账户抵销后计算填列、根据总账及明细账户余额分析填列四种方法，下面逐一介绍：

1. 按账户期末余额数直接填列

（1）"短期投资"项目，反映事业单位期末持有的短期投资账面余额。本项目应当根据"短期投资"科目的期末余额填列。

（2）"财政应返还额度"项目，反映单位期末财政应返还额度的金额。本项目应当根据"财政应返还额度"科目的期末余额填列。

（3）"应收票据"项目，反映事业单位期末持有的应收票据的票面金额。本项目应当根据"应收票据"科目的期末余额填列。

（4）"预付账款"项目，反映单位期末预付给商品或者劳务供应单位的款项。本项目应当根据"预付账款"科目的期末余额填列。

（5）"应收股利"项目，反映事业单位期末因股权投资而应收取的现金股利或应当分得的利润。本项目应当根据"应收股利"科目的期末余额填列。

（6）"应收利息"项目，反映事业单位期末因债券投资等而应收取的利息。事业单位购入的到期一次还本付息的长期债券投资持有期间应收的利息，不包括在本项目内。本项目应当根据"应收利息"科目的期末余额填列。

（7）"待摊费用"项目，反映单位期末已经支出，但应当由本期和以后各期负担的分摊期在 1 年以内（含 1 年）的各项费用。本项目应当根据"待摊费用"科目的期末余额填列。

（8）"长期股权投资"项目，反映事业单位期末持有的长期股权投资的账面余额。本项目应当根据"长期股权投资"科目的期末余额填列。

（9）"固定资产原值"项目，反映单位期末固定资产的原值。本项目应当根据"固定资产"科目的期末余额填列。

（10）"固定资产累计折旧"项目，反映单位期末固定资产已计提的累计折旧金额。本项目应当根据"固定资产累计折旧"科目的期末余额填列。

（11）"工程物资"项目，反映单位期末为在建工程准备的各种物资的实际成本。本项目应当根据"工程物资"科目的期末余额填列。

（12）"在建工程"项目，反映单位期末所有的建设项目工程的实际成本。本项目应当根据"在建工程"科目的期末余额填列。

（13）"无形资产原值"项目，反映单位期末无形资产的原值。本项目应当根据"无形资产"科目的期末余额填列。

（14）"无形资产累计摊销"项目，反映单位期末无形资产已计提的累计摊销金额。本项目应当根据"无形资产累计摊销"科目的期末余额填列。

（15）"研发支出"项目，反映单位期末正在进行的无形资产开发项目开发阶段发生的累计支出数。本项目应当根据"研发支出"科目的期末余额填列。

（16）"公共基础设施原值"项目，反映单位期末控制的公共基础设施的原值。本项目应当根据"公共基础设施"科目的期末余额填列。

（17）"公共基础设施累计折旧（摊销）"项目，反映单位期末控制的公共基础设施已计提的累计折旧和累计摊销金额。本项目应当根据"公共基础设施累计折旧（摊销）"科目的期末余额填列。

（18）"政府储备物资"项目，反映单位期末控制的政府储备物资的实际成本。本项目应当根据"政府储备物资"科目的期末余额填列。

（19）"文物文化资产"项目，反映单位期末控制的文物文化资产的成本。本项目应当根据"文物文化资产"科目的期末余额填列。

（20）"保障性住房原值"项目，反映单位期末控制的保障性住房的原值。本项目应当根据"保障性住房"科目的期末余额填列。

（21）"保障性住房累计折旧"项目，反映单位期末控制的保障性住房已计提的累计折旧金额。本项目应当根据"保障性住房累计折旧"科目的期末余额填列。

（22）"长期待摊费用"项目，反映单位期末已经支出，但应由本期和以后各期负担的分摊期限在 1 年以上（不含 1 年）的各项费用。本项目应当根据"长期待摊费用"科目的期末余额填列。

（23）"待处理财产损溢"项目，反映单位期末尚未处理完毕的各种资产的净损失或净溢余。本项目应当根据"待处理财产损溢"科目的期末借方余额填列；如"待处理财产损溢"科目期末为贷方余额，以"-"号填列。

（24）"短期借款"项目，反映事业单位期末短期借款的余额。本项目应当根据"短期借款"科目的期末余额填列。

(25)"应交增值税"项目,反映单位期末应缴未缴的增值税税额本项目应当根据"应交增值税"科目的期末余额填列;如"应交增值税"科目期末为借方余额,以"-"号填列。

(26)"其他应交税费"项目,反映单位期末应缴未缴的除增值税以外的税费金额。本项目应当根据"其他应交税费"科目的期末余额填列;如"其他应交税费"科目期末为借方余额,以"-"号填列。

(27)"应缴财政款"项目,反映单位期末应当上缴财政但尚未缴纳的款项。本项目应当根据"应缴财政款"科目的期末余额填列。

(28)"应付职工薪酬"项目,反映单位期末按有关规定应付给职工及为职工支付的各种薪酬。本项目应当根据"应付职工薪酬"科目的期末余额填列。

(29)"应付票据"项目,反映事业单位期末应付票据的金额。本项目应当根据"应付票据"科目的期末余额填列。

(30)"应付账款"项目,反映单位期末应当支付但尚未支付的偿还期限在1年以内(含1年)的应付账款的金额。本项目应当根据"应付账款"科目的期末余额填列。

(31)"应付政府补贴款"项目,反映负责发放政府补贴的行政单位期末按照规定应当支付给政府补贴接受者的各种政府补贴款余额。本项目应当根据"应付政府补贴款"科目的期末余额填列。

(32)"应付利息"项目,反映事业单位期末按照合同约定应支付的借款利息。事业单位到期一次还本付息的长期借款利息不包括在本项目内。本项目应当根据"应付利息"科目的期末余额填列。

(33)"预收账款"项目,反映事业单位期末预先收取但尚未确认收入和实际结算的款项余额。本项目应当根据"预收账款"科目的期末余额填列。

(34)"其他应付款"项目,反映单位期末其他各项偿还期限在1年内(含1年)的应付及暂收款项余额。本项目应当根据"其他应付款"科目的期末余额填列。

(35)"预提费用"项目,反映单位期末已预先提取的已经发生但尚未支付的各项费用。本项目应当根据"预提费用"科目的期末余额填列。

(36)"一年内到期的非流动负债"项目,反映单位期末将于1年内(含1年)偿还的非流动负债的余额。本项目应当根据"长期应付款""长期借款"等科目的明细科目的期末余额分析填列。

(37)"预计负债"项目,反映单位期末已确认但尚未偿付的预计负债的余额。本项目应当根据"预计负债"科目的期末余额填列。

(38)"受托代理负债"项目,反映单位期末受托代理负债的金额。本项目应当根据"受托代理负债"科目的期末余额填列。

(39)"累计盈余"项目,反映单位期末未分配盈余(或未弥补亏损)以及无偿调拨净资产变动的累计数。本项目应当根据"累计盈余"科目的期末余额填列。

(40)"专用基金"项目,反映事业单位期末累计提取或设置但尚未使用的专用基金余额。本项目应当根据"专用基金"科目的期末余额填列。

(41)"权益法调整"项目,反映事业单位期末在被投资单位除净损益和利润分配以外的所有者权益变动中累积享有的份额。本项目应当根据"权益法调整"科目的期末余额填列。如"权益法调整"科目期末为借方余额，以"－"号填列。

（42）"无偿调拨净资产"项目，反映单位本年度截至报告期期末无偿调入的非现金资产价值扣减无偿调出的非现金资产价值后的净值。本项目仅在月度报表中列示，年度报表中不列示。月度报表中本项目应当根据"无偿调拨净资产"科目的期末余额填列；"无偿调拨净资产"科目期末为借方余额时，以"－"号填列。

（43）"本期盈余"项目，反映单位本年度截至报告期期末实现的累计盈余或亏损。本项目仅在月度报表中列示，年度报表中不列示。月度报表中本项目应当根据"本期盈余"科目的期末余额填列；"本期盈余"科目期末为借方余额时，以"－"号填列。

2. 按账户期末余额数合计填列

（1）"货币资金"项目，反映单位期末库存现金、银行存款、零余额账户用款额度、其他货币资金的合计数。本项目应当根据"库存现金""银行存款""零余额账户用款额度""其他货币资金"科目的期末余额的合计数填列。

（2）"存货"项目，反映单位期末存储的存货的实际成本。本项目应当根据"在途物品""库存物品""加工物品"科目的期末余额的合计数填列。

（3）"其他流动资产"项目，反映单位期末除本表中上述各项之外的其他流动资产的合计金额。本项目应当根据有关科目期末余额的合计数填列。

（4）"流动资产合计"项目，反映单位期末流动资产的合计数。本项目应当根据本表中"货币资金""短期投资""财政应返还额度""应收票据""应收账款净额""预付账款""应收股利""应收利息""其他应收款净额""存货""待摊费用""一年内到期的非流动资产""其他流动资产"项目金额的合计数填列。

（5）"其他非流动资产"项目，反映单位期末除本表中上述各项之外的其他非流动资产的合计数。本项目应当根据有关科目的期末余额合计数填列。

（6）"非流动资产合计"项目，反映单位期末非流动资产的合计数。本项目应当根据本表中"长期股权投资""长期债券投资""固定资产净值""工程物资""在建工程""无形资产净值""研发支出""公共基础设施净值""政府储备物资""文物文化资产""保障性住房净值""长期待摊费用""待处理财产损溢""其他非流动资产"项目金额的合计数填列。

（7）"受托代理资产"项目，反映单位期末受托代理资产的价值。本项目应当根据"受托代理资产"科目的期末余额与"库存现金""银行存款"科目下"受托代理资产"明细科目的期末余额的合计数填列。

（8）"资产总计"项目，反映单位期末资产的合计数。本项目应当根据本表中"流动资产合计""非流动资产合计""受托代理资产"项目金额的合计数填列。

（9）"其他流动负债"项目，反映单位期末除本表中上述各项之外的其他流动负债的合计数。本项目应当根据有关科目的期末余额的合计数填列。

（10）"流动负债合计"项目，反映单位期末流动负债合计数。本项目应当根据本表"短期借款""应交增值税""其他应交税费""应缴财政款""应付职工薪酬""应付票据""应付账款""应付政府补贴款""应付利息""预收账款""其他应付款""预提费用""一年内到期的非流动负债""其他流动负债"项目金额的合计数填列。

(11)"其他非流动负债"项目,反映单位期末除本表中上述各项之外的其他非流动负债的合计数。本项目应当根据有关科目的期末余额合计数填列。

(12)"非流动负债合计"项目,反映单位期末非流动负债合计数。本项目应当根据本表中"长期借款""长期应付款""预计负债""其他非流动负债"项目金额的合计数填列。

(13)"负债合计"项目,反映单位期末负债的合计数。本项目应当根据本表中"流动负债合计""非流动负债合计""受托代理负债"项目金额的合计数填列。

(14)"净资产合计"项目,反映单位期末净资产合计数。本项目应当根据本表中"累计盈余""专用基金""权益法调整""无偿调拨净资产"[月度报表]、"本期盈余"[月度报表]项目金额的合计数填列。

(15)"负债和净资产总计"项目,应当按照本表中"负债合计""净资产合计"项目金额的合计数填列。

3. 按账户余额与其备抵账户抵消后计算填列

(1)"应收账款净额"项目,反映单位期末尚未收回的应收账款减去已计提的坏账准备后的净额。本项目应当根据"应收账款"科目的期末余额,减去"坏账准备"科目中对应收账款计提的坏账准备的期末余额后的金额填列。

(2)"其他应收款净额"项目,反映单位期末尚未收回的其他应收款减去已计提的坏账准备后的净额。本项目应当根据"其他应收款"科目的期末余额减去"坏账准备"科目中对其他应收款计提的坏账准备的期末余额后的金额填列。

(3)"固定资产净值"项目,反映单位期末固定资产的账面价值。本项目应当根据"固定资产"科目期末余额减去"固定资产累计折旧"科目期末余额后的金额填列。

(4)"无形资产净值"项目,反映单位期末无形资产的账面价值。本项目应当根据"无形资产"科目期末余额减去"无形资产累计摊销"科目期末余额后的金额填列。

(5)"公共基础设施净值"项目,反映单位期末控制的公共基础设施的账面价值。本项目应当根据"公共基础设施"科目期末余额减去"公共基础设施累计折旧(摊销)"科目期末余额后的金额填列。

(6)"保障性住房净值"项目,反映单位期末控制的保障性住房的账面价值。本项目应当根据"保障性住房"科目期末余额减去"保障性住房累计折旧"科目期末余额后的金额填列。

4. 根据总账及明细账户余额分析填列

(1)若单位存在通过"库存现金""银行存款"科目核算的受托代理资产,填列"货币资金"项目时,应当根据"库存现金""银行存款""零余额账户用款额度""其他货币资金"科目的期末余额的合计数扣减"库存现金""银行存款"科目下"受托代理资产"明细科目的期末余额后的金额填列

(2)"一年内到期的非流动资产"项目,反映单位期末非流动资产项目中将在1年内(含1年)到期的金额,如事业单位将在1年内(含1年)到期的长期债券投资金额。本项目应当根据"长期债券投资"等科目的明细科目的期末余额分析填列。

(3)"长期债券投资"项目,反映事业单位期末持有的长期债券投资的账面余额。本项目应当根据"长期债券投资"科目的期末余额减去其中将于1年内(含1年)到

期的长期债券投资余额后的金额填列。

(4)"长期借款"项目,反映事业单位期末长期借款的余额。本项目应当根据"长期借款"科目的期末余额减去其中将于1年内(含1年)到期的长期借款余额后的金额填列。

(5)"长期应付款"项目,反映单位期末长期应付款的余额。本项目应当根据"长期应付款"科目的期末余额减去其中将于1年内(含年)到期的长期应付款余额后的金额填列。

(6)"一年内到期的非流动负债"项目,反映单位期末将于1年内(含1年)偿还的非流动负债的余额。本项目应当根据"长期应付款""长期借款"等科目的明细科目的期末余额分析填列。

四、资产负债表的编制案例

[例7-1] 2×19年,某事业单位12月31日各科目账户余额情况见表7-3,根据表7-3编制本月资产负债表。

表7-3 某事业单位会计年末账户余额表

2×19年12月31日　　　　　　　　　　　　　　　　单位:元

账户名称	借方余额	账户名称	贷方余额
库存现金	5 000	短期借款	300 000
银行存款	282 000	应交增值税	60 000
财政应返还额度	450 000	其他应交税费	5 000
应收票据	253 000	应缴财政款	20 000
应收账款	720 000	应付职工薪酬	260 000
预付账款	220 000	应付票据	180 000
其他应收款	240 000	应付账款	160 000
坏账准备:	6 000	应付政府补贴款	4 000
其中: 应收账款坏账准备明细账余额	4 500	应付利息	3 000
其他应收款坏账准备明细账余额	1 500	预收账款	76 000
在途物品	360 000	预提费用	4 000
库存物品	1 000 000	长期借款 其中:一年内到期 长期借款	800 000 30 000
待摊费用	10 000	累计盈余	4 100 000
固定资产	2 652 000	专用基金	370 000
固定资产累计折旧	-318 000	权益法调整	
工程物资	150 000	无偿调拨净资产	8 000
在建工程	593 000	本期盈余	370 000
无形资产	95 000	本年盈余分配	

第七章 决算报告及财务报告

续表

账户名称	借方余额	账户名称	贷方余额
无形资产累计摊销	-45 000		
研发支出	20 000		
长待摊费用	37 000		
待处理财产损溢	2000		
合计	6 720 000	合计	6 720 000

编制完后的资产负债表见表7-4。

表7-4　　　　　　　　　　　　资产负债表　　　　　　　　　　　　会政财01

编制单位：某事业单位　　　　　2×19年12月31日　　　　　　　　　单位：元

资产	期末余额	年初余额	负债和净资产	期末余额	年初余额
流动资产：			流动负债：		
货币资金	287 000	2850 000	短期借款	300 000	10 000
短期投资			应交增值税	60 000	8 000
财政应返还额度	450 000	200 000	其他应交税费	5 000	3 000
应收票据	253 000	18 000	应缴财政款	20 000	17 000
应收账款净额	715 500	69 000	应付职工薪酬	260 000	27 000
预付账款	220 000	55 000	应付票据	180 000	18 000
应收股利			应付账款	160 000	153 000
应收利息			应付政府补贴款	4 000	158 000
其他应收款净额	238 500	17 000	应付利息	3 000	500
存货	1 360 000	2919 000	预收账款	76 000	18 000
待摊费用	10 000	5 000	其他应付款		12000
一年内到期的非流动资产			预提费用	4 000	5 000
其他流动资产			一年内到期的非流动负债	30 000	
流动资产合计	3 534 000	6 133 000	其他流动负债		
非流动资产：			流动负债合计：	1 102000	411 500
长期股权投资			非流动负债：		
长期债券投资			长期借款	770 000	790 000
固定资产原值	2652 000	5 854 000	长期应付款		
减：固定资产累计折旧	318 000	723 000	预计负债		
固定资产净值	2334 000	5 131 000	其他非流动负债		
工程物资	150 000	350 000	非流动负债合计：	770 000	790 000
在建工程	593 000	800 000	受托代理负债		
无形资产原值	95 000	250 000	负债合计：	1 872000	1 201 500

续表

资产	期末余额	年初余额	负债和净资产	期末余额	年初余额
减：无形资产累计摊销	45 000	50 000			
无形资产净值	50 000	200 000			
研发支出	20 000	20 000			
公共基础设施原值					
减：公共基础设施累计折旧（摊销）					
公共基础设施净值					
政府储备物资					
文物文化资产					
保障性住房原值					
减：保障性住房累计折旧			净资产：		
保障性住房净值			累计盈余	4 100 000	11 172500
长期待摊费用	37 000	40 000	专用基金	370 000	600 000
待处理财产损溢	2000		权益法调整		
其他非流动资产			无偿调拨净资产	8 000	
非流动资产合计	3 186 000	6 841 000	本期盈余*	370 000	
受托代理资产			净资产合计	4 848 000	11 772500
资产总计	6 720 000	12974 000	负债和净资产总计	6 720 000	12974 000

第三节 收入费用表

一、收入费用表含义

收入费用表是反映政府会计主体在一定会计期间内发生的收入、费用及当期盈余的报表。通过该表反映的会计信息，可以帮助信息使用者了解某段时间内会计主体财务运营的结果，从而更好地管理、评价会计主体的运作情况。

二、收入费用表的内容和结构

收入费用表的主要结构由表头、表身和表尾等部分组成，见表7-5。表头部分一般为报表名称、编制单位名称，编制时间、金额计量单位等；表身反映收入及费用项目，收入项目按来源编制，费用项目则主要按照功能分类编制，此外根据需要，也可按照费用的经济内容编制。该表格式为单步式，即将当期所有收入、费用分两部分列出，

第七章 决算报告及财务报告

将两部分相减得出当期盈余。

表 7-5　　　　　　　　　　　收入费用表　　　　　　　　　会政财 02 表

编制单位：　　　　　　　　　　年　月　日　　　　　　　　　　单位：元

项目	本月数	本年累计数
一、本期收入：		
（一）财政拨款收入		
其中：政府性基金收入		
（二）事业收入		
（三）上级补助收入		
（四）附属单位上缴收入		
（五）经营收入		
（六）非同级财政拨款收入		
（七）投资收益		
（八）捐赠收入		
（九）利息收入		
（十）租金收入		
（十一）其他收入		
二、本期费用		
（一）业务活动费用		
（二）单位管理活动		
（三）经营费用		
（四）资产处置费用		
（五）上缴上级费用		
（六）对附属单位补助费用		
（七）所得税费用		
（八）其他费用		
三、本期盈余		

三、收入费用表编制方法

（一）"本月数"及"本年累计数"填写方法

收入费用表中的"本月数"栏反映各项目的本月实际发生数。编制年度收入费用表时，应当将本栏改为"本年数"，反映本年度各项目的实际发生数。

本表"本年累计数"栏反映各项目自年初至报告期期末的累计实际发生数。编制年度收入费用表时，应当将本栏改为"上年数"，反映上年度各项目的实际发生数，"上年数"栏应当根据上年年度收入费用表中"本年数"栏内所列数字填列。如果本年度收入费用表规定的项目的名称和内容同上年度不一致，应当对上年度收入费用表项目的名称和数字按照本年度的规定进行调整，将调整后的金额填入本年度收入费用表的

"上年数"栏内。

如果本年度单位发生了因前期差错更正、会计政策变更等调整以前年度盈余的事项,还应当对年度收入费用表中"上年数"栏中的有关项目金额进行相应调整。

(二)"本月数"栏各项目的内容和填列方法

1. 本期收入

(1)"本期收入"项目,反映单位本期收入总额。本项目应当根据本表中"财政拨款收入""事业收入""上级补助收入""附属单位上缴收入""经营收入""非同级财政拨款收入""投资收益""捐赠收入""利息收入""租金收入""其他收入"项目金额的合计数填列。

(2)"财政拨款收入"项目,反映单位本期从同级政府财政部门取得的各类财政拨款。本项目应当根据"财政拨款收入"科目的本期发生额填列。"政府性基金收入"项目,反映单位本期取得的财政拨款收入中属于政府性基金预算拨款的金额。本项目应当根据"财政拨款收入"相关明细科目的本期发生额填列。

(3)"事业收入"项目,反映事业单位本期开展专业业务活动及其辅助活动实现的收入。本项目应当根据"事业收入"科目的本期发生额填列。

(4)"上级补助收入"项目,反映事业单位本期从主管部门和上级单位收到或应收的非财政拨款收入。本项目应当根据"上级补助收入"科目的本期发生额填列。

(5)"附属单位上缴收入"项目,反映事业单位本期收到或应收的独立核算的附属单位按照有关规定上缴的收入。本项目应当根据"附属单位上缴收入"科目的本期发生额填列。

(6)"经营收入"项目,反映事业单位本期在专业业务活动及其辅助活动之外开展非独立核算经营活动实现的收入。本项目应当根据"经营收入"科目的本期发生额填列。

(7)"非同级财政拨款收入"项目,反映单位本期从非同级政府财政部门取得的财政拨款,不包括事业单位因开展科研及其辅助活动从非同级财政部门取得的经费拨款。本项目应当根据"非同级财政拨款收入"科目的本期发生额填列。

(8)"投资收益"项目,反映事业单位本期股权投资和债券投资所实现的收益或发生的损失。本项目应当根据"投资收益"科目的本期发生额填列;如为投资净损失,以"-"号填列。

(9)"捐赠收入"项目,反映单位本期接受捐赠取得的收入。本项目应当根据"捐赠收入"科目的本期发生额填列。

(10)"利息收入"项目,反映单位本期取得的银行存款利息收入。本项目应当根据"利息收入"科目的本期发生额填列。

(11)"租金收入"项目,反映单位本期经批准利用国有资产出租取得并按规定纳入本单位预算管理的租金收入。本项目应当根据"租金收入"科目的本期发生额填列。

(12)"其他收入"项目,反映单位本期取得的除以上收入项目外的其他收入的总额。本项目应当根据"其他收入"科目的本期发生额填列。

2. 本期费用

(1)"本期费用"项目,反映单位本期费用总额。本项目应当根据本表中"业务活动费用""单位管理费用""经营费用""资产处置费用""上缴上级费用""对附属单位补助费用""所得税费用"和"其他费用"项目金额的合计数填列。

（2）"业务活动费用"项目，反映单位本期为实现其职能目标，依法履职或开展专业业务活动及其辅助活动所发生的各项费用。本项目应当根据"业务活动费用"科目本期发生额填列。

（3）"单位管理费用"项目，反映事业单位本期本级行政及后勤管理部门开展管理活动发生的各项费用，以及由单位统一负担的离退休人员经费、工会经费、诉讼费、中介费等。本项目应当根据"单位管理费用"科目的本期发生额填列。

（4）"经营费用"项目，反映事业单位本期在专业业务活动及其辅助活动之外开展非独立核算经营活动发生的各项费用。本项目应当根据"经营费用"科目的本期发生额填列。

（5）"资产处置费用"项目，反映单位本期经批准处置资产时转销的资产价值以及在处置过程中发生的相关费用或者处置收入小于处置费用形成的净支出。本项目应当根据"资产处置费用"科目的本期发生额填列。

（6）"上缴上级费用"项目，反映事业单位按照规定上缴上级单位款项发生的费用。本项目应当根据"上缴上级费用"科目的本期发生额填列。

（7）"对附属单位补助费用"项目，反映事业单位用财政拨款收入之外的收入对附属单位补助发生的费用。本项目应当根据"对附属单位补助费用"科目的本期发生额填列。

（8）"所得税费用"项目，反映有企业所得税缴纳义务的事业单位本期计算应交纳的企业所得税。本项目应当根据"所得税费用"科目的本期发生额填列。

（9）"其他费用"项目，反映单位本期发生的除以上费用项目外的其他费用的总额。本项目应当根据"其他费用"科目的本期发生额填列。

3. 本期盈余

"本期盈余"项目，反映单位本期收入扣除本期费用后的净额。本项目应当根据本表中"本期收入"项目金额减去"本期费用"项目金额后的金额填列；如为负数，以"－"号填列。

四、收入费用表编制示例

［例7-2］沿用本教材［例6-3］某研究院2×19年12月31日，汇总全年收入、费用科目发生额见表6-1，根据该资料编制2×19年12月31日年度收入费用表，见表7-6。

表7-6　　　　　　　　　　收入费用发生额汇总表

会计科目	借方发生额	贷方发生额
财政拨款收入		2 000 000
事业收入		12 000 000
上级补助收入		200 000
附属单位上缴收入		160 000
经营收入		600 000

续表

会计科目	借方发生额	贷方发生额
非同级财政拨款收入		100 000
投资收益		80 000
利息收入		40 000
租金收入		250 000
其他收入		30 000
业务活动费用	6 000 000	
单位管理费用	4 000 000	
经营费用	400 000	
所得税费用	30 000	
资产处置费用	12000	
对附属单位补助费用	80 000	
其他费用	15 000	

根据上述资料编制当期收入费用表，见表7-7。

表7-7　　　　　　　　　　　　　收入费用表　　　　　　　　　　　会政财02表

编制单位：　　　　　　　　　　　　年　月　日　　　　　　　　　　　单位：元

项目	本年数	上年数
一、本期收入：	15 460 000	上年数略
（一）财政拨款收入	2000 000	
其中：政府性基金收入		
（二）事业收入	12000 000	
（三）上级补助收入	200 000	
（四）附属单位上缴收入	160 000	
（五）经营收入	600 000	
（六）非同级财政拨款收入	100 000	
（七）投资收益	80 000	
（八）捐赠收入		
（九）利息收入	40 000	
（十）租金收入	250 000	
（十一）其他收入	30 000	
二、本期费用	10 537 000	
（一）业务活动费用	6 000 000	
（二）单位管理活动	4 000 000	
（三）经营费用	400 000	
（四）资产处置费用	12000	
（五）上缴上级费用		

续表

项目	本年数	上年数
（六）对附属单位补助费用	80 000	
（七）所得税费用	30 000	
（八）其他费用	15 000	
三、本期盈余	4 923 000	

第四节 净资产变动表

一、净资产变动表含义

净资产变动表是反映单位在某一会计年度内净资产项目的变动情况，既包括净资产总量的增减变动，也包括净资产变动重要结构信息。

二、净资产变动表的内容和结构

净资产变动表（见表7-8）以矩阵的形式列示，可以清楚地反映构成净资产的各组成部分当期的增减变动情况，一方面通过净资产变动的来源对一定时期的净资产变动情况进行全面反映；另一方面也可通过净资产各组成部分及总额反映交易或事项对净资产的影响，同时，该表要求填列本年及上年数，可进行比较信息的反映。

表7-8　　　　　　　　　净资产变动表　　　　　　　　会政财03

编制单位　　　　　　　　　　　年　　　　　　　　　　单位：元

项目	本年数				上年数			
	累计盈余	专用基金	权益法调整	净资产合计	累计盈余	专用基金	权益法调整	净资产合计
一、上年年末余额								
二、以前年度盈余调整（减少以"-"号填列）								
三、本年年初余额								
四、本年变动金额（减少以"-"号填列）								
（一）本年盈余								
（二）无偿调拨净资产								
（三）归集调整预算结转结余								

续表

项目	本年数				上年数			
	累计盈余	专用基金	权益法调整	净资产合计	累计盈余	专用基金	权益法调整	净资产合计
（四）提取或设置专用基金								
其中：从预算收入中提取								
从预算结余中提取								
设置的专用基金								
（五）使用专用基金								
（六）权益法调整								
五、本年年末余额								

三、净资产变动表编制方法说明

（一）净资产变动表"本年数"及"上年数"栏填制方法

"本年数"栏反映本年度各项目的实际变动数，本表"上年数"栏反映上年度各项目的实际变动数，应当根据上年度净资产变动表中"本年数"栏内所列数字填列。如果上年度净资产变动表规定的项目的名称和内容与本年度不一致，应对上年度净资产变动表项目的名称和数字按照本年度的规定进行调整，将调整后金额填入本年度净资产变动表"上年数"栏内。

（二）各具体项目的内容和填列方法

（1）"上年年末余额"行，反映单位净资产各项目上年年末的余额。本行各项目应当根据"累计盈余""专用基金""权益法调整"科目上年年末余额填列。

（2）"以前年度盈余调整"行，反映单位本年度调整以前年度盈余的事项对累计盈余进行调整的金额。本行"累计盈余"项目应当根据本年度"以前年度盈余调整"科目转入"累计盈余"科目的金额填列；如调整减少累计盈余，以"-"号填列。

（3）"本年年初余额"行，反映经过以前年度盈余调整后，单位净资产各项目的本年年初余额。本行"累计盈余""专用基金""权益法调整"项目应当根据其各自在"上年年末余额"和"以前年度盈余调整"行对应项目金额的合计数填列。

（4）"本年变动金额"行，反映单位净资产各项目本年变动总金额。本行"累计盈余""专用基金""权益法调整"项目应当根据其各自在"本年盈余""无偿调拨净资产""归集调整预算结转结余""提取或设置专用基金""使用专用基金""权益法调整"行对应项目金额的合计数填列。

（5）"本年盈余"行，反映单位本年发生的收入、费用对净资产的影响。本行"累计盈余"项目应当根据年末由"本期盈余"科目转入"本年盈余分配"科目的金额填列；如转入时借记"本年盈余分配"科目，则以"-"号填列。

（6）"无偿调拨净资产"行，反映单位本年无偿调入、调出非现金资产事项对净资产的影响。本行"累计盈余"项目应当根据年末由"无偿调拨净资产"科目转入"累计盈余"科目的金额填列；如转入时借记"累计盈余"科目，则以"-"号填列。

(7)"归集调整预算结转结余"行,反映单位本年财政拨款结转结余资金归集调入、归集上缴或调出,以及非财政拨款结转资金缴回对净资产的影响。本行"累计盈余"项目应当根据"累计盈余"科目明细账记录分析填列;如归集调整减少预算结转结余,则以"-"号填列。

(8)"提取或设置专用基金"行,反映单位本年提取或设置专用基金对净资产的影响。本行"累计盈余"项目应当根据"从预算结余中提取"行"累计盈余"项目的金额填列。本行"专用基金"项目应当根据"从预算收入中提取""从预算结余中提取""设置的专用基金"行"专用基金"项目金额的合计数填列。

"从预算收入中提取"行,反映单位本年从预算收入中提取专用基金对净资产的影响。本行"专用基金"项目应当通过对"专用基金"科目明细账记录的分析,根据本年按有关规定从预算收入中提取基金的金额填列。"从预算结余中提取"行,反映单位本年根据有关规定从本年度非财政拨款结余或经营结余中提取专用基金对净资产的影响。

本行"累计盈余""专用基金"项目应当通过对"专用基金"科目明细账记录的分析,根据本年按有关规定从本年度非财政拨款结余或经营结余中提取专用基金的金额填列;本行"累计盈余"项目以"-"号填列。"设置的专用基金"行,反映单位本年根据有关规定设置的其他专用基金对净资产的影响。本行"专用基金"项目应当通过对"专用基金"科目明细账记录的分析,根据本年按有关规定设置的其他专用基金的金额填列。

(9)"使用专用基金"行,反映单位本年按规定使用专用基金对净资产的影响。本行"累计盈余""专用基金"项目应当通过对"专用基金"科目明细账记录的分析,根据本年按规定使用专用基金的金额填列;本行"专用基金"项目以"-"号填列。

(10)"权益法调整"行,反映单位本年按照被投资单位除净损益和利润分配以外的所有者权益变动份额而调整长期股权投资账面余额对净资产的影响。本行"权益法调整"项目应当根据"权益法调整"科目本年发生额填列;若本年净发生额为借方时,以"-"号填列。

(11)"本年年末余额"行,反映单位本年各净资产项目的年末余额。本行"累计盈余""专用基金""权益法调整"项目应当根据其各自在"本年年初余额""本年变动金额"行对应项目金额的合计数填列。

(12)本表各行"净资产合计"项目,应当根据所在行"累计盈余""专用基金""权益法调整"项目金额的合计数填列。

第五节

现金流量表

一、现金流量表的含义

现金流量表是反映单位在某一会计年度内现金流入和流出信息的报表。该表所指的现金,是指单位的库存现金以及其他可以随时用于支付的款项,包括库存现金、可以随时用于支付的银行存款、其他货币资金、零余额账户用款额度、财政应返还额度,以及通过财政直接支付方式支付的款项。

二、现金流量表的内容和结构

现金流量表(见表7-9)由表头、表身和表尾等部分组成。表头部分主要为报表名称、编表单位、编表时间及计量单位;表身部分主要反映现金流的构成内容,现金流量表采用报告式结构,按照日常活动、投资活动、筹资活动的现金流量分别反映。

表7-9 现金流量表 会政财04

编制单位_____ _____年 单位:元

项目	本年金额	上年金额
一、日常活动产生的现金流量:		
财政基本支出拨款收到的现金		
财政非资本性项目拨款收到的现金		
事业活动收到的除财政拨款以外的现金		
收到的其他与日常活动有关的现金		
日常活动的现金流入小计		
购买商品、接受劳务支付的现金		
支付给职工以及为职工支付的现金		
支付的各项税费		
支付的其他与日常活动有关的现金		
日常活动的现金流出小计		
日常活动产生的现金流量净额		
二、投资活动产生的现金流量:		
收回投资收到的现金		
取得投资收益收到的现金		
处置固定资产、无形资产、公共基础设施等收回的现金净额		
收到的其他与投资活动有关的现金		
投资活动的现金流入小计		
购建固定资产、无形资产、公共基础设施等支付的现金		
对外投资支付的现金		
上缴处置固定资产、无形资产、公共基础设施等净收入支付的现金		
支付的其他与投资活动有关的现金		
投资活动的现金流出小计		
投资活动产生的现金流量净额		
三、筹资活动产生的现金流量:		
财政资本性项目拨款收到的现金		

续表

项目	本年金额	上年金额
取得借款收到的现金		
收到的其他与筹资活动有关的现金		
筹资活动的现金流入小计		
偿还借款支付的现金		
偿还利息支付的现金		
支付的其他与筹资活动有关的现金		
筹资活动的现金流出小计		
筹资活动产生的现金流量净额		
四、汇率变动对现金的影响额		
五、现金净增加额		

三、现金流量表编制方法说明

每个单位可根据实际情况自行选择性编制,编制时应当采用直接法。

(一) 现金流量表"本年金额"及"上年金额"填制方法

本表"本年金额"栏反映各项目的本年实际发生数,本表"上年金额"栏反映各项目的上年实际发生数,应当根据上年现金流量表中"本年金额"栏内所列数字填列。

(二) 现金流量表各项目的填列方法

1. 日常活动产生的现金流量填列方法

(1) "财政基本支出拨款收到的现金"项目,反映单位本年接受财政基本支出拨款取得的现金。本项目应当根据"零余额账户用款额度""财政拨款收入""银行存款"等科目及其所属明细科目的记录分析填列。

(2) "财政非资本性项目拨款收到的现金"项目,反映单位本年接受除用于购建固定资产、无形资产、公共基础设施等资本性项目以外的财政项目拨款取得的现金。本项目应当根据"银行存款""零余额账户用款额度""财政拨款收入"等科目及其所属明细科目的记录分析填列。

(3) "事业活动收到的除财政拨款以外的现金"项目,反映事业单位本年开展专业业务活动及其辅助活动取得的除财政拨款以外的现金。本项目应当根据"库存现金""银行存款""其他货币资金""应收账款""应收票据""预收账款""事业收入"等科目及其所属明细科目的记录分析填列。

(4) "收到的其他与日常活动有关的现金"项目,反映单位本年收到的除以上项目之外的与日常活动有关的现金。本项目应当根据"库存现金""银行存款""其他货币资金""上级补助收入""附属单位上缴收入""经营收入""非同级财政拨款收入""捐赠收入""利息收入""租金收入""其他收入"等科目及其所属明细科目的记录分析填列。

(5) "日常活动的现金流入小计"项目,反映单位本年日常活动产生的现金流入的合计数。本项目应当根据本表中"财政基本支出拨款收到的现金""财政非资本性项目拨款收到的现金""事业活动收到的除财政拨款以外的现金""收到的其他与日常活动有关的现金"项目金额的合计数填列。

（6）"购买商品、接受劳务支付的现金"项目，反映单位本年在日常活动中用于购买商品、接受劳务支付的现金。本项目应当根据"库存现金""银行存款""财政拨款收入""零余额账户用款额度""预付账款""在途物品""库存物品""应付账款""应付票据""业务活动费用""单位管理费用""经营费用"等科目及其所属明细科目的记录分析填列。

（7）"支付给职工以及为职工支付的现金"项目，反映单位本年支付给职工以及为职工支付的现金。本项目应当根据"库存现金""银行存款""零余额账户用款额度""财政拨款收入""应付职工薪酬""业务活动费用""单位管理费用""经营费用"等科目及其所属明细科目的记录分析填列。

（8）"支付的各项税费"项目，反映单位本年用于缴纳日常活动相关税费而支付的现金。本项目应当根据"库存现金""银行存款""零余额账户用款额度""应交增值税""其他应交税费""业务活动费用""单位管理费用""经营费用""所得税费用"等科目及其所属明细科目的记录分析填列。

（9）"支付的其他与日常活动有关的现金"项目，反映单位本年支付的除上述项目之外与日常活动有关的现金。本项目应当根据"库存现金""银行存款""零余额账户用款额度""财政拨款收入""其他应付款""业务活动费用""单位管理费用""经营费用""其他费用"等科目及其所属明细科目的记录分析填列。

（10）"日常活动的现金流出小计"项目，反映单位本年日常活动产生的现金流出的合计数。本项目应当根据本表中"购买商品、接受劳务支付的现金""支付给职工以及为职工支付的现金""支付的各项税费""支付的其他与日常活动有关的现金"项目金额的合计数填列。

（11）"日常活动产生的现金流量净额"项目，应当按照本表中"日常活动的现金流入小计"项目金额减去"日常活动的现金流出小计"项目金额后的金额填列；如为负数，以"－"号填列。

2. 投资活动产生的现金流量填列方法

（1）"收回投资收到的现金"项目，反映单位本年出售、转让或者收回投资收到的现金。本项目应该根据"库存现金""银行存款""短期投资""长期股权投资""长期债券投资"等科目的记录分析填列。

（2）"取得投资收益收到的现金"项目，反映单位本年因对外投资而收到被投资单位分配的股利或利润，以及收到投资利息而取得的现金。本项目应当根据"库存现金""银行存款""应收股利""应收利息""投资收益"等科目的记录分析填列。

（3）"处置固定资产、无形资产、公共基础设施等收回的现金净额"项目，反映单位本年处置固定资产、无形资产、公共基础设施等非流动资产所取得的现金，减去为处置这些资产而支付的有关费用之后的净额。由于自然灾害所造成的固定资产等长期资产损失而收到的保险赔款收入，也在本项目反映。本项目应当根据"库存现金""银行存款""待处理财产损溢"等科目的记录分析填列。

（4）"收到的其他与投资活动有关的现金"项目，反映单位本年收到的除上述项目之外与投资活动有关的现金。对于金额较大的现金流入,应当单列项目反映。本项目应当根据"库存现金""银行存款"等有关科目的记录分析填列。

(5)"投资活动的现金流入小计"项目,反映单位本年投资活动产生的现金流入的合计数。本项目应当根据本表中"收回投资收到的现金""取得投资收益收到的现金""处置固定资产、无形资产、公共基础设施等收回的现金净额""收到的其他与投资活动有关的现金"项目金额的合计数填列。

(6)"购建固定资产、无形资产、公共基础设施等支付的现金"项目,反映单位本年购买和建造固定资产、无形资产、公共基础设施等非流动资产所支付的现金;融资租入固定资产支付的租赁费不在本项目反映,在筹资活动的现金流量中反映。本项目应当根据"库存现金""银行存款""固定资产""工程物资""在建工程""无形资产""研发支出""公共基础设施""保障性住房"等科目的记录分析填列。

(7)"对外投资支付的现金"项目,反映单位本年为取得短期投资、长期股权投资、长期债券投资而支付的现金。本项目应当根据"库存现金""银行存款""短期投资""长期股权投资""长期债券投资"等科目的记录分析填列。

(8)"上缴处置固定资产、无形资产、公共基础设施等净收入支付的现金"项目,反映本年单位将处置固定资产、无形资产、公共基础设施等非流动资产所收回的现金净额予以上缴财政所支付的现金。本项目应当根据"库存现金""银行存款""应缴财政款"等科目的记录分析填列。

(9)"支付的其他与投资活动有关的现金"项目,反映单位本年支付的除上述项目之外与投资活动有关的现金。对于金额较大的现金流出,应当单列项目反映。本项目应当根据"库存现金""银行存款"等有关科目的记录分析填列。

(10)"投资活动的现金流出小计"项目,反映单位本年投资活动产生的现金流出的合计数。本项目应当根据本表中"购建固定资产、无形资产、公共基础设施等支付的现金""对外投资支付的现金""上缴处置固定资产、无形资产、公共基础设施等净收入支付的现金""支付的其他与投资活动有关的现金"项目金额的合计数填列。

(11)"投资活动产生的现金流量净额"项目,应当按照本表中"投资活动的现金流入小计"项目金额减去"投资活动的现金流出小计"项目金额后的金额填列;如为负数,以"-"号填列。

3. 筹资活动产生的现金流量填列方法

(1)"财政资本性项目拨款收到的现金"项目,反映单位本年接受用于购建固定资产、无形资产、公共基础设施等资本性项目的财政项目拨款取得的现金。本项目应当根据"银行存款""零余额账户用款额度""财政拨款收入"等科目及其所属明细科目的记录分析填列。

(2)"取得借款收到的现金"项目,反映事业单位本年举借短期、长期借款所收到的现金。本项目应当根据"库存现金""银行存款""短期借款""长期借款"等科目记录分析填列。

(3)"收到的其他与筹资活动有关的现金"项目,反映单位本年收到的除上述项目之外与筹资活动有关的现金。对于金额较大的现金流入,应当单列项目反映。本项目应当根据"库存现金""银行存款"等有关科目的记录分析填列。

（4）"筹资活动的现金流入小计"项目，反映单位本年筹资活动产生的现金流入的合计数。本项目应当根据本表中"财政资本性项目拨款收到的现金""取得借款收到的现金""收到的其他与筹资活动有关的现金"项目金额的合计数填列。

（5）"偿还借款支付的现金"项目，反映事业单位本年偿还借款本金所支付的现金。本项目应当根据"库存现金""银行存款""短期借款""长期借款"等科目的记录分析填列。

（6）"偿付利息支付的现金"项目，反映事业单位本年支付的借款利息等。本项目应当根据"库存现金""银行存款""应付利息""长期借款"等科目的记录分析填列。

（7）"支付的其他与筹资活动有关的现金"项目，反映单位本年支付的除上述项目之外与筹资活动有关的现金，如融资租入固定资产所支付的租赁费。本项目应当根据"库存现金""银行存款""长期应付款"等科目的记录分析填列。

（8）"筹资活动的现金流出小计"项目，反映单位本年筹资活动产生的现金流出的合计数。本项目应当根据本表中"偿还借款支付的现金""偿付利息支付的现金""支付的其他与筹资活动有关的现金"项目金额的合计数填列。

（9）"筹资活动产生的现金流量净额"项目，应当按照本表中"筹资活动的现金流入小计"项目金额减去"筹资活动的现金流出小计"金额后的金额填列；如为负数，以"-"号填列。

4. "汇率变动对现金的影响额"项目填列方法

该项目反映单位本年外币现金流量折算为人民币时，所采用的现金流量发生日的汇率折算的人民币金额与外币现金流量净额按期末汇率折算的人民币金额之间的差额。

5. "现金净增加额"项目填列方法

该项目反映单位本年现金变动的净额。本项目应当根据本表中"日常活动产生的现金流量净额""投资活动产生的现金流量净额""筹资活动产生的现金流量净额"和"汇率变动对现金的影响额"项目金额的合计数填列；如为负数，以"-"号填列。

第六节

预算收入支出表

一、预算收入支出表含义

预算收入支出表反映单位在某一会计年度内各项预算收入、预算支出和预算收支差额的情况，从而帮助相关会计信息使用者更好的了解预算执行情况，进行监督和管理。

二、预算收入支出表的内容和结构

预算收入支出表（见表 7-10）由表头、表身和表尾等部分组成。表头部分一般为报表名称、编制单位名称，编制时间、金额计量单位等；表身反映预算收入及预算支出

第七章 决算报告及财务报告

项目,预算收入项目按来源编制,预算支出项目则主要按照支出性质分类编制,该表格式为单步式,即将当期所有预算收入、支出分两部分列出,将两部分相减得出当期收支差额。

表 7-10　　　　　　　　　　预算收入支出表　　　　　　　　　　会政预 01 表

编制单位:_____　　　　　　　　_____年　　　　　　　　　　单位:元

项目	本月数	本年累计数
一、本年预算收入:		
（一）财政拨款预算收入		
其中:政府性基金收入		
（二）事业预算收入		
（三）上级补助预算收入		
（四）附属单位上缴预算收入		
（五）经营预算收入		
（六）债务预算收入		
（七）非同级财政拨款预算收入		
（八）投资预算收入		
（九）其他预算收入		
其中:利息预算收入		
捐赠预算收入		
租金预算收入		
二、本年预算支出		
（一）行政支出		
（二）事业支出		
（三）经营支出		
（四）上缴上级支出		
（五）对附属单位补助支出		
（六）投资支出		
（七）债务还本支出		
（八）其他支出		
其中:利息支出		
捐赠支出		
三、本年预算收支差额		

三、预算收入支出表编制说明

（一）预算收入支出表"本年数"及"上年数"填列方法

本表"本年数"栏反映各项目的本年实际发生数。本表"上年数"栏反映各项目上年度的实际发生数,应当根据上年度预算收入支出表中"本年数"栏内所列数字填列。

如果本年度预算收入支出表规定的项目的名称和内容同上年度不一致，应当对上年度预算收入支出表项目的名称和数字按照本年度的规定进行调整，将调整后金额填入本年度预算收入支出表的"上年数"栏。

（二）预算收入支出表各项目的内容和填列方法

1. 本年预算收入

（1）"本年预算收入"项目，反映单位本年预算收入总额。本项目应当根据本表中"财政拨款预算收入""事业预算收入""上级补助预算收入""附属单位上缴预算收入""经营预算收入""债务预算收入""非同级财政拨款预算收入""投资预算收益""其他预算收入"项目金额的合计数填列。

（2）"财政拨款预算收入"项目，反映单位本年从同级政府财政部门取得的各类财政拨款。本项目应当根据"财政拨款预算收入"科目的本年发生额填列。

（3）"政府性基金收入"项目，反映单位本年取得的财政拨款收入中属于政府性基金预算拨款的金额。本项目应当根据"财政拨款预算收入"相关明细科目的本年发生额填列。

（4）"事业预算收入"项目，反映事业单位本年开展专业业务活动及其辅助活动取得的预算收入。本项目应当根据"事业预算收入"科目的本年发生额填列。

（5）"上级补助预算收入"项目，反映事业单位本年从主管部门和上级单位取得的非财政补助预算收入。本项目应当根据"上级补助预算收入"科目的本年发生额填列。

（6）"附属单位上缴预算收入"项目，反映事业单位本年收到的独立核算的附属单位按照有关规定上缴的预算收入。本项目应当根据"附属单位上缴预算收入"科目的本年发生额填列。

（7）"经营预算收入"项目，反映事业单位本年在专业业务活动及其辅助活动之外开展非独立核算经营活动取得的预算收入。本项目应当根据"经营预算收入"科目的本年发生额填列。

（8）"债务预算收入"项目，反映事业单位本年按照规定从金融机构等借入的、纳入部门预算管理的债务预算收入。本项目应当根据"债务预算收入"的本年发生额填列。

（9）"非同级财政拨款预算收入"项目，反映单位本年从非同级政府财政部门取得的财政拨款。本项目应当根据"非同级财政拨款预算收入"科目的本年发生额填列。

（10）"投资预算收益"项目，反映事业单位本年取得的按规定纳入单位预算管理的投资收益。本项目应当根据"投资预算收益"科目的本年发生额填列。

（11）"其他预算收入"项目，反映单位本年取得的除上述收入以外的纳入单位预算管理的各项预算收入。本项目应当根据"其他预算收入"科目的本年发生额填列。"利息预算收入"项目，反映单位本年取得的利息预算收入。本项目应当根据"其他预算收入"科目的明细记录分析填列。单位单设"利息预算收入"科目的，应当根据"利息预算收入"科目的本年发生额填列。"捐赠预算收入"项目，反映单位本年取得的捐赠预算收入。本项目应当根据"其他预算收入"科目明细账记录分析填列。单位单设"捐赠预算收入"科目的，应当根据"捐赠预算收入"科目的本年发生额填列。"租金预算收入"项目，反映单位本年取得的租金预算收入。本项目应当根据"其他预算收入"科目明细账记录分析填列。单位单设"租金预算收入"科目的，应当根据

"租金预算收入"科目的本年发生额填列。

2. 本年预算支出

(1)"本年预算支出"项目,反映单位本年预算支出总额。本项目应当根据本表中"行政支出""事业支出""经营支出""上缴上级支出""对附属单位补助支出""投资支出""债务还本支出"和"其他支出"项目金额的合计数填列。

(2)"行政支出"项目,反映行政单位本年履行职责实际发生的支出。本项目应当根据"行政支出"科目的本年发生额填列。

(3)"事业支出"项目,反映事业单位本年开展专业业务活动及其辅助活动发生的支出。本项目应当根据"事业支出"科目的本年发生额填列。

(4)"经营支出"项目,反映事业单位本年在专业业务活动及其辅助活动之外开展非独立核算经营活动发生的支出。本项目应当根据"经营支出"科目的本年发生额填列。

(5)"上缴上级支出"项目,反映事业单位本年按照财政部门和主管部门的规定上缴上级单位的支出。本项目应当根据"上缴上级支出"科目的本年发生额填列。

(6)"对附属单位补助支出"项目,反映事业单位本年用财政拨款收入之外的收入对附属单位补助发生的支出。本项目应当根据"对附属单位补助支出"科目的本年发生额填列。

(7)"投资支出"项目,反映事业单位本年以货币资金对外投资发生的支出。本项目应当根据"投资支出"科目的本年发生额填列。

(8)"债务还本支出"项目,反映事业单位本年偿还自身承担的纳入预算管理的从金融机构举借的债务本金的支出。本项目应当根据"债务还本支出"科目的本年发生额填列。

(9)"其他支出"项目,反映单位本年除以上支出以外的各项支出。本项目应当根据"其他支出"科目的本年发生额填列。"利息支出"项目,反映单位本年发生的利息支出。本项目应当根据"其他支出"科目明细账记录分析填列。单位单设"利息支出"科目的,应当根据"利息支出"科目的本年发生额填列。"捐赠支出"项目,反映单位本年发生的捐赠支出。本项目应当根据"其他支出"科目明细账记录分析填列。单位单设"捐赠支出"科目的,应当根据"捐赠支出"科目的本年发生额填列。

3. 本年预算收支差额

"本年预算收支差额"项目,反映单位本年各项预算收支相抵后的差额。本项目应当根据本表中"本期预算收入"项目金额减去"本期预算支出"项目金额后的金额填列;如相减后金额为负数,以"-"号填列。

第七节

预算结转结余变动表

一、预算结转结余变动表含义

本表反映单位在某一会计年度内预算结转结余的变动情况的报表,给会计信息使用者提供预算结余的流动变化情况,也可反映预算收支的利用情况。

二、预算结转结余变动表的内容和结构

预算结转结余变动表(见表7-11)"本年数"栏反映各项目的本年实际发生数。本表"上年数"栏反映各项目的上年实际发生数,应当根据上年度预算结转结余变动表中"本年数"栏内所列数字填列。

如果本年度预算结转结余变动表规定的项目的名称和内容同上年度不一致,应当对上年度预算结转结余变动表项目的名称和数字按照本年度的规定进行调整,将调整后金额填入本年度预算结转结余变动表的"上年数"栏。

本表中"年末预算结转结余"项目金额等于"年初预算结转结余""年初余额调整""本年变动金额"三个项目的合计数。

表 7-11　　　　　　　　　　　预算结转结余变动表　　　　　　　　　会政预 02 表

编制单位:_____　　　　　　　　　　_____年　　　　　　　　　　　单位:元

项　目	本年数	上年数
一、年初预算结转结余		
(一)财政拨款结转结余		
(二)其他资金结转结余		
二、年初余额调整(减少以"-"号填列)		
(一)财政拨款结转结余		
(二)其他资金结转结余		
三、本年变动金额(减少以"-"号填列)		
(一)财政拨款结转结余		
1. 本年收支差额		
2. 归集调入		
3. 归集上缴或调出		
(二)其他资金结转结余		
1. 本年收支差额		
2. 缴回资金		
3. 使用专用结余		
4. 支付所得税		
四、年末预算结转结余		
(一)财政拨款结转结余		
1. 财政拨款结转		
2. 财政拨款结余		
(二)其他资金结转结余		
1. 非财政拨款结转		
2. 非财政拨款结余		
3. 专用结余		
4. 经营结余(如有余额,以"-"号填列)		

三、预算结转结余变动表编制说明

下面具体介绍本表"本年数"栏各项目的内容和填列方法：

（一）"年初预算结转结余"项目

"年初预算结转结余"项目，反映单位本年预算结转结余的年初余额。本项目应当根据本项目下"财政拨款结转结余""其他资金结转结余"项目金额的合计数填列。

1."财政拨款结转结余"项目

"财政拨款结转结余"项目，反映单位本年财政拨款结转结余资金的年初余额。本项目应当根据"财政拨款结转""财政拨款结余"科目本年年初余额合计数填列。

2."其他资金结转结余"项目

"其他资金结转结余"项目，反映单位本年其他资金结转结余的年初余额。本项目应当根据"非财政拨款结转""非财政拨款结余""专用结余""经营结余"科目本年年初余额的合计数填列。

（二）"年初余额调整"项目

"年初余额调整"项目，反映单位本年预算结转结余年初余额调整的金额。本项目应当根据本项目下"财政拨款结转结余""其他资金结转结余"项目金额的合计数填列。

1."财政拨款结转结余"项目

"财政拨款结转结余"项目，反映单位本年财政拨款结转结余资金的年初余额调整金额。本项目应当根据"财政拨款结转""财政拨款结余"科目下"年初余额调整"明细科目的本年发生额的合计数填列；如调整减少年初财政拨款结转结余，以"-"号填列。

2."其他资金结转结余"项目

"其他资金结转结余"项目，反映单位本年其他资金结转结余的年初余额调整金额。本项目应当根据"非财政拨款结转""非财政拨款结余"科目下"年初余额调整"明细科目的本年发生额的合计数填列；如调整减少年初其他资金结转结余，以"-"号填列。

（三）"本年变动金额"项目

"本年变动金额"项目，反映单位本年预算结转结余变动的金额。本项目应当根据本项目下"财政拨款结转结余""其他资金结转结余"项目金额的合计数填列。

1."财政拨款结转结余"项目

"财政拨款结转结余"项目，反映单位本年财政拨款结转结余资金的变动。本项目应当根据本项目下"本年收支差额""归集调入""归集上缴或调出"项目金额的合计数填列。

（1）"本年收支差额"项目，反映单位本年财政拨款资金收支相抵后的差额。本项目应当根据"财政拨款结转"科目下"本年收支结转"明细科目本年转入的预算收入与预算支出的差额填列；差额为负数的，以"-"号填列。

（2）"归集调入"项目，反映单位本年按照规定从其他单位归集调入的财政拨款结转资金。本项目应当根据"财政拨款结转"科目下"归集调入"明细科目的本年发生额填列。

(3)"归集上缴或调出"项目,反映单位本年按照规定上缴的财政拨款结转结余资金及按照规定向其他单位调出的财政拨款结转资金。本项目应当根据"财政拨款结转""财政拨款结余"科目下"归集上缴"明细科目,以及"财政拨款结转"科目下"归集调出"明细科目本年发生额的合计数填列,以"-"号填列。

2."其他资金结转结余"项目

"其他资金结转结余"项目,反映单位本年其他资金结转结余的变动。本项目应当根据本项目下"本年收支差额""缴回资金""使用专用结余""支付所得税"项目金额的合计数填列。

(1)"本年收支差额"项目,反映单位本年除财政拨款外的其他资金收支相抵后的差额。本项目应当根据"非财政拨款结转"科目下"本年收支结转"明细科目,"其他结余"科目、"经营结余"科目本年转入的预算收入与预算支出的差额的合计数填列;如为负数,以"-"号填列。

(2)"缴回资金"项目,反映单位本年按照规定缴回的非财政拨款结转资金。本项目应当根据"非财政拨款结转"科目下"缴回资金"明细科目本年发生额的合计数填列,以"-"号填列。

(3)"使用专用结余"项目,反映本年事业单位根据规定使用从非财政拨款结余或经营结余中提取的专用基金的金额。本项目应当根据"专用结余"科目明细账中本年使用专用结余业务的发生额填列,以"-"号填列。

(4)"支付所得税"项目,反映有企业所得税缴纳义务的事业单位本年实际缴纳的企业所得税金额。本项目应当根据"非财政拨款结余"明细账中本年实际缴纳企业所得税业务的发生额填列,以"-"号填列。

(四)"年末预算结转结余"项目

"年末预算结转结余"项目,反映单位本年预算结转结余的年末余额。本项目应当根据本项目下"财政拨款结转结余""其他资金结转结余"项目金额的合计数填列。

1."财政拨款结转结余"项目

"财政拨款结转结余"项目,反映单位本年财政拨款结转结余的年末余额。本项目应当根据本项目下"财政拨款结转""财政拨款结余"项目金额的合计数填列。

本项目下"财政拨款结转""财政拨款结余"项目,应当分别根据"财政拨款结转""财政拨款结余"科目的本年年末余额填列。

2."其他资金结转结余"项目

"其他资金结转结余"项目,反映单位本年其他资金结转结余的年末余额。本项目应当根据本项目下"非财政拨款结转""非财政拨款结余""专用结余""经营结余"项目金额的合计数填列。本项目下"非财政拨款结转""非财政拨款结余""专用结余""经营结余"项目,应当分别根据"非财政拨款结转""非财政拨款结余""专用结余""经营结余"科目的本年年末余额填列。

第八节 财政拨款预算收入支出表

一、财政拨款预算收入支出表含义

财政拨款预算收入支出表反映单位本年财政拨款预算资金收入、支出及相关变动的具体情况，帮助会计信息使用者更好地了解会计主体当年使用财政拨款情况，监督预算执行。

二、财政拨款预算收入支出表的内容和结构

财政拨款预算收入表（见表7-12）"项目"栏内各项目，应当根据单位取得的财政拨款种类分项设置，其中"项目支出"项目下，根据每个项目设置；单位取得除一般公共财政预算拨款和政府性基金预算拨款以外的其他财政拨款的，应当按照财政拨款种类增加相应的资金项目及其明细项。

三、财政拨款预算收入支出表编制说明

财政拨款预算收入支出表中的各栏及对应项目的内容和填列大部分都根据项目对应的明细科目及所属明细科目余额填列，具体编制如下：

（一）"年初财政拨款结转结余"栏中各项目

"年初财政拨款结转结余"栏中各项目主要反映单位年初各项财政拨款结转结余的金额，各项目应当根据"财政拨款结转""财政拨款结余"及其明细科目的年初余额填列。本栏中各项目的数额应当与上年度财政拨款预算收入支出表中"年末财政拨款结转结余"栏中各项目的数额相等。

（二）"调整年初财政拨款结转结余"栏中各项目

"调整年初财政拨款结转结余"栏中各项目，主要反映单位对年初财政拨款结转结余的调整金额。各项目应当根据"财政拨款结转""财政拨款结余"科目下"年初余额调整"明细科目及其所属明细科目的本年发生额填列；如调整减少年初财政拨款结转结余，以"-"号填列。

（三）"本年归集调入"栏中各项目

"本年归集调入"栏中各项目，主要反映单位本年按规定从其他单位调入的财政拨款结转资金金额，各项目应当根据"财政拨款结转"科目下"归集调入"明细科目及其所属明细科目的本年发生额填列。

（四）"本年归集上缴或调出"栏中各项目

"本年归集上缴或调出"栏中各项目主要反映单位本年按规定实际上缴的财政拨款结转结余资金，及按照规定向其他单位调出的财政拨款结转资金金额。

各项目应当根据"财政拨款结转""财政拨款结余"科目下"归集上缴"科目和

表 7-12　　会政预 03 表

财政拨款预算收入支出表

编制单位：＿＿＿＿　　　　　　　　　　　　　　　　　　　＿＿＿＿年　　　　　　　　　　　　　　　　　　　　　　　单位：元

项目	年初财政拨款结转结余		调整年初财政拨款结转结余	本年归集调入	本年归集上缴或调出	单位内部调剂		本年财政拨款收入	本年财政拨款支出	年末财政拨款结转结余	
	结转	结余				结转	结余			结转	结余
一、一般公共预算财政拨款											
（一）基本支出											
1. 人员经费											
2. 日常公用经费											
（二）项目支出											
1. ×× 项目											
2. ×× 项目											
……											
二、政府性基金预算财政拨款											
（一）基本支出											
1. 人员经费											
2. 日常公用经费											
（二）项目支出											
1. ×× 项目											
2. ×× 项目											
……											
总计											

"财政拨款结转"科目下"归集调出"明细科目,及其所属明细科目的本年发生额填列,以"-"号填列。

(五)"单位内部调剂"栏中各项目

"单位内部调剂"栏中各项目,主要反映单位本年财政拨款结转结余资金在单位内部不同项目等之间的调剂金额。

各项目应当根据"财政拨款结转"和"财政拨款结余"科目下的"单位内部调剂"明细科目及其所属明细科目的本年发生额填列;对单位内部调剂减少的财政拨款结余金额,以"-"号填列。

(六)"本年财政拨款收入"栏中各项目

"本年财政拨款收入"栏中各项目,反映单位本年从同级财政部门取得的各类财政预算拨款金额。各项目应当根据"财政拨款预算收入"科目及其所属明细科目的本年发生额填列。

(七)"本年财政拨款支出"栏中各项目

"本年财政拨款支出"栏中各项目,反映单位本年发生的财政拨款支出金额。各项目应当根据"行政支出""事业支出"等科目及其所属明细科目本年发生额中的财政拨款支出数的合计数填列。

(八)"年末财政拨款结转结余"栏中各项目

"年末财政拨款结转结余"栏中各项目,反映单位年末财政拨款结转结余的金额。各项目应当根据"财政拨款结转""财政拨款结余"科目及其所属明细科目的年末余额填列。

第九节

附注

一、附注含义

附注是对在会计报表中列示的项目所作的进一步说明,以及对未能在会计报表中列示项目的说明,它是财务报表的重要组成部分,如单位情况、编制基础、会计政策等,凡对报表使用者的决策有重要影响的会计信息,单位均应在附注中充分披露。

二、附注包含的内容

(一)行政事业单位会计报表附注主要内容

行政事业单位附注应当包括下列主要内容:说明;主要职能、主要业务活动、所在地、预算管理关系等单位的情况,会计报表的编制基础,应当遵循的政府会计准则、制度的声明;还应该说明单位采用的与其业务特点相适应的具体或重要会计政策,会计期间、记账本位币、外币折算、计量、折旧计提等方法。若重要会计政策、估计有变更,也需在报表附注中说明其时间、原因、影响等,并按照资产负债表和收入费用表项目列示顺序，采用文字和数据描述相结合的方式披露重要项目的明细信息。还需注意报表重要项目的明细金额合计，应当与报表项目金额相衔接。

（二）行政事业单位会计报表附注中重要项目说明内容

一般来说，报表重要项目说明包括的内容较为丰富，除一些重要主要说明内容外，单位可根据教材实际情况，增加相关内容。本教材将列举部分报表附注重要说明项目基本内容和格式，进一步说明整个政府会计报告的体系是全面的，完整的。

1. 货币资金的披露格式（见表7-13）

表7-13

项目	期末余额	年初余额
库存现金		
银行存款		
其他货币资金		
合计		

2. 固定资产（见表7-14）

表7-14

项目	年初余额	本期增加额	本期减少额	期末余额
一、原值合计				
其中：房屋及构筑物				
通用设备				
专用设备				
文物和陈列品				
图书、档案				
家具、用具、装具及动植物				
二、累计折旧合计				
其中：房屋及构筑物				
通用设备				
专用设备				
家具、用具、装具				
三、账面价值合计				
其中：房屋及构筑物				
通用设备				
专用设备				
文物和陈列品				
图书、档案				
家具、用具、装具及动植物				

3. 事业收入按照收入来源的披露格式（见表7-15）

表 7-15

收入来源	本期发生额	上期发生额
来自财政专户管理资金		
本部门内部单位		
单位1		
……		
本部门以外同级政府单位		
单位1		
……		
其他		
单位1		
……		
合计		

（三）本年盈余与预算结余的差异情况说明

除上述重要说明外，为了反映单位财务会计和预算会计因核算基础和核算范围不同所产生的本年盈余数与本年预算结余数之间的差异，单位应当按照重要性原则，对本年度发生的各类影响收入（预算收入）和费用（预算支出）的业务进行适度归并和分析，将年度预算收入支出表中"本年预算收支差额"调节为年度收入费用表中"本期盈余"的信息，有关披露格式如表7-16所示。

表 7-16

项目	金额
一、本年预算结余（本年预算收支差额）	
二、差异调节	
（一）重要事项的差异	
加：1. 当期确认为收入但没有确认为预算收入	
（1）应收款项、预收账款确认的收入	
（2）接受非货币性资产捐赠确认的收入	
2. 当期确认为预算支出但没有确认为费用	
（1）支付应付款项、预付账款的支出	
（2）为取得存货、政府储备物资等计入物资成本的支出	
（3）为购建固定资产等的资本性支出	
（4）偿还借款本息支出	
减：1. 当期确认为预算收入但没有确认为收入	
（1）收到应收款项、预收账款确认的预算收入	
（2）取得借款确认的预算收入	
2. 当期确认为费用但没有确认为预算支出	
（1）发出存货、政府储备物资等确认的费用	

续表

项目	金额
（2）计提的折旧费用和摊销费用	
（3）确认的资产处置费用（处置资产价值）	
（4）应付款项、预付账款确认的费用	
（二）其他事项差异	
三、本年盈余（本年收入与费用的差额）	

（四）其他重要事项说明

会计报表附注里还包括其他重要事项说明，比如：资产负债表日存在的重要或有事项说明。即使没有重要或有事项的，也应该说明以名义金额计量的资产名称、数量等情况，以及以名义金额计量理由的说明；通过债务资金形成的固定资产、公共基础设施、保障性住房等资产的账面价值、使用情况、收益情况及与此相关的债务偿还情况等的说明；重要资产置换、无偿调入（出）、捐入（出）、报废、重大毁损等情况的说明；事业单位将单位内部独立核算单位的会计信息纳入本单位财务报表情况的说明；政府会计具体准则中要求附注披露的其他内容；有助于理解和分析单位财务报表需要说明的其他事项。

章节练习

一、单项选择题

1. 下列各项不属于行政事业单位预算会计报表的是（　　）。
   A. 预算收入支出表　　　　　　　B. 财政拨款预算收入支出表
   C. 预算结转结余变动表　　　　　D. 净资产变动表

2. 资产负债表是总括反映会计主体在特定日期（　　）会计报表。
   A. 财务状况　　　　　　　　　　B. 收入支出情况
   C. 结余分配情况　　　　　　　　D. 结余情况

3. 行政事业单位编制资产负债表的依据是（　　）。
   A. 资产＝负债＋所有者权益　　　B. 旧管＋新收＝开出＋实在
   C. 资产＋支出＝负债＋所有者权益　D. 资产＝负债＋净资产

4. 财务会计报表的编制以（　　）为基础。
   A. 收付实现制　　　　　　　　　B. 权责发生制
   C. 收付实现制和权责发生制　　　D. 上述说法都不对

5. 资产负债表的"期末余额"一般是根据报告期有关账户的（　　）填列。
   A. 本期借方发生额　　　　　　　B. 期末余额
   C. 期初余额　　　　　　　　　　D. 本期贷方余额

6. 反映行政事业单位在某一会计年度内各项预算收入，预算支出和预算收支差额情况的报表，称为（　　）。

A. 预算收入支出表 B. 收入费用表
C. 资产负债表 D. 预算结转结余变动表

7. 可以反映行政事业单位在某一会计年度内净资产总量及结构变动信息的是（   ）。

A. 资产负债表 B. 收入费用表
C. 预算结转结余变动表 D. 净资产变动表

8. 下列行政事业报表属于非强制性编制的为（   ）。

A. 资产负债表 B. 收入费用表
C. 现金流量表 D. 预算收入支出表

9. 下列各会计报表都需要在月末和年末编报的是（   ）。

A. 预算收入支出表 B. 收入费用表
C. 预算结转结余变动表 D. 财政拨款预算收入支出表

10. 资产负债表中，若应收账款明细项目出现贷方金额，则应调整至表中（   ）项目填列。

A. 应付账款 B. 预付账款
C. 预收账款 D. 其他应收款

二、多项选择题

1. 行政事业单位会计报表按编报内容分为（   ）。

A. 财务报表 B. 本级报表
C. 预算会计报表 D. 汇总报表

2. 行政事业单位会计报表是反映单位在一定时期（   ）的总结性书面文件。

A. 财务状况 B. 预算收支状况及结果
C. 收支状况 D. 管理状况

3. 政府财务报告按照编制主体和层次不同可分为（   ）。

A. 地方政府财务报告 B. 政府综合财务报告
C. 政府部门财务报告 D. 政府决算报告

4. 下列属于行政事业单位预算报表的有（   ）。

A. 资产负债表 B. 预算收入支出表
C. 净资产变动表 D. 预算结转结余变动表

5. 资产负债表中"货币资金"项目，应当根据（   ）账户的期末余额合计数填列。

A. 库存现金 B. 银行存款
C. 零余额账户用款额度 D. 其他货币资金

6. 收入费用表是反映行政事业单位在某一会计期间内发生的（   ）报表。

A. 收入 B. 支出
C. 费用 D. 当期盈余

7. 资产负债表中"存货"项目由以下（   ）项目期末余额合计填列。

A. 在途物品 B. 加工物品
C. 固定资产 D. 库存物品

8. 年终转账后，一般没有余额的账户有（　　）。
A. 收入类账户　　　　　　　　　B. 资产类账户
C. 负债类账户　　　　　　　　　D. 费用类账户
9. 按编报时间，行政事业单位会计报表分为（　　）。
A. 旬报　　　　　　　　　　　　B. 月报
C. 季报　　　　　　　　　　　　D. 年报
10. 下列属于行政事业单位会计报表附注内容的有（　　）。
A. 会计报表编制基础
B. 重要会计政策和会计估计
C. 会计报表重要项目说明
D. 本年盈余与预算结余的差异情况说明

三、判断题

1. 单位财务报表的编制主要以权责发生制为主，以预算会计核算生成的数据为准。
（　　）
2. 决算报告的目标是向决算报告使用者提供与政府预算执行情况有关的信息。
（　　）
3. 资产负债表是行政事业单位动态的会计报表。（　　）
4. 财政拨款预算收入支出表为每个行政事业单位每月都要报送的报表。（　　）
5. 附注是预算会计报表的重要组成部分。（　　）
6. 在编制收入费用表时，各项收入和费用数据根据本期发生额填列。（　　）
7. 行政事业单位的预算结转结余变动表应该每年定期报送。（　　）
8. 填制资产负债表中"货币资金"项目不包括以现金方式受托代理负债。（　　）
9. "无偿调拨净资产"及"本期盈余"两个项目需在资产负债表年报中反映。
（　　）
10. 政府会计报表所呈现反映的信息需达到真实性、全面性、相关性、及时性、可比性、清晰性、实质重于形式七个方面的质量要求。（　　）

四、业务题

1. 2×19年，某事业单位12月31日各科目账户余额情况，请根据余额表（表7-17）编制本年资产负债表（年初余额略）。

表7-17　　　　　　某事业单位会计年末账户科目余额表

2×19年12月31日　　　　　　　　　　　　　　　　　　单位：元

账户名称	借方余额	账户名称	贷方余额
库存现金	5 000	短期借款	80 000
其中：受托代理现金	2 000	应交增值税	45 000
银行存款	1 230 000	其他应交税费	85 000
其中：受托代理银行存款	18 000	应付职工薪酬	256 000
其他货币资	20 000	应付账款	356 000
财政应返还额度	40 000	应付利息	3 000

第七章 决算报告及财务报告

续表

账户名称	借方余额	账户名称	贷方余额
应收账款	245 000	长期借款 其中：一年内到期长期借款	8 000 000 2 000 000
其他应收款	49 000	长期应付款	600 000
坏账准备： 其中：应收账款明细账余额 其他应收款明细账余额	3 000 2500 500	受托代理负债 累计盈余 专用基金	50 000 2 556 000 5 160 000
在途物品	60 000		
库存物品	2 085 000		
固定资产	10 065 000		
固定资产累计折旧	250 000		
在建工程	2 841 000		
无形资产	814 000		
无形资产累计摊销	40 000		
受托代理资产	30 000		
合计	17 191 000		17 191 000

表 7-18　　　　　　　　　　　资产负债表　　　　　　　　　　　会政财 01

编制单位：某事业单位　　　　　　2×19 年 12 月 31 日　　　　　　单位：元

资产	期末余额	年初余额（略）	负债和净资产	期末余额	年初余额（略）
流动资产：			流动负债：		
货币资金			短期借款		
短期投资			应交增值税		
财政应返还额度			其他应交税费		
应收票据			应缴财政款		
应收账款净额			应付职工薪酬		
预付账款			应付票据		
应收股利			应付账款		
应收利息			应付政府补贴款		
其他应收款净额			应付利息		
存货			预收账款		
待摊费用			其他应付款		
一年内到期的非流动资产			预提费用		
其他流动资产			一年内到期的非流动负债		
流动资产合计			其他流动负债		

续表

资　产	期末余额	年初余额（略）	负债和净资产	期末余额	年初余额（略）
非流动资产：			流动负债合计：		
长期股权投资			非流动负债：		
长期债券投资			长期借款		
固定资产原值			长期应付款		
减：固定资产累计折旧			预计负债		
固定资产净值			其他非流动负债		
工程物资			非流动负债合计：		
在建工程			受托代理负债		
无形资产原值			负债合计：		
减：无形资产累计摊销					
无形资产净值					
研发支出					
公共基础设施原值					
减：公共基础设施累计折旧（摊销）					
公共基础设施净值					
政府储备物资					
文物文化资产					
保障性住房原值					
减：保障性住房累计折旧			净资产：		
保障性住房净值			累计盈余		
长期待摊费用			专用基金		
待处理财产损溢			权益法调整		
其他非流动资产			无偿调拨净资产		
非流动资产合计：			本期盈余*		
受托代理资产			净资产合计		
资产总计			负债和净资产总计		

2. 某事业单位 2×19 年 12 月 31 日，汇总全年收入、费用科目发生额见收入费用发生额汇总表，请根据该资料编制 2×19 年 12 月 31 日年度收入费用表（见表 7-19）。

表 7-19　　　　　　　　　　收入费用发生额汇总表

会计科目	借方发生额	贷方发生额
财政拨款收入		8 600 000
事业收入		7 600 000
上级补助收入		600 000

第七章 决算报告及财务报告

续表

会计科目	借方发生额	贷方发生额
附属单位上缴收入		300 000
经营收入		400 000
非同级财政拨款收入		200 000
投资收益		3 000
利息收入		4 000
租金收入		300 000
其他收入		150 000
业务活动费用	5 200 000	
单位管理费用	40 000	
经营费用	400 000	
所得税费用	50 000	
资产处置费用	845 500	
上缴上级费用	200 000	
对附属单位补助费用	100 000	
其他费用	30 000	

请根据上述资料编制当期收入费用表（见表 7-20）：

表 7-20　　　　　　　　　　　收入费用表　　　　　　　　　会政财 02 表

编制单位：　　　　　　　　　　　年　月　日　　　　　　　　　　　单位：元

项　目	本年数	上年数
一、本期收入：		上年数略
（一）财政拨款收入		
其中：政府性基金收入		
（二）事业收入		
（三）上级补助收入		
（四）附属单位上缴收入		
（五）经营收入		
（六）非同级财政拨款收入		
（七）投资收益		
（八）捐赠收入		
（九）利息收入		
（十）租金收入		
（十一）其他收入		
二、本期费用		
（一）业务活动费用		
（二）单位管理活动		

续表

项　目	本年数	上年数
（三）经营费用		
（四）资产处置费用		
（五）上缴上级费用		
（六）对附属单位补助费用		
（七）所得税费用		
（八）其他费用		
三、本期盈余		

3. 资料：某事业单位 2×19 年度有关净资产及其变动资料如下：

（1）上年年末净资产余额合计 428 000 元，其中，累计盈余 420 000 元，专用基金 220 元。

（2）无以前年度盈余调整情况。

（3）本年盈余 –19 000 元。

（4）本年从预算结余中提取专用基金 50 元。

（5）本年使用专用基金 30 元，并非使用在购置固定资产或无形资产上。

要求：根据以上资料编制事业单位 2×19 年净资产变动表（见表 7–21），上年数省略。

表 7–21　　　　　　　　　　净资产变动表　　　　　　　　　会政财 03

编制单位：　　　　　　　　　　　　年　　　　　　　　　　　　单位：元

项　目	本年数				上年数			
	累计盈余	专用基金	权益法调整	净资产合计	累计盈余	专用基金	权益法调整	净资产合计
一、上年年末余额								
二、以前年度盈余调整（减少以"–"号填列）								
三、本年年初余额								
四、本年变动金额（减少以"–"号填列）								
（一）本年盈余								
（二）无偿调拨净资产								
（三）归集调整预算结转结余								
（四）提取或设置专用基金								
其中：从预算收入中提取								
从预算结余中提取								
设置的专用基金								
（五）使用专用基金								
（六）权益法调整								
五、本年年末余额								

五、思考题

1. 行政事业单位财务报表有哪些？
2. 行政事业单位预算报表有哪些？
3. 行政事业单位资产负债表项目的编制方法有哪几种？
4. 行政事业单位预算收入支出表中的收入有哪些？
5. 请说明行政事业单位会计报表附注功能和大致内容构成。

附　　录

附录一

《政府会计准则——基本准则》

（中华人民共和国财政部 2015 年 10 月 23 日颁发）

第一章　总　　则

第一条　为了规范政府的会计核算，保证会计信息质量，根据《中华人民共和国会计法》《中华人民共和国预算法》和其他有关法律、行政法规，制定本准则。

第二条　本准则适用于各级政府、各部门、各单位（以下统称政府会计主体）。

前款所称各部门、各单位是指与本级政府财政部门直接或者间接发生预算拨款关系的国家机关、军队、政党组织、社会团体、事业单位和其他单位。

军队、已纳入企业财务管理体系的单位和执行《民间非营利组织会计制度》的社会团体，不适用本准则。

第三条　政府会计由预算会计和财务会计构成。

预算会计实行收付实现制，国务院另有规定的，依照其规定。

财务会计实行权责发生制。

第四条　政府会计具体准则及其应用指南、政府会计制度等，应当由财政部遵循本准则制定。

第五条　政府会计主体应当编制决算报告和财务报告。

决算报告的目标是向决算报告使用者提供与政府预算执行情况有关的信息，综合反

附 录

映政府会计主体预算收支的年度执行结果，有助于决算报告使用者进行监督和管理，并为编制后续年度预算提供参考和依据。政府决算报告使用者包括各级人民代表大会及其常务委员会、各级政府及其有关部门、政府会计主体自身、社会公众和其他利益相关者。

财务报告的目标是向财务报告使用者提供与政府的财务状况、运行情况（含运行成本，下同）和现金流量等有关信息，反映政府会计主体公共受托责任履行情况，有助于财务报告使用者作出决策或者进行监督和管理。政府财务报告使用者包括各级人民代表大会常务委员会、债权人、各级政府及其有关部门、政府会计主体自身和其他利益相关者。

第六条 政府会计主体应当对其自身发生的经济业务或者事项进行会计核算。

第七条 政府会计核算应当以政府会计主体持续运行为前提。

第八条 政府会计核算应当划分会计期间，分期结算账目，按规定编制决算报告和财务报告。

会计期间至少分为年度和月度。会计年度、月度等会计期间的起讫日期采用公历日期。

第九条 政府会计核算应当以人民币作为记账本位币。发生外币业务时，应当将有关外币金额折算为人民币金额计量，同时登记外币金额。

第十条 政府会计核算应当采用借贷记账法记账。

第二章 政府会计信息质量要求

第十一条 政府会计主体应当以实际发生的经济业务或者事项为依据进行会计核算，如实反映各项会计要素的情况和结果，保证会计信息真实可靠。

第十二条 政府会计主体应当将发生的各项经济业务或者事项统一纳入会计核算，确保会计信息能够全面反映政府会计主体预算执行情况和财务状况、运行情况、现金流量等。

第十三条 政府会计主体提供的会计信息，应当与反映政府会计主体公共受托责任履行情况以及报告使用者决策或者监督、管理的需要相关，有助于报告使用者对政府会计主体过去、现在或者未来的情况作出评价或者预测。

第十四条 政府会计主体对已经发生的经济业务或者事项，应当及时进行会计核算，不得提前或者延后。

第十五条 政府会计主体提供的会计信息应当具有可比性。

同一政府会计主体不同时期发生的相同或者相似的经济业务或者事项，应当采用一致的会计政策，不得随意变更。确需变更的，应当将变更的内容、理由及其影响在附注中予以说明。

不同政府会计主体发生的相同或者相似的经济业务或者事项，应当采用一致的会计政策，确保政府会计信息口径一致，相互可比。

第十六条 政府会计主体提供的会计信息应当清晰明了，便于报告使用者理解和使用。

第十七条 政府会计主体应当按照经济业务或者事项的经济实质进行会计核算，不限于以经济业务或者事项的法律形式为依据。

第三章 政府预算会计要素

第十八条 政府预算会计要素包括预算收入、预算支出与预算结余。

第十九条 预算收入是指政府会计主体在预算年度内依法取得的并纳入预算管理的现金流入。

第二十条 预算收入一般在实际收到时予以确认，以实际收到的金额计量。

第二十一条 预算支出是指政府会计主体在预算年度内依法发生并纳入预算管理的现金流出。

第二十二条 预算支出一般在实际支付时予以确认，以实际支付的金额计量。

第二十三条 预算结余是指政府会计主体预算年度内预算收入扣除预算支出后的资金余额，以及历年滚存的资金余额。

第二十四条 预算结余包括结余资金和结转资金。

结余资金是指年度预算执行终了，预算收入实际完成数扣除预算支出和结转资金后剩余的资金。

结转资金是指预算安排项目的支出年终尚未执行完毕或者因故未执行，且下年需要按原用途继续使用的资金。

第二十五条 符合预算收入、预算支出和预算结余定义及其确认条件的项目应当列入政府决算报表。

第四章 政府财务会计要素

第二十六条 政府财务会计要素包括资产、负债、净资产、收入和费用。

第一节 资 产

第二十七条 资产是指政府会计主体过去的经济业务或者事项形成的，由政府会计主体控制的，预期能够产生服务潜力或者带来经济利益流入的经济资源。

服务潜力是指政府会计主体利用资产提供公共产品和服务以履行政府职能的潜在能力。

经济利益流入表现为现金及现金等价物的流入，或者现金及现金等价物流出的减少。

第二十八条 政府会计主体的资产按照流动性，分为流动资产和非流动资产。

流动资产是指预计在1年内（含1年）耗用或者可以变现的资产，包括货币资金、短期投资、应收及预付款项、存货等。

非流动资产是指流动资产以外的资产，包括固定资产、在建工程、无形资产、长期投资、公共基础设施、政府储备资产、文物文化资产、保障性住房和自然资源资产等。

第二十九条 符合本准则第二十七条规定的资产定义的经济资源，在同时满足以下条件时，确认为资产：

（一）与该经济资源相关的服务潜力很可能实现或者经济利益很可能流入政府会计主体；

（二）该经济资源的成本或者价值能够可靠地计量。

第三十条 资产的计量属性主要包括历史成本、重置成本、现值、公允价值和名义金额。

在历史成本计量下,资产按照取得时支付的现金金额或者支付对价的公允价值计量。

在重置成本计量下,资产按照现在购买相同或者相似资产所需支付的现金金额计量。

在现值计量下,资产按照预计从其持续使用和最终处置中所产生的未来净现金流入量的折现金额计量。

在公允价值计量下,资产按照市场参与者在计量日发生的有序交易中,出售资产所能收到的价格计量。

无法采用上述计量属性的,采用名义金额(即人民币1元)计量。

第三十一条 政府会计主体在对资产进行计量时,一般应当采用历史成本。

采用重置成本、现值、公允价值计量的,应当保证所确定的资产金额能够持续、可靠计量。

第三十二条 符合资产定义和资产确认条件的项目,应当列入资产负债表。

第二节 负 债

第三十三条 负债是指政府会计主体过去的经济业务或者事项形成的,预期会导致经济资源流出政府会计主体的现时义务。

现时义务是指政府会计主体在现行条件下已承担的义务。未来发生的经济业务或者事项形成的义务不属于现时义务,不应当确认为负债。

第三十四条 政府会计主体的负债按照流动性,分为流动负债和非流动负债。

流动负债是指预计在1年内(含1年)偿还的负债,包括应付及预收款项、应付职工薪酬、应缴款项等。

非流动负债是指流动负债以外的负债,包括长期应付款、应付政府债券和政府依法担保形成的债务等。

第三十五条 符合本准则第三十三条规定的负债定义的义务,在同时满足以下条件时,确认为负债:

(一)履行该义务很可能导致含有服务潜力或者经济利益的经济资源流出政府会计主体;

(二)该义务的金额能够可靠地计量。

第三十六条 负债的计量属性主要包括历史成本、现值和公允价值。

在历史成本计量下,负债按照因承担现时义务而实际收到的款项或者资产的金额,或者承担现时义务的合同金额,或者按照为偿还负债预期需要支付的现金计量。

在现值计量下,负债按照预计期限内需要偿还的未来净现金流出量的折现金额计量。

在公允价值计量下,负债按照市场参与者在计量日发生的有序交易中,转移负债所需支付的价格计量。

第三十七条 政府会计主体在对负债进行计量时,一般应当采用历史成本。

采用现值、公允价值计量的,应当保证所确定的负债金额能够持续、可靠计量。

第三十八条 符合负债定义和负债确认条件的项目,应当列入资产负债表。

第三节 净资产

第三十九条 净资产是指政府会计主体资产扣除负债后的净额。

第四十条 净资产金额取决于资产和负债的计量。

第四十一条 净资产项目应列入资产负债表。

第四节 收 入

第四十二条 收入是指报告期内导致政府会计主体净资产增加的、含有服务潜力或者经济利益的经济资源的流入。

第四十三条 收入的确认应当同时满足以下条件:

(一) 与收入相关的含有服务潜力或者经济利益的经济资源很可能流入政府会计主体;

(二) 含有服务潜力或者经济利益的经济资源流入会导致政府会计主体资产增加或者负债减少;

(三) 流入金额能够可靠地计量。

第四十四条 符合收入定义和收入确认条件的项目,应当列入收入费用表。

第五节 费 用

第四十五条 费用是指报告期内导致政府会计主体净资产减少的、含有服务潜力或者经济利益的经济资源的流出。

第四十六条 费用的确认应当同时满足以下条件:

(一) 与费用相关的含有服务潜力或者经济利益的经济资源很可能流出政府会计主体;

(二) 含有服务潜力或者经济利益的经济资源流出会导致政府会计主体资产减少或者负债增加;

(三) 流出金额能够可靠地计量。

第四十七条 符合费用定义和费用确认条件的项目,应当列入收入费用表。

第五章 政府决算报告和财务报告

第四十八条 政府决算报告是综合反映政府会计主体年度预算收支执行结果的文件。

政府决算报告应当包括决算报表和其他应当在决算报告中反映的相关信息和资料。

政府决算报告的具体内容及编制要求等,由财政部另行规定。

第四十九条 政府财务报告是反映政府会计主体某一特定日期的财务状况和某一会计期间的运行情况和现金流量等信息的文件。

政府财务报告应当包括财务报表和其他应当在财务报告中披露的相关信息和资料。

第五十条 政府财务报告包括政府综合财务报告和政府部门财务报告。

政府综合财务报告是指由政府财政部门编制的,反映各级政府整体财务状况、运行情况和财政中长期可持续性的报告。

政府部门财务报告是指政府各部门、各单位按规定编制的财务报告。

第五十一条 财务报表是对政府会计主体财务状况、运行情况和现金流量等信息的

附　录

结构性表述。

财务报表包括会计报表和附注。

会计报表至少应当包括资产负债表、收入费用表和现金流量表。

政府会计主体应当根据相关规定编制合并财务报表。

第五十二条　资产负债表是反映政府会计主体在某一特定日期的财务状况的报表。

第五十三条　收入费用表是反映政府会计主体在一定会计期间运行情况的报表。

第五十四条　现金流量表是反映政府会计主体在一定会计期间现金及现金等价物流入和流出情况的报表。

第五十五条　附注是对在资产负债表、收入费用表、现金流量表等报表中列示项目所作的进一步说明，以及对未能在这些报表中列示项目的说明。

第五十六条　政府决算报告的编制主要以收付实现制为基础，以预算会计核算生成的数据为准。

政府财务报告的编制主要以权责发生制为基础，以财务会计核算生成的数据为准。

第六章　附　　则

第五十七条　本准则所称会计核算，包括会计确认、计量、记录和报告各个环节，涵盖填制会计凭证、登记会计账簿、编制报告全过程。

第五十八条　本准则所称预算会计，是指以收付实现制为基础对政府会计主体预算执行过程中发生的全部收入和全部支出进行会计核算，主要反映和监督预算收支执行情况的会计。

第五十九条　本准则所称财务会计，是指以权责发生制为基础对政府会计主体发生的各项经济业务或者事项进行会计核算，主要反映和监督政府会计主体财务状况、运行情况和现金流量等的会计。

第六十条　本准则所称收付实现制，是指以现金的实际收付为标志来确定本期收入和支出的会计核算基础。凡在当期实际收到的现金收入和支出，均应作为当期的收入和支出；凡是不属于当期的现金收入和支出，均不应当作为当期的收入和支出。

第六十一条　本准则所称权责发生制，是指以取得收取款项的权利或支付款项的义务为标志来确定本期收入和费用的会计核算基础。凡是当期已经实现的收入和已经发生的或应当负担的费用，不论款项是否收付，都应当作为当期的收入和费用；凡是不属于当期的收入和费用，即使款项已在当期收付，也不应当作为当期的收入和费用。

第六十二条　本准则自 2017 年 1 月 1 日起施行。

附录二

《政府会计准则第 1 号——存货》

第一章 总 则

第一条 为了规范存货的确认、计量和相关信息的披露,根据《政府会计准则——基本准则》,制定本准则。

第二条 本准则所称存货,是指政府会计主体在开展业务活动及其他活动中为耗用或出售而储存的资产,如材料、产品、包装物和低值易耗品等,以及未达到固定资产标准的用具、装具、动植物等。

第三条 政府储备物资、收储土地等,适用其他相关政府会计准则。

第二章 存货的确认

第四条 存货同时满足下列条件的,应当予以确认:

(一)与该存货相关的服务潜力很可能实现或者经济利益很可能流入政府会计主体;

(二)该存货的成本或者价值能够可靠地计量。

第三章 存货的初始计量

第五条 存货在取得时应当按照成本进行初始计量。

第六条 政府会计主体购入的存货,其成本包括购买价款、相关税费、运输费、装卸费、保险费以及使得存货达到目前场所和状态所发生的归属于存货成本的其他支出。

第七条 政府会计主体自行加工的存货,其成本包括耗用的直接材料费用、发生的直接人工费用和按照一定方法分配的与存货加工有关的间接费用。

第八条 政府会计主体委托加工的存货,其成本包括委托加工前存货成本、委托加工的成本(如委托加工费以及按规定应计入委托加工存货成本的相关税费等)以及使得存货达到目前场所和状态所发生的归属于存货成本的其他支出。

第九条 下列各项应当在发生时确认为当期费用,不计入存货成本:

(一)非正常消耗的直接材料、直接人工和间接费用。

(二)仓储费用(不包括在加工过程中为达到下一个加工阶段所必需的费用)。

(三)不能归属于使存货达到目前场所和状态所发生的其他支出。

第十条 政府会计主体通过置换取得的存货,其成本按照换出资产的评估价值,加上支付的补价或减去收到的补价，加上为换入存货发生的其他相关支出确定。

第十一条　政府会计主体接受捐赠的存货，其成本按照有关凭据注明的金额加上相关税费、运输费等确定；没有相关凭据可供取得，但按规定经过资产评估的，其成本按照评估价值加上相关税费、运输费等确定；没有相关凭据可供取得、也未经资产评估的，其成本比照同类或类似资产的市场价格加上相关税费、运输费等确定；没有相关凭据且未经资产评估、同类或类似资产的市场价格也无法可靠取得的，按照名义金额入账，相关税费、运输费等计入当期费用。

第十二条　政府会计主体无偿调入的存货，其成本按照调出方账面价值加上相关税费、运输费等确定。

第十三条　政府会计主体盘盈的存货，按规定经过资产评估的，其成本按照评估价值确定；未经资产评估的，其成本按照重置成本确定。

第四章　存货的后续计量

第十四条　政府会计主体应当根据实际情况采用先进先出法、加权平均法或者个别计价法确定发出存货的实际成本。计价方法一经确定，不得随意变更。

对于性质和用途相似的存货，应当采用相同的成本计价方法确定发出存货的成本。

对于不能替代使用的存货、为特定项目专门购入或加工的存货，通常采用个别计价法确定发出存货的成本。

第十五条　对于已发出的存货，应当将其成本结转为当期费用或者计入相关资产成本。

按规定报经批准对外捐赠、无偿调出的存货，应当将其账面余额予以转销，对外捐赠、无偿调出中发生的归属于捐出方、调出方的相关费用应当计入当期费用。

第十六条　政府会计主体应当采用一次转销法或者五五摊销法对低值易耗品、包装物进行摊销，将其成本计入当期费用或者相关资产成本。

第十七条　对于发生的存货毁损，应当将存货账面余额转销计入当期费用，并将毁损存货处置收入扣除相关处置税费后的差额按规定作应缴款项处理（差额为净收益时）或计入当期费用（差额为净损失时）。

第十八条　存货盘亏造成的损失，按规定报经批准后应当计入当期费用。

第五章　存货的披露

第十九条　政府会计主体应当在附注中披露与存货有关的下列信息：
（一）各类存货的期初和期末账面余额。
（二）确定发出存货成本所采用的方法。
（三）以名义金额计量的存货名称、数量，以及以名义金额计量的理由。
（四）其他有关存货变动的重要信息。

第六章　附　则

第二十条　本准则自 2017 年 1 月 1 日起施行。

附录三

《政府会计准则第 2 号——投资》

第一章 总 则

第一条 为了规范投资的确认、计量和相关信息的披露,根据《政府会计准则——基本准则》,制定本准则。

第二条 本准则所称投资,是指政府会计主体按规定以货币资金、实物资产、无形资产等方式形成的债权或股权投资。

第三条 投资分为短期投资和长期投资。短期投资,是指政府会计主体取得的持有时间不超过 1 年(含 1 年)的投资。长期投资,是指政府会计主体取得的除短期投资以外的债权和股权性质的投资。

第四条 政府会计主体外币投资的折算,适用其他相关政府会计准则。

第二章 短期投资

第五条 短期投资在取得时,应当按照实际成本(包括购买价款和相关税费,下同)作为初始投资成本。

实际支付价款中包含的已到付息期但尚未领取的利息,应当于收到时冲减短期投资成本。

第六条 短期投资持有期间的利息,应当于实际收到时确认为投资收益。

第七条 期末,短期投资应当按照账面余额计量。

第八条 政府会计主体按规定出售或到期收回短期投资,应当将收到的价款扣除短期投资账面余额和相关税费后的差额计入投资损益。

第三章 长期投资

第九条 长期投资分为长期债权投资和长期股权投资。

第一节 长期债权投资

第十条 长期债券投资在取得时,应当按照实际成本作为初始投资成本。

实际支付价款中包含的已到付息期但尚未领取的债券利息,应当单独确认为应收利息,不计入长期债券投资初始投资成本。

第十一条 长期债券投资持有期间,应当按期以票面金额与票面利率计算确认利息收入。

对于分期付息、一次还本的长期债券投资，应当将计算确定的应收未收利息确认为应收利息，计入投资收益；对于一次还本付息的长期债券投资，应当将计算确定的应收未收利息计入投资收益，并增加长期债券投资的账面余额。

第十二条 政府会计主体按规定出售或到期收回长期债券投资，应当将实际收到的价款扣除长期债券投资账面余额和相关税费后的差额计入投资损益。

第十三条 政府会计主体进行除债券以外的其他债权投资，参照长期债券投资进行会计处理。

第二节 长期股权投资

第十四条 长期股权投资在取得时，应当按照实际成本作为初始投资成本。

（一）以支付现金取得的长期股权投资，按照实际支付的全部价款（包括购买价款和相关税费）作为实际成本。

实际支付价款中包含的已宣告但尚未发放的现金股利，应当单独确认为应收股利，不计入长期股权投资初始投资成本。

（二）以现金以外的其他资产置换取得的长期股权投资，其成本按照换出资产的评估价值加上支付的补价或减去收到的补价，加上换入长期股权投资发生的其他相关支出确定。

（三）接受捐赠的长期股权投资，其成本按照有关凭据注明的金额加上相关税费确定；没有相关凭据可供取得，但按规定经过资产评估的，其成本按照评估价值加上相关税费确定；没有相关凭据可供取得、也未经资产评估的，其成本比照同类或类似资产的市场价格加上相关税费确定。

（四）无偿调入的长期股权投资，其成本按照调出方账面价值加上相关税费确定。

第十五条 长期股权投资在持有期间，通常应当采用权益法进行核算。政府会计主体无权决定被投资单位的财务和经营政策或无权参与被投资单位的财务和经营政策决策的，应当采用成本法进行核算。

成本法，是指投资按照投资成本计量的方法。

权益法，是指投资最初以投资成本计量，以后根据政府会计主体在被投资单位所享有的所有者权益份额的变动对投资的账面余额进行调整的方法。

第十六条 在成本法下，长期股权投资的账面余额通常保持不变，但追加或收回投资时，应当相应调整其账面余额。

长期股权投资持有期间，被投资单位宣告分派的现金股利或利润，政府会计主体应当按照宣告分派的现金股利或利润中属于政府会计主体应享有的份额确认为投资收益。

第十七条 采用权益法的，按照如下原则进行会计处理：

（一）政府会计主体取得长期股权投资后，对于被投资单位所有者权益的变动，应当按照下列规定进行处理：

1. 按照应享有或应分担的被投资单位实现的净损益的份额，确认为投资损益，同时调整长期股权投资的账面余额。

2. 按照被投资单位宣告分派的现金股利或利润计算应享有的份额，确认为应收股利，同时减少长期股权投资的账面余额。

3. 按照被投资单位除净损益和利润分配以外的所有者权益变动的份额，确认为净资产，同时调整长期股权投资的账面余额。

（二）政府会计主体确认被投资单位发生的净亏损，应当以长期股权投资的账面余额减记至零为限，政府会计主体负有承担额外损失义务的除外。

被投资单位发生净亏损，但以后年度又实现净利润的，政府会计主体应当在其收益分享额弥补未确认的亏损分担额等后，恢复确认投资收益。

第十八条 政府会计主体因处置部分长期股权投资等原因无权再决定被投资单位的财务和经营政策或者参与被投资单位的财务和经营政策决策的，应当对处置后的剩余股权投资改按成本法核算，并以该剩余股权投资在权益法下的账面余额作为按照成本法核算的初始投资成本。其后，被投资单位宣告分派现金股利或利润时，属于已计入投资账面余额的部分，作为成本法下长期股权投资成本的收回，冲减长期股权投资的账面余额。

政府会计主体因追加投资等原因对长期股权投资的核算从成本法改为权益法的，应当自有权决定被投资单位的财务和经营政策或者参与被投资单位的财务和经营政策决策时，按成本法下长期股权投资的账面余额加上追加投资的成本作为按照权益法核算的初始投资成本。

第十九条 政府会计主体按规定报经批准处置长期股权投资，应当冲减长期股权投资的账面余额，并按规定将处置价款扣除相关税费后的余额作应缴款项处理，或者按规定将处置价款扣除相关税费后的余额与长期股权投资账面余额的差额计入当期投资损益。

采用权益法核算的长期股权投资，因被投资单位除净损益和利润分配以外的所有者权益变动而将应享有的份额计入净资产的，处置该项投资时，还应当将原计入净资产的相应部分转入当期投资损益。

第四章 投资的披露

第二十条 政府会计主体应当在附注中披露与投资有关的下列信息：
（一）短期投资的增减变动及期初、期末账面余额。
（二）各类长期债权投资和长期股权投资的增减变动及期初、期末账面余额。
（三）长期股权投资的投资对象及核算方法。
（四）当期发生的投资净损益，其中重大的投资净损益项目应当单独披露。

第五章 附 则

第二十一条 本准则自 2017 年 1 月 1 日起施行。

附录四

《政府会计准则第 3 号——固定资产》

第一章 总 则

第一条 为了规范固定资产的确认、计量和相关信息的披露,根据《政府会计准则——基本准则》,制定本准则。

第二条 本准则所称固定资产,是指政府会计主体为满足自身开展业务活动或其他活动需要而控制的,使用年限超过 1 年(不含 1 年)、单位价值在规定标准以上,并在使用过程中基本保持原有物质形态的资产,一般包括房屋及构筑物、专用设备、通用设备等。

单位价值虽未达到规定标准,但是使用年限超过 1 年(不含 1 年)的大批同类物资,如图书、家具、用具、装具等,应当确认为固定资产。

第三条 公共基础设施、政府储备物资、保障性住房、自然资源资产等,适用其他相关政府会计准则。

第二章 固定资产的确认

第四条 固定资产同时满足下列条件的,应当予以确认:

(一)与该固定资产相关的服务潜力很可能实现或者经济利益很可能流入政府会计主体;

(二)该固定资产的成本或者价值能够可靠地计量。

第五条 通常情况下,购入、换入、接受捐赠、无偿调入不需安装的固定资产,在固定资产验收合格时确认;购入、换入、接受捐赠、无偿调入需要安装的固定资产,在固定资产安装完成交付使用时确认;自行建造、改建、扩建的固定资产,在建造完成交付使用时确认。

第六条 确认固定资产时,应当考虑以下情况:

(一)固定资产的各组成部分具有不同使用年限或者以不同方式为政府会计主体实现服务潜力或提供经济利益,适用不同折旧率或折旧方法且可以分别确定各自原价的,应当分别将各组成部分确认为单项固定资产。

(二)应用软件构成相关硬件不可缺少的组成部分的,应当将该软件的价值包括在所属的硬件价值中,一并确认为固定资产;不构成相关硬件不可缺少的组成部分的,应当将该软件确认为无形资产。

（三）购建房屋及构筑物时，不能分清购建成本中的房屋及构筑物部分与土地使用权部分的，应当全部确认为固定资产；能够分清购建成本中的房屋及构筑物部分与土地使用权部分的，应当将其中的房屋及构筑物部分确认为固定资产，将其中的土地使用权部分确认为无形资产。

第七条 固定资产在使用过程中发生的后续支出，符合本准则第四条规定的确认条件的，应当计入固定资产成本；不符合本准则第四条规定的确认条件的，应当在发生时计入当期费用或者相关资产成本。

将发生的固定资产后续支出计入固定资产成本的，应当同时从固定资产账面价值中扣除被替换部分的账面价值。

第三章 固定资产的初始计量

第八条 固定资产在取得时应当按照成本进行初始计量。

第九条 政府会计主体外购的固定资产，其成本包括购买价款、相关税费以及固定资产交付使用前所发生的可归属于该项资产的运输费、装卸费、安装费和专业人员服务费等。

以一笔款项购入多项没有单独标价的固定资产，应当按照各项固定资产同类或类似资产市场价格的比例对总成本进行分配，分别确定各项固定资产的成本。

第十条 政府会计主体自行建造的固定资产，其成本包括该项资产至交付使用前所发生的全部必要支出。

在原有固定资产基础上进行改建、扩建、修缮后的固定资产，其成本按照原固定资产账面价值加上改建、扩建、修缮发生的支出，再扣除固定资产被替换部分的账面价值后的金额确定。

为建造固定资产借入的专门借款的利息，属于建设期间发生的，计入在建工程成本；不属于建设期间发生的，计入当期费用。已交付使用但尚未办理竣工决算手续的固定资产，应当按照估计价值入账，待办理竣工决算后再按实际成本调整原来的暂估价值。

第十一条 政府会计主体通过置换取得的固定资产，其成本按照换出资产的评估价值加上支付的补价或减去收到的补价，加上换入固定资产发生的其他相关支出确定。

第十二条 政府会计主体接受捐赠的固定资产，其成本按照有关凭据注明的金额加上相关税费、运输费等确定；没有相关凭据可供取得，但按规定经过资产评估的，其成本按照评估价值加上相关税费、运输费等确定；没有相关凭据可供取得、也未经资产评估的，其成本比照同类或类似资产的市场价格加上相关税费、运输费等确定；没有相关凭据且未经资产评估、同类或类似资产的市场价格也无法可靠取得的，按照名义金额入账，相关税费、运输费等计入当期费用。

如受赠的系旧的固定资产，在确定其初始入账成本时应当考虑该项资产的新旧程度。

第十三条 政府会计主体无偿调入的固定资产，其成本按照调出方账面价值加上相关税费、运输费等确定。

第十四条 政府会计主体盘盈的固定资产，按规定经过资产评估的，其成本按照评估价值确定；未经资产评估的，其成本按照重置成本确定。

第十五条 政府会计主体融资租赁取得的固定资产，其成本按照其他相关政府会计准则确定。

第四章 固定资产的后续计量

第一节 固定资产的折旧

第十六条 政府会计主体应当对固定资产计提折旧，但本准则第十七条规定的固定资产除外。

折旧，是指在固定资产的预计使用年限内，按照确定的方法对应计的折旧额进行系统分摊。

固定资产应计的折旧额为其成本，计提固定资产折旧时不考虑预计净残值。

政府会计主体应当对暂估入账的固定资产计提折旧，实际成本确定后不需调整原已计提的折旧额。

第十七条 下列各项固定资产不计提折旧：

（一）文物和陈列品；

（二）动植物；

（三）图书、档案；

（四）单独计价入账的土地；

（五）以名义金额计量的固定资产。

第十八条 政府会计主体应当根据相关规定以及固定资产的性质和使用情况，合理确定固定资产的使用年限。

固定资产的使用年限一经确定，不得随意变更。

政府会计主体确定固定资产使用年限，应当考虑下列因素：

（一）预计实现服务潜力或提供经济利益的期限；

（二）预计有形损耗和无形损耗；

（三）法律或者类似规定对资产使用的限制。

第十九条 政府会计主体一般应当采用年限平均法或者工作量法计提固定资产折旧。在确定固定资产的折旧方法时，应当考虑与固定资产相关的服务潜力或经济利益的预期实现方式。固定资产折旧方法一经确定，不得随意变更。

第二十条 固定资产应当按月计提折旧，并根据用途计入当期费用或者相关资产成本。

第二十一条 固定资产提足折旧后，无论能否继续使用，均不再计提折旧；提前报废的固定资产，也不再补提折旧。已提足折旧的固定资产，可以继续使用的，应当继续使用，规范实物管理。

第二十二条 固定资产因改建、扩建或修缮等原因而延长其使用年限的，应当按照重新确定的固定资产的成本以及重新确定的折旧年限计算折旧额。

第二节 固定资产的处置

第二十三条 政府会计主体按规定报经批准出售、转让固定资产或固定资产报废、毁损的，应当将固定资产账面价值转销计入当期费用，并将处置收入扣除相关处置税费后的差额按规定作应缴款项处理（差额为净收益时）或计入当期费用（差额为净损失时）。

第二十四条 政府会计主体按规定报经批准对外捐赠、无偿调出固定资产的，应当将固定资产的账面价值予以转销，对外捐赠、无偿调出中发生的归属于捐出方、调出方的相关费用应当计入当期费用。

第二十五条 政府会计主体按规定报经批准以固定资产对外投资的，应当将该固定资产的账面价值予以转销，并将固定资产在对外投资时的评估价值与其账面价值的差额计入当期收入或费用。

第二十六条 固定资产盘亏造成的损失，按规定报经批准后应当计入当期费用。

第五章　固定资产的披露

第二十七条 政府会计主体应当在附注中披露与固定资产有关的下列信息：

（一）固定资产的分类和折旧方法。

（二）各类固定资产的使用年限、折旧率。

（三）各类固定资产账面余额、累计折旧额、账面价值的期初、期末数及其本期变动情况。

（四）以名义金额计量的固定资产名称、数量，以及以名义金额计量的理由。

（五）已提足折旧的固定资产名称、数量等情况。

（六）接受捐赠、无偿调入的固定资产名称、数量等情况。

（七）出租、出借固定资产以及以固定资产投资的情况。

（八）固定资产对外捐赠、无偿调出、毁损等重要资产处置的情况。

（九）暂估入账的固定资产账面价值变动情况。

第六章　附　　则

第二十八条 本准则自 2017 年 1 月 1 日起施行。

附录五

《政府会计准则第4号——无形资产》

第一章 总 则

第一条 为了规范无形资产的确认、计量和相关信息的披露,根据《政府会计准则——基本准则》,制定本准则。

第二条 本准则所称无形资产,是指政府会计主体控制的没有实物形态的可辨认非货币性资产,如专利权、商标权、著作权、土地使用权、非专利技术等。

资产满足下列条件之一的,符合无形资产定义中的可辨认性标准:

(一)能够从政府会计主体中分离或者划分出来,并能单独或者与相关合同、资产或负债一起,用于出售、转移、授予许可、租赁或者交换。

(二)源自合同性权利或其他法定权利,无论这些权利是否可以从政府会计主体或其他权利和义务中转移或者分离。

第二章 无形资产的确认

第三条 无形资产同时满足下列条件的,应当予以确认:

(一)与该无形资产相关的服务潜力很可能实现或者经济利益很可能流入政府会计主体;

(二)该无形资产的成本或者价值能够可靠地计量。

政府会计主体在判断无形资产的服务潜力或经济利益是否很可能实现或流入时,应当对无形资产在预计使用年限内可能存在的各种社会、经济、科技因素做出合理估计,并且应当有确凿的证据支持。

第四条 政府会计主体购入的不构成相关硬件不可缺少组成部分的软件,应当确认为无形资产。

第五条 政府会计主体自行研究开发项目的支出,应当区分研究阶段支出与开发阶段支出。

研究是指为获取并理解新的科学或技术知识而进行的独创性的有计划调查。

开发是指在进行生产或使用前,将研究成果或其他知识应用于某项计划或设计,以生产出新的或具有实质性改进的材料、装置、产品等。

第六条 政府会计主体自行研究开发项目研究阶段的支出,应当于发生时计入当期费用。

政府会计主体自行研究开发项目开发阶段的支出，先按合理方法进行归集，如果最终形成无形资产的，应当确认为无形资产；如果最终未形成无形资产的，应当计入当期费用。

政府会计主体自行研究开发项目尚未进入开发阶段，或者确实无法区分研究阶段支出和开发阶段支出，但按法律程序已申请取得无形资产的，应当将依法取得时发生的注册费、聘请律师费等费用确认为无形资产。

第七条 政府会计主体自创商誉及内部产生的品牌、报刊名等，不应确认为无形资产。

第八条 与无形资产有关的后续支出，符合本准则第三条规定的确认条件的，应当计入无形资产成本；不符合本准则第三条规定的确认条件的，应当在发生时计入当期费用或者相关资产成本。

第三章 无形资产的初始计量

第九条 无形资产在取得时应当按照成本进行初始计量。

第十条 政府会计主体外购的无形资产，其成本包括购买价款、相关税费以及可归属于该项资产达到预定用途前所发生的其他支出。

政府会计主体委托软件公司开发的软件，视同外购无形资产确定其成本。

第十一条 政府会计主体自行开发的无形资产，其成本包括自该项目进入开发阶段后至达到预定用途前所发生的支出总额。

第十二条 政府会计主体通过置换取得的无形资产，其成本按照换出资产的评估价值加上支付的补价或减去收到的补价，加上换入无形资产发生的其他相关支出确定。

第十三条 政府会计主体接受捐赠的无形资产，其成本按照有关凭据注明的金额加上相关税费确定；没有相关凭据可供取得，但按规定经过资产评估的，其成本按照评估价值加上相关税费确定；没有相关凭据可供取得、也未经资产评估的，其成本比照同类或类似资产的市场价格加上相关税费确定；没有相关凭据且未经资产评估、同类或类似资产的市场价格也无法可靠取得的，按照名义金额入账，相关税费计入当期费用。

确定接受捐赠无形资产的初始入账成本时，应当考虑该项资产尚可为政府会计主体带来服务潜力或经济利益的能力。

第十四条 政府会计主体无偿调入的无形资产，其成本按照调出方账面价值加上相关税费确定。

第四章 无形资产的后续计量

第一节 无形资产的摊销

第十五条 政府会计主体应当于取得或形成无形资产时合理确定其使用年限。

无形资产的使用年限为有限的，应当估计该使用年限。无法预见无形资产为政府会计主体提供服务潜力或者带来经济利益期限的，应当视为使用年限不确定的无形资产。

第十六条 政府会计主体应当对使用年限有限的无形资产进行摊销，但已摊销完毕仍继续使用的无形资产和以名义金额计量的无形资产除外。

摊销是指在无形资产使用年限内，按照确定的方法对应摊销金额进行系统分摊。

第十七条　对于使用年限有限的无形资产，政府会计主体应当按照以下原则确定无形资产的摊销年限：

（一）法律规定了有效年限的，按照法律规定的有效年限作为摊销年限；

（二）法律没有规定有效年限的，按照相关合同或单位申请书中的受益年限作为摊销年限；

（三）法律没有规定有效年限、相关合同或单位申请书也没有规定受益年限的，应当根据无形资产为政府会计主体带来服务潜力或经济利益的实际情况，预计其使用年限；

（四）非大批量购入、单价小于1 000元的无形资产，可以于购买的当期将其成本一次性全部转销。

第十八条　政府会计主体应当按月对使用年限有限的无形资产进行摊销，并根据用途计入当期费用或者相关资产成本。

政府会计主体应当采用年限平均法或者工作量法对无形资产进行摊销，应摊销金额为其成本，不考虑预计残值。

第十九条　因发生后续支出而增加无形资产成本的，对于使用年限有限的无形资产，应当按照重新确定的无形资产成本以及重新确定的摊销年限计算摊销额。

第二十条　使用年限不确定的无形资产不应摊销。

第二节　无形资产的处置

第二十一条　政府会计主体按规定报经批准出售无形资产，应当将无形资产账面价值转销计入当期费用，并将处置收入大于相关处置税费后的差额按规定计入当期收入或者做应缴款项处理，将处置收入小于相关处置税费后的差额计入当期费用。

第二十二条　政府会计主体按规定报经批准对外捐赠、无偿调出无形资产的，应当将无形资产的账面价值予以转销，对外捐赠、无偿调出中发生的归属于捐出方、调出方的相关费用应当计入当期费用。

第二十三条　政府会计主体按规定报经批准以无形资产对外投资的，应当将该无形资产的账面价值予以转销，并将无形资产在对外投资时的评估价值与其账面价值的差额计入当期收入或费用。

第二十四条　无形资产预期不能为政府会计主体带来服务潜力或者经济利益的，应当在报经批准后将该无形资产的账面价值予以转销。

第五章　无形资产的披露

第二十五条　政府会计主体应当按照无形资产的类别在附注中披露与无形资产有关的下列信息：

（一）无形资产账面余额、累计摊销额、账面价值的期初、期末数及其本期变动情况。

（二）自行开发无形资产的名称、数量，以及账面余额和累计摊销额的变动情况。

（三）以名义金额计量的无形资产名称、数量，以及以名义金额计量的理由。

（四）接受捐赠、无偿调入无形资产的名称、数量等情况。

（五）使用年限有限的无形资产，其使用年限的估计情况；使用年限不确定的无形资产，其使用年限不确定的确定依据。

（六）无形资产出售、对外投资等重要资产处置的情况。

第六章　附　　则

第二十六条　本准则自 2017 年 1 月 1 日起施行。

附 录

附录六

《政府会计准则第5号——公共基础设施》

第一章 总 则

第一条 为了规范公共基础设施的确认、计量和相关信息的披露，根据《政府会计准则——基本准则》，制定本准则。

第二条 本准则所称公共基础设施，是指政府会计主体为满足社会公共需求而控制的，同时具有以下特征的有形资产：

（一）是一个有形资产系统或网络的组成部分；

（二）具有特定用途；

（三）一般不可移动。公共基础设施主要包括市政基础设施（如城市道路、桥梁、隧道、公交场站、路灯、广场、公园绿地、室外公共健身器材，以及环卫、排水、供水、供电、供气、供热、污水处理、垃圾处理系统等）、交通基础设施（如公路、航道、港口等）、水利基础设施（如大坝、堤防、水闸、泵站、渠道等）和其他公共基础设施。

第三条 下列各项适用于其他相关政府会计准则：

（一）独立于公共基础设施、不构成公共基础设施使用不可缺少组成部分的管理维护用房屋建筑物、设备、车辆等，适用《政府会计准则第3号——固定资产》。

（二）属于文物文化资产的公共基础设施，适用其他相关政府会计准则。

（三）采用政府和社会资本合作模式（即PPP模式）形成的公共基础设施的确认和初始计量，适用其他相关政府会计准则。

第二章 公共基础设施的确认

第四条 通常情况下，符合本准则第五条规定的公共基础设施，应当由按规定对其负有管理维护职责的政府会计主体予以确认。

多个政府会计主体共同管理维护的公共基础设施，应当由对该资产负有主要管理维护职责或者承担后续主要支出责任的政府会计主体予以确认。

分为多个组成部分由不同政府会计主体分别管理维护的公共基础设施，应当由各个政府会计主体分别对其负责管理维护的公共基础设施的相应部分予以确认。

负有管理维护公共基础设施职责的政府会计主体通过政府购买服务方式委托企业或其他会计主体代为管理维护公共基础设施的，该公共基础设施应当由委托方予以确认。

第五条 公共基础设施同时满足下列条件的，应当予以确认：

（一）与该公共基础设施相关的服务潜力很可能实现或者经济利益很可能流入政府会计主体；

（二）该公共基础设施的成本或者价值能够可靠地计量。

第六条 通常情况下，对于自建或外购的公共基础设施，政府会计主体应当在该项公共基础设施验收合格并交付使用时确认；对于无偿调入、接受捐赠的公共基础设施，政府会计主体应当在开始承担该项公共基础设施管理维护职责时确认。

第七条 政府会计主体应当根据公共基础设施提供公共产品或服务的性质或功能特征对其进行分类确认。

公共基础设施的各组成部分具有不同使用年限或者以不同方式提供公共产品或服务，适用不同折旧率或折旧方法且可以分别确定各自原价的，应当分别将各组成部分确认为该类公共基础设施的一个单项公共基础设施。

第八条 政府会计主体在购建公共基础设施时，能够分清购建成本中的构筑物部分与土地使用权部分的，应当将其中的构筑物部分和土地使用权部分分别确认为公共基础设施；不能分清购建成本中的构筑物部分与土地使用权部分的，应当整体确认为公共基础设施。

第九条 公共基础设施在使用过程中发生的后续支出，符合本准则第五条规定的确认条件的，应当计入公共基础设施成本；不符合本准则第五条规定的确认条件的，应当在发生时计入当期费用。

通常情况下，为增加公共基础设施使用效能或延长其使用年限而发生的改建、扩建等后续支出，应当计入公共基础设施成本；为维护公共基础设施的正常使用而发生的日常维修、养护等后续支出，应当计入当期费用。

第三章 公共基础设施的初始计量

第十条 公共基础设施在取得时应当按照成本进行初始计量。

第十一条 政府会计主体自行建造的公共基础设施，其成本包括完成批准的建设内容所发生的全部必要支出，包括建筑安装工程投资支出、设备投资支出、待摊投资支出和其他投资支出。

在原有公共基础设施基础上进行改建、扩建等建造活动后的公共基础设施，其成本按照原公共基础设施账面价值加上改建、扩建等建造活动发生的支出，再扣除公共基础设施被替换部分的账面价值后的金额确定。

为建造公共基础设施借入的专门借款的利息，属于建设期间发生的，计入该公共基础设施在建工程成本；不属于建设期间发生的，计入当期费用。

已交付使用但尚未办理竣工决算手续的公共基础设施，应当按照估计价值入账，待办理竣工决算后再按照实际成本调整原来的暂估价值。

第十二条 政府会计主体接受其他会计主体无偿调入的公共基础设施，其成本按照该项公共基础设施在调出方的账面价值加上归属于调入方的相关费用确定。

第十三条 政府会计主体接受捐赠的公共基础设施，其成本按照有关凭据注明的金额加上相关费用确定；没有相关凭据可供取得，但按规定经过资产评估的，其成本按照评估价值加上相关费用确定；没有相关凭据可供取得、也未经资产评估的，其成本比照同类或类似资产的市场价格加上相关费用确定。

如受赠的系旧的公共基础设施，在确定其初始入账成本时应当考虑该项资产的新旧程度。

第十四条 政府会计主体外购的公共基础设施，其成本包括购买价款、相关税费以及公共基础设施交付使用前所发生的可归属于该项资产的运输费、装卸费、安装费和专业人员服务费等。

第十五条 对于包括不同组成部分的公共基础设施，其只有总成本、没有单项组成部分成本的，政府会计主体可以按照各单项组成部分同类或类似资产的成本或市场价格比例对总成本进行分配，分别确定公共基础设施中各单项组成部分的成本。

第四章 公共基础设施的后续计量

第一节 公共基础设施的折旧或摊销

第十六条 政府会计主体应当对公共基础设施计提折旧，但政府会计主体持续进行良好的维护使得其性能得到永久维持的公共基础设施和确认为公共基础设施的单独计价入账的土地使用权除外。

公共基础设施应计提的折旧总额为其成本，计提公共基础设施折旧时不考虑预计净残值。

政府会计主体应当对暂估入账的公共基础设施计提折旧，实际成本确定后无需调整原已计提的折旧额。

第十七条 政府会计主体应当根据公共基础设施的性质和使用情况，合理确定公共基础设施的折旧年限。政府会计主体确定公共基础设施折旧年限，应当考虑下列因素：

（一）设计使用年限或设计基准期；

（二）预计实现服务潜力或提供经济利益的期限；

（三）预计有形损耗和无形损耗；

（四）法律或者类似规定对资产使用的限制。公共基础设施的折旧年限一经确定，不得随意变更，但符合本准则第二十条规定的除外。

对于政府会计主体接受无偿调入、捐赠的公共基础设施，应当考虑该项资产的新旧程度，按照其尚可使用的年限计提折旧。

第十八条 政府会计主体一般应当采用年限平均法或者工作量法计提公共基础设施折旧。在确定公共基础设施的折旧方法时，应当考虑与公共基础设施相关的服务潜力或经济利益的预期实现方式。公共基础设施折旧方法一经确定，不得随意变更。

第十九条 公共基础设施应当按月计提折旧，并计入当期费用。当月增加的公共基础设施，当月开始计提折旧；当月减少的公共基础设施，当月不再计提折旧。

第二十条 处于改建、扩建等建造活动期间的公共基础设施，应当暂停计提折旧。

因改建、扩建等原因而延长公共基础设施使用年限的，应当按照重新确定的公共基础设施的成本和重新确定的折旧年限计算折旧额，不需调整原已计提的折旧额。

第二十一条 公共基础设施提足折旧后，无论能否继续使用，均不再计提折旧；已提足折旧的公共基础设施，可以继续使用的，应当继续使用，并规范实物管理。

提前报废的公共基础设施，不再补提折旧。

第二十二条 对于确认为公共基础设施的单独计价入账的土地使用权，政府会计主体应当按照《政府会计准则第4号——无形资产》的相关规定进行摊销。

第二节 公共基础设施的处置

第二十三条 政府会计主体按规定报经批准无偿调出、对外捐赠公共基础设施的，应当将公共基础设施的账面价值予以转销，无偿调出、对外捐赠中发生的归属于调出方、捐出方的相关费用应当计入当期费用。

第二十四条 公共基础设施报废或遭受重大毁损的，政府会计主体应当在报经批准后将公共基础设施账面价值予以转销，并将报废、毁损过程中取得的残值变价收入扣除相关费用后的差额按规定做应缴款项处理（差额为净收益时）或计入当期费用（差额为净损失时）。

第五章 公共基础设施的披露

第二十五条 政府会计主体应当在附注中披露与公共基础设施有关的下列信息：

（一）公共基础设施的分类和折旧方法。

（二）各类公共基础设施的折旧年限及其确定依据。

（三）各类公共基础设施账面余额、累计折旧额（或摊销额）、账面价值的期初、期末数及其本期变动情况。

（四）各类公共基础设施的实物量。

（五）公共基础设施在建工程的期初、期末金额及其增减变动情况。

（六）确认为公共基础设施的单独计价入账的土地使用权的账面余额、累计摊销额及其变动情况。

（七）已提足折旧继续使用的公共基础设施的名称、数量等情况。

（八）暂估入账的公共基础设施账面价值变动情况。

（九）无偿调入、接受捐赠的公共基础设施名称、数量等情况（包括未按照本准则第十二条和第十三条规定计量并确认入账的公共基础设施的具体情况）。

（十）公共基础设施对外捐赠、无偿调出、报废、重大毁损等处置情况。

（十一）公共基础设施年度维护费用和其他后续支出情况。

第六章 附 则

第二十六条 对于应当确认为公共基础设施、但已确认为固定资产的资产，政府会计主体应当在本准则首次执行日将该资产按其账面价值重分类为公共基础设施。

第二十七条 对于应当确认但尚未入账的存量公共基础设施，政府会计主体应当在本准则首次执行日按照以下原则确定其初始入账成本：

（一）可以取得相关原始凭据的，其成本按照有关原始凭据注明的金额减去应计提的累计折旧后的金额确定；

（二）没有相关凭据可供取得，但按规定经过资产评估的，其成本按照评估价值确定；

（三）没有相关凭据可供取得、也未经资产评估的，其成本按照重置成本确定。

本准则首次执行日以后，政府会计主体应当对存量公共基础设施按其在首次执行日确定的成本和剩余折旧年限计提折旧。

第二十八条 本准则自 2018 年 1 月 1 日起施行。

附录七

《政府会计准则第 6 号——政府储备物资》

第一章　总　　则

第一条　为了规范政府储备物资的确认、计量和相关信息的披露，根据《政府会计准则——基本准则》，制定本准则。

第二条　本准则所称政府储备物资，是指政府会计主体为满足实施国家安全与发展战略、进行抗灾救灾、应对公共突发事件等特定公共需求而控制的，同时具有下列特征的有形资产：

（一）在应对可能发生的特定事件或情形时动用；

（二）其购入、存储保管、更新（轮换）、动用等由政府及相关部门发布的专门管理制度规范。

政府储备物资包括战略及能源物资、抢险抗灾救灾物资、农产品、医药物资和其他重要商品物资，通常情况下由政府会计主体委托承储单位存储。

第三条　企业以及纳入企业财务管理体系的事业单位接受政府委托收储并按企业会计准则核算的储备物资，不适用本准则。

第四条　政府会计主体的存货，适用《政府会计准则第 1 号——存货》。

第二章　政府储备物资的确认

第五条　通常情况下，符合本准则第六条规定的政府储备物资，应当由按规定对其负有行政管理职责的政府会计主体予以确认。

本准则规定的行政管理职责主要指提出或拟定收储计划、更新（轮换）计划、动用方案等。

相关行政管理职责由不同政府会计主体行使的政府储备物资，由负责提出收储计划的政府会计主体予以确认。

对政府储备物资不负有行政管理职责但接受委托具体负责执行其存储保管等工作的政府会计主体，应当将受托代储的政府储备物资作为受托代理资产核算。

第六条　政府储备物资同时满足下列条件的，应当予以确认：

（一）与该政府储备物资相关的服务潜力很可能实现或者经济利益很可能流入政府会计主体；

（二）该政府储备物资的成本或者价值能够可靠地计量。

第三章 政府储备物资的初始计量

第七条 政府储备物资在取得时应当按照成本进行初始计量。

第八条 政府会计主体购入的政府储备物资，其成本包括购买价款和政府会计主体承担的相关税费、运输费、装卸费、保险费、检测费以及使政府储备物资达到目前场所和状态所发生的归属于政府储备物资成本的其他支出。

第九条 政府会计主体委托加工的政府储备物资，其成本包括委托加工前物料成本、委托加工的成本（如委托加工费以及按规定应计入委托加工政府储备物资成本的相关税费等）以及政府会计主体承担的使政府储备物资达到目前场所和状态所发生的归属于政府储备物资成本的其他支出。

第十条 政府会计主体接受捐赠的政府储备物资，其成本按照有关凭据注明的金额加上政府会计主体承担的相关税费、运输费等确定；没有相关凭据可供取得，但按规定经过资产评估的，其成本按照评估价值加上政府会计主体承担的相关税费、运输费等确定；没有相关凭据可供取得、也未经资产评估的，其成本比照同类或类似资产的市场价格加上政府会计主体承担的相关税费、运输费等确定。

第十一条 政府会计主体接受无偿调入的政府储备物资，其成本按照调出方账面价值加上归属于政府会计主体的相关税费、运输费等确定。

第十二条 下列各项不计入政府储备物资成本：
（一）仓储费用；
（二）日常维护费用；
（三）不能归属于使政府储备物资达到目前场所和状态所发生的其他支出。

第十三条 政府会计主体盘盈的政府储备物资，其成本按照有关凭据注明的金额确定；没有相关凭据，但按规定经过资产评估的，其成本按照评估价值确定；没有相关凭据、也未经资产评估的，其成本按照重置成本确定。

第四章 政府储备物资的后续计量

第十四条 政府会计主体应当根据实际情况采用先进先出法、加权平均法或者个别计价法确定政府储备物资发出的成本。计价方法一经确定，不得随意变更。

对于性质和用途相似的政府储备物资，政府会计主体应当采用相同的成本计价方法确定发出物资的成本。

对于不能替代使用的政府储备物资、为特定项目专门购入或加工的政府储备物资，政府会计主体通常应采用个别计价法确定发出物资的成本。

第十五条 因动用而发出无需收回的政府储备物资的，政府会计主体应当在发出物资时将其账面余额予以转销，计入当期费用。

第十六条 因动用而发出需要收回或者预期可能收回的政府储备物资的，政府会计主体应当在按规定的质量验收标准收回物资时，将未收回物资的账面余额予以转销，计入当期费用。

第十七条 因行政管理主体变动等原因而将政府储备物资调拨给其他主体的，政府会计主体应当在发出物资时将其账面余额予以转销。

第十八条 政府会计主体对外销售政府储备物资的，应当在发出物资时将其账面余额转销计入当期费用，并按规定确认相关销售收入或将销售取得的价款大于所承担的相关税费后的差额做应缴款项处理。

第十九条 政府会计主体采取销售采购方式对政府储备物资进行更新（轮换）的，应当将物资轮出视为物资销售，按照本准则第十八条规定处理；将物资轮入视为物资采购，按照本准则第八条规定处理。

第二十条 政府储备物资报废、毁损的，政府会计主体应当按规定报经批准后将报废、毁损的政府储备物资的账面余额予以转销，确认应收款项（确定追究相关赔偿责任的）或计入当期费用（因储存年限到期报废或非人为因素致使报废、毁损的）；同时，将报废、毁损过程中取得的残值变价收入扣除政府会计主体承担的相关费用后的差额按规定作应缴款项处理（差额为净收益时）或计入当期费用（差额为净损失时）。

第二十一条 政府储备物资盘亏的，政府会计主体应当按规定报经批准后将盘亏的政府储备物资的账面余额予以转销，确定追究相关赔偿责任的，确认应收款项；属于正常耗费或不可抗力因素造成的，计入当期费用。

第五章 政府储备物资的披露

第二十二条 政府会计主体应当在附注中披露与政府储备物资有关的下列信息：

（一）各类政府储备物资的期初和期末账面余额。

（二）因动用而发出需要收回或者预期可能收回，但期末尚未收回的政府储备物资的账面余额。

（三）确定发出政府储备物资成本所采用的方法。

（四）其他有关政府储备物资变动的重要信息。

第六章 附 则

第二十三条 对于应当确认为政府储备物资，但已确认为存货、固定资产等其他资产的，政府会计主体应当在本准则首次执行日将该资产按其账面余额重分类为政府储备物资。

第二十四条 对于应当确认但尚未入账的存量政府储备物资，政府会计主体应当在本准则首次执行日按照下列原则确定其初始入账成本：

（一）可以取得相关原始凭据的，其成本按照有关原始凭据注明的金额确定；

（二）没有相关凭据可供取得，但按规定经过资产评估的，其成本按照评估价值确定；

（三）没有相关凭据可供取得、也未经资产评估的，其成本按照重置成本确定。

第二十五条 本准则自 2018 年 1 月 1 日起施行。